딱! 한 권

일 본 어 능 력 시 험

JLPT N1 독해

저자 JLPT연구모임

일 본 어 능 력 시 험

JLPT
N1 독해

초판발행	2021년 6월 12일
1판 2쇄	2023년 6월 30일
저자	JLPT연구모임
책임 편집	조은형, 김성은, 오은정, 무라야마 토시오
펴낸이	엄태상
해설진	송규원, 이효세, 황지영
디자인	권진희
조판	이서영
콘텐츠 제작	김선웅, 장형진
마케팅	이승욱, 왕성석, 노원준, 조성민, 이선민
경영기획	조성근, 최성훈, 김다미, 최수진, 오희연
물류	정종진, 윤덕현, 신승진, 구윤주
펴낸곳	시사일본어사(시사북스)
주소	서울시 종로구 자하문로 300 시사빌딩
주문 및 교재 문의	1588-1582
팩스	0502-989-9592
홈페이지	www.sisabooks.com
이메일	book_japanese@sisadream.com
등록일자	1977년 12월 24일
등록번호	제 300-2014-31호

ISBN 978-89-402-9315-7 (13730)

머리말

　일본어능력시험은 N4와 N5에서는 주로 교실 내에서 배우는 기본적인 일본어를 어느 정도 이해할 수 있는 레벨인가를 측정하며, N1과 N2에서는 폭넓은 분야에서 일본어를 어느 정도 이해할 수 있는지, N3는 N1, N2와 N4, N5의 가교 역할을 하며 일상적인 장면에서 사용되는 일본어의 이해를 측정합니다. 일본어능력시험 레벨 인정의 목표는 '읽기', '듣기'와 같은 언어행동의 표현입니다. 언어행동을 표현하기 위해서는 문자·어휘·문법 등의 언어지식도 필요합니다. 즉, 어휘나 한자, 문법 항목의 무조건적인 암기가 아니라, 어휘나 한자, 문법 항목을 커뮤니케이션 수단으로서 실제로 활용할 수 있는가를 측정하는 것이 목표입니다.

　본 교재는 新일본어능력시험 개정안에 따라 2010년부터 최근까지 새롭게 출제된 기출문제를 철저히 분석하여, 일본어 능력시험 초심자를 위한 상세한 설명과 다량의 확인문제를 수록하고, 중·고급 학습자들을 위해 난이도 있는 실전문제를 다루었습니다. 또한 혼자서도 충분히 합격할 수 있도록, 상세한 해설을 첨부하였습니다. 시중에 일본어능력시험 수험서는 많이 있지만, 학습자들이 원하는 부분을 콕 집어 효율적인 학습을 할 수 있는 교재는 그다지 많지 않습니다.

　이러한 점을 고려하여 본 JLPT연구모임에서는 수년간의 분석을 통해 적중률과 난이도를 연구하여, 일본어능력시험을 준비하는 학습자가 이 책 한 권이면 충분하다고 느낄 정도의 내용과 문제를 실었습니다. 한 문제 한 문제 꼼꼼하게 풀어 보시고, 일본어능력시험에 꼭 합격하시기를 진심으로 기원합니다.

JLPT연구모임

① 교시 　언어지식(문자・어휘・문법)/독해

문자・어휘

출제 빈도순 어휘 　➡　 기출어휘 　➡　 확인문제 　➡　 실전문제

問題 1 한자읽기, 問題 2 문맥규정, 問題 3 유의표현, 問題 4 용법 등 문제 유형별 출제 빈도순으로 1순위부터 3순위까지 정리하여 어휘를 제시한다. 가장 많이 출제되고 있는 する동사부터 명사, 동사, 형용사, 부사순으로 어휘를 학습한 후, 확인문제를 풀어 보면서 확인하고, 확인문제를 학습 후에는 실전문제를 풀면서 총정리를 한다. 각 유형별로 제시한 어휘에는 최근 출제되었던 단어를 표기해 놓았다.

문법

필수문법 　➡　 필수경어 　➡　 기초문법 　➡　 확인문제 　➡　 실전문제

N1 필수문법과 경어를 학습하고 확인문제를 차근차근 풀며 체크할 수 있도록 다량의 문제를 실어 놓았으며, 처음 시작하는 초보자를 위해 시험에 자주 등장하는 N2 문법을 수록해 놓았다. 확인문제까지 학습한 뒤에는 난이도 있는 실전문제를 풀며 실전에 대비할 수 있도록 했다.

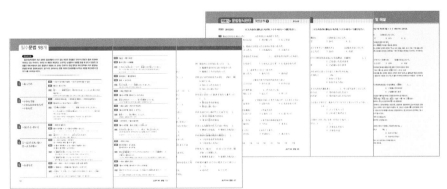

독해

독해의 비결 ▶ 영역별 확인문제 ▶ 실전문제

이제 더 이상 문자·어휘·문법에만 집중해서는 안 된다. 과목별 과락이라는 제도가 생기면서, 독해와 청해의 비중이 높아졌기 때문에 모든 영역을 균형있게 학습해야 한다. 본 교재에서는 독해의 비결을 통해, 글을 분석할 수 있는 노하우를 담았다. 문제만 많이 푼다고 해서 점수가 잘 나오는 것이 아니므로, 원리를 잘 파악해 보자.

② 교시 　 청해

청해의 비결 ▶ 영역별 확인문제 ▶ 실전문제

독해와 함께 청해의 비중이 높아졌으며, 커뮤니케이션이 중시되었기 때문에 단어 하나하나의 의미를 꼼꼼히 듣는 방법보다는 상담·준비·설명·소개·코멘트·의뢰·허가 등 어떤 주제로 회화가 이루어지는지, 또한 칭찬·격려·질책·변명·걱정 등 어떤 장면인지 잘 파악해야 한다.

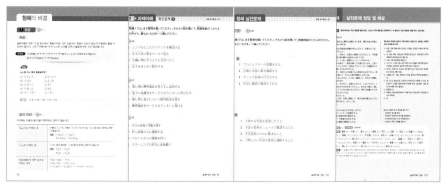

● 실전모의테스트 3회분 (영역별 2회분 + 온라인 종합 1회분)

질로 승부한다!

JLPT연구모임에서는 몇 년 동안 완벽한 분석을 통해 적중률과 난이도를 조정하여, 실전모의테스트를 제작하였다. 혼자서도 공부할 수 있도록 자세한 해설을 수록해 놓았다.

● 무료 동영상 해설 강의

1타 강사들의 명쾌한 실전모의테스트 해설 특강!!

언제 어디서나 꼼꼼하게 능력시험을 대비할 수 있도록 동영상 강의를 제작하였다. 질 좋은 문제와 명쾌한 해설로 실전에 대비하길 바란다.

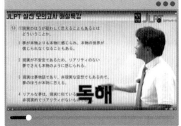

차례

독해

독해의 비결···12

問題 8 ▶ 내용이해(단문)···26
확인문제/정답 및 해설···28

問題 9 ▶ 내용이해(중문)···38
확인문제/정답 및 해설···40

問題 10 ▶ 내용이해(장문)··54
확인문제/정답 및 해설···56

問題 11 ▶ 통합이해···66
확인문제/정답 및 해설···68

問題 12 ▶ 주장이해(장문)···75
확인문제/정답 및 해설···76

問題 13 ▶ 정보검색···88
확인문제/정답 및 해설···90

독해 실전문제/정답 및 해설·······································98

실전모의테스트

실전모의테스트 1회··133
실전모의테스트 2회··155
실전모의테스트 1회 정답 및 해설································177
실전모의테스트 2회 정답 및 해설································191

❶ 시험과목과 시험시간

레벨	시험과목 (시험시간)		
N1	언어지식 (문자 · 어휘 · 문법) · 독해 (110분)		청해 (60분)
N2	언어지식 (문자 · 어휘 · 문법) · 독해 (105분)		청해 (55분)
N3	언어지식 (문자 · 어휘) (30분)	언어지식 (문법) · 독해 (70분)	청해 (45분)
N4	언어지식 (문자 · 어휘) (25분)	언어지식 (문법) · 독해 (55분)	청해 (40분)
N5	언어지식 (문자 · 어휘) (20분)	언어지식 (문법) · 독해 (40분)	청해 (35분)

❷ 시험점수

레벨	배점구분	득점범위
N1	언어지식(문자 · 어휘 · 문법)	0~60
	독해	0~60
	청해	0~60
	종합배점	0~180
N2	언어지식(문자 · 어휘 · 문법)	0~60
	독해	0~60
	청해	0~60
	종합배점	0~180
N3	언어지식(문자 · 어휘 · 문법)	0~60
	독해	0~60
	청해	0~60
	종합배점	0~180
N4	언어지식(문자 · 어휘 · 문법) · 독해	0~120
	청해	0~60
	종합배점	0~180
N5	언어지식(문자 · 어휘 · 문법) · 독해	0~120
	청해	0~60
	종합배점	0~180

❸ 합격점과 합격 기준점

레벨별 합격점은 N1 100점, N2 90점, N3 95점이며, 과목별 합격 기준점은 각 19점입니다.

④ 문제유형

Ⅰ. 언어지식(문자 · 어휘 · 문법)   Ⅱ. 독해   Ⅲ. 청해

시험과목		큰 문제	예상 문항 수	문제 내용	적정 예상 풀이 시간	파트별 소요 예상 시간	대책
언어지식 · 독해 (110분)	문자 · 어휘	문제 1	6	한자읽기 문제	1분	문자 · 어휘 8분	총 110분 중에서 문제 푸는 시간은 93분 정도 걸린다고 보고, 마킹에 7분 정도, 나머지 10분 동안 최종 점검하면 된다. 기존 시험보다 문제 수가 대폭 축소된 문자/어휘 문제를 빨리 끝내고, 새로워진 문법 문제에 당황하지 말고 여유를 가지고 예제 문제를 확실하게 이해하고 문제풀이를 하면 새로운 문제에 바로 적응할 수 있을 것이다. 독해 문제도 마찬가지다. 종합이해, 정보검색 등 새로워진 문제가 있지만, 시간에 쫓기지 말고 침착하게 문제를 풀어나간다면 좋은 결과를 얻을 수 있을 것이다.
		문제 2	7	문맥에 맞는 적절한 어휘를 고르는 문제	2분		
		문제 3	6	주어진 어휘와 비슷한 의미의 어휘를 찾는 문제	2분		
		문제 4	6	제시된 어휘의 의미가 올바르게 쓰였는지를 묻는 문제	5분		
	문법	문제 5	10	문장의 내용에 맞는 문형표현 즉 기능어를 찾아서 넣는 문제	5분	문법 15분	
		문제 6	5	나열된 단어를 의미에 맞게 조합하는 문제	5분		
		문제 7	5	글의 흐름에 맞는 문법 찾아내기 문제	5분		
	독해	문제 8	4	단문(200자 정도) 이해	10분	독해 70분	
		문제 9	9	중문(500자 정도) 이해	15분		
		문제 10	4	장문(1000자 정도) 이해	10분		
		문제 11	2	같은 주제의 두 가지 이상의 글을 읽고 비교통합 이해	10분		
		문제 12	4	장문(1000자 정도의 논평 등) 이해	15분		
		문제 13	2	700자 정도의 글 읽고 필요한 정보 찾기	10분		
청해 (60분)		문제 1	6	과제 해결에 필요한 정보를 듣고 나서 무엇을 해야 하는지 찾아내기	약 9분(한 문항당 약 1분 30초)		청해는 총 60분 중에서 문제 푸는 시간은 대략 48분 정도가 될 것으로 예상한다. 나머지 시간은 문제 설명과 연습문제 풀이시간이 될 것으로 예상한다. 새로운 시험에서 새로 도입된 질의응답은 난이도가 그다지 어렵지 않을 것으로 예상하지만 문제5는 긴 문장을 듣고 난 다음 그 내용을 비교하며 문제를 풀어야 하므로 꽤 까다로운 문제가 될 것이다. 평소에 뉴스 등을 들으면서 전체 내용을 파악하는 훈련을 해 둔다면 그다지 어렵지 않게 풀어 나갈 수 있을 것이다.
		문제 2	6 또는 7	대화나 혼자 말하는 내용을 듣고 포인트 파악하기	약 13분 25초 (한 문항당 약 1분 55초)		
		문제 3	6	내용 전체를 듣고 화자의 의도나 주장을 이해	약 10분(한 문항당 약 1분 40초)		
		문제 4	13 또는 14	짧은 문장을 듣고 그에 맞는 적절한 응답 찾기	약 7분(한 문항당 약 30초)		
		문제 5	4	다소 긴 내용을 듣고 복수의 정보를 비교 통합하면서 내용 이해하기	약 8분(한 문항당 약 2분)		

문법 접속 활용표

〈활용형과 품사의 기호〉

활용형과 품사의 기호	예
명사	雪
동사 사전형	持つ・見る・する・来る
동사ます형	持ちます・見ます・します・来ます
동사ない형	持たない・見ない・しない・来ない
동사て형	持って・見て・して・来て
동사た형	持った・見た・した・来た
동사 의지형	持とう・見よう・しよう・来よう
동사 가정형	持てば・見れば・すれば・来れば
동사 명령형	持て・見ろ・しろ・来い
イ형용사 사전형	暑い
イ형용사 어간	暑い
イ형용사て형	暑くて
ナ형용사 사전형	丈夫だ
ナ형용사 어간	丈夫だ
ナ형용사て형	丈夫で
する동사의 명사형	散歩・運動・料理 등 [する]를 뒤에 붙일 수 있는 명사

〈접속방법 표시 예〉

[보통형]

동사	聞く	聞かない	聞いた	聞かなかった
イ형용사	暑い	暑くない	暑かった	暑くなかった
ナ형용사	上手だ	上手ではない	上手だった	上手ではなかった
명사	学生だ	学生ではない	学生だった	学生ではなかった

[명사수식형]

동사	聞く	聞かない	聞いた	聞かなかった
イ형용사	暑い	暑くない	暑かった	暑くなかった
ナ형용사	上手な	上手ではない	上手だった	上手ではなかった
명사	学生の	学生ではない	学生だった	学生ではなかった

JLPT

N1

読解

● 독해의 비결

●問題 8 내용이해(단문)
●問題 9 내용이해(중문)
●問題 10 내용이해(장문)
●問題 11 통합이해
●問題 12 주장이해(장문)
●問題 13 정보검색

독해의 비결

❶ 글의 내용 (누가 주체인가)

「주어와 서술어의 관계가 멀리 떨어져 있는 경우」「주어가 표현되어 있지 않는 경우(생략)」「여러 주체자가 등장하는 경우」와 같이 독해문제를 풀 때, 문장 속에 서술어의 주체가 애매모호한 경우가 있다. 이 경우 「誰(누구)」를 생각하면서 글을 읽으면 글이 가지는 전체적인 의미를 더욱 더 파악하기 쉬워진다.

단문에서의 행위의 주체자

彼女はあの男が自殺を図った事件に関与しなかったから<u>無事だったのである</u>。

 <u>無事だった</u>とあるが、だれが無事だったのか。

　1 彼女　　　　　　　2 あの男

＊이 문장은 행위의 주체자가 복수이므로 내용을 이해하기 쉽지 않다. 문장이 길어지거나 여러 개의 문장이 오면 더더욱 어려워진다. 하나의 긴 문장에서 행위의 주체자를 찾아내기 위해서는 문장 안의 수식관계를 이해할 필요가 있다.

彼女は　あの男が　自殺を　図った　事件に　関与しなかった　から　無事だった
のである。
　　　　　　　　└──── 수식 ────┘

＊수식관계를 알면, 문장을 깔끔하게 해 이해하기 쉽다.

彼女は　関与しなかった　から　<u>無事だった</u>のである。

＊더 정리해 보자.

彼女は　<u>無事だった</u>のである。

＊여기까지 이해하면 정답은 「1 彼女」라는 것을 알 수 있다.

두 개 이상의 문장에서의 행위의 주체자

人は他人の意見より自分の意見のほうが正しいと思いがちである。しかし、自分の意見は思うほど正しくないことも多い。

Q 思うとあるが、誰が思うのか。

1 他人　　　　　2 自分　　　　　3 人

＊복수의 문장에서 행위의 주체자를 찾을 때는 단문에서 찾을 때보다 더 어려워진다. 생각할 수 있는 행위의 주체자를 문장 속에 넣어 보자.

1 自分の意見は　他人が　思うほど正しくないことも多い。

2 自分の意見は　自分が　思うほど正しくないことも多い。

3 自分の意見は　人が　思うほど正しくないことも多い。

＊문장이 길어서 파악하기 어려울 때는 필요없는 부분은 잘라내고 문장의 뿌리가 되는 부분만 주목하자.

1 自分の意見は　他人が　思うほど正しくない。

2 自分の意見は　自分が　思うほど正しくない。

3 自分の意見は　人が　思うほど正しくない。

＊이렇게 해서 정답은「2 自分」이라는 것을 이끌어 낼 수 있다. 긴 문장에서 막혔을 때는 항상 문장을 심플하게 해서 생각해 보자.

독해의 비결

복문에서의 행위의 주체자

科学技術は、操作する側とされる側が無関係なときにのみ有効である。父親と息子という人間関係があるところでは、それは役立たない。そのことを忘れて、現代人は他人を上手に操作して自分の思いどおりにすることができると<ruby>錯覚<rt>さっかく</rt></ruby>しているのではないだろうか。

Q 忘れてとあるが、誰が忘れるのか。

  1 科学技術　　　　2 操作される側　　　　3 他人　　　　4 現代人

＊행위를 나타내는 단어가 있는 문장을 보면, 행위가 두 개가 되는 「복문」이라는 것을 알 수 있다. 즉, 주어와 서술어가 있는 문장이 두 개 있다는 것이 된다(주어 중에서 하나는 생략되어 있다). 그러므로 문장을 두 개로 나눠 보면 다음과 같다.

行為①　（　　　　）はそのことを忘れる。

行為②　現代人は他人を上手に操作して自分の思いどおりにすることができると<ruby>錯覚<rt>さっかく</rt></ruby>している。

＊행위의 주체가 같을 경우, 행위의 주체를 나타내는 단어는 앞 문장이나 뒷 문장 중 어느 하나에만 있다. 원래는 앞에 있는 경우가 많지만, 이 문장에서는 뒤에 있다.

現代人はそのことを忘れて、他人を上手に操作して自分の思いどおりにすることができると<ruby>錯覚<rt>さっかく</rt></ruby>している。

そのことを忘れて、現代人は他人を上手に操作して自分の思いどおりにすることができると<ruby>錯覚<rt>さっかく</rt></ruby>している。

＊정답은 「4 現代人」이다.

(1)

> あの先生の講演に行くたびに、過去の経験をしょっちゅう聞かされる。ある話が聞く側にとって魅力あるものだとわかると、内面に隠されていた体験や経験が次から次へと湧き出てくるようである。その結果、講演のテーマと大幅にずれ、関係者をあわてさせることがよくある。

Q わかると、とあるが、誰がわかるのか
1 先生　　　　　　　　　　　2 話を聞いている人
3 関係者　　　　　　　　　　4 先生と関係者

(2)

> 世間の人々に実力不足と言われようとも、彼はコーチとともに研究やトレーニングを重ね、見えないところで努力を続けてきた。その努力が花を咲かせたのが、今年のオリンピックだ。世界のメダル候補たちに大きな差をつけ、世間の注目を浴びたのである。

Q 注目を浴びたのは誰か。
1 世間の人々　　　2 彼　　　　　　3 コーチ　　　　　4 メダル候補たち

(3)

> 2008年4月より実施されている後期高齢者医療制度だが、国民による反対の声が大きく、今までにも何度か制度改正がなされている。政府は2010年度末までに調整をしたうえで、2011年の国会に関連法案を提出し、2013年から新制度をスタートさせる意向との事だ。

Q 新制度をスタートさせるとあるが、それをしようとしているのは誰か。
1 後期高齢者　　2 国民　　　　　　3 医者　　　　　　4 政府

❷ 글의 내용 (무엇을 가리키는가?)

어디에서 어디까지 가리키는지를 읽고 알 수 있어야 한다

　　私たちが訪れたのは、今にも崩れてしまいそうな外観の小さな旅館だった。「ボロ屋」と呼ぶのにふさわしいその見た目からは想像も出来ないが、そこは100年以上もの歴史を持つ由緒ある旅館で、おかみさんの気さくな人柄も手伝って、毎年シーズンになるとキャンセル待ちが出るほど人気なのだ<u>そうだ</u>。

Ⓠ そうだの内容を示すのはどの部分か。

1 毎年～人気なのだ　　　　　　　2 おかみさんの～人気なのだ

3 そこは～人気なのだ　　　　　　4 「ボロ屋」～人気なのだ

＊「～そうだ」「～らしい」「～とのことだ」「～という」 등이 있을 때는 ～의 내용이 어디에서 어디까지를 가리키는지를 정확하게 집어낼 수 있어야 한다. 글 중간에서 가리키는 경우도 있지만, 첫 부분에서 가리키는 경우도 있으므로 글이 길어지는 경우는 찾기 어려울 때도 있다.

　　「ボロ屋」と呼ぶのにふさわしいその見た目からは想像も出来ない<u>が</u>、　そこは100年以上もの歴史を持つ由緒ある旅館で、おかみさんの気さくな人柄も手伝って、毎年シーズンになるとキャンセル待ちが出るほど人気なのだ<u>そうだ</u>。

＊첫 부분부터 문장을 읽어나가면, 「～が、」에서 일단 문장이 일단락지어져 있다. 문장이 긴 경우 맨 처음의 「～が、」 까지의 내용과 그 이후의 내용은 두 개의 문장으로 나눌 수 있는 경우가 많다.

---

① (人々は) 「ボロ屋」と呼ぶのにふさわしいその見た目からは (○○を) 想像も
　　　주어
　　 出来ない 。
　　　서술어

② そこは 100年以上もの歴史を持つ由緒ある旅館で、おかみさんの気さくな人柄も
  主語

  手伝って、毎年シーズンになるとキャンセル待ちが出るほど 人気なのだ そうだ。
                                          서술어

＊①과 ②처럼 나누면, ①의 문장은 필자가 생각한 내용에 대해 서술하고 있는 것이고, ②의 문장은 다른 것에서
 정보를 얻은 '전문(伝聞)'의 내용에 대해 쓰여져 있다는 것을 알 수 있다. 「そうだ」의 내용을 나타내는 부분은, 즉
 '전문(伝聞)'의 내용을 나타내는 부분이기 때문에 정답은「3 そこは～人気なのだ」가 된다.

같은 부분을 간파한다

> 　近年、どんな分野においても「若年化」が進んでいるように思う。ドラマの子役や歌手などの芸能活動やスポーツなど、ありとあらゆる分野で「若い子」が大活躍しているのである。若い子が頑張っている姿を見るのは微笑_{ほほえ}ましいものだが、態度や行動において、<u>大人がびっくりするようなこと</u>をする子供たちもいる。最近では、小学生の中にヒールをはいて化粧をする子がいるというのだから驚きだ。
>
> **Q** <u>大人がびっくりするようなこと</u>とあるが、どういうことか。
>
> 　1　子供が大人のようなおしゃれをすること
> 　2　大人に対する子供の態度が悪いこと
> 　3　子供が芸能界やスポーツ界で活躍すること
> 　4　芸能人やスポーツ選手が頑張ること

＊어떤 어구나 문장과 같은 의미를 가진 부분을 찾기 위해서는 먼저 그 어구나 문장이 가진 의미를 정확하게 이해하는 것이 중요하다. 여기서는 「大人がびっくりするようなこと」라고 되어 있으므로 '어른이 아닌 사람 = 아이·학생 등…'이 하는 것을 가리킨다는 것을 알 수 있다. 그래서 아이가 하는 것에 대해서 어떤 것을 예로 들고 있는가를 보면…

> ・ドラマの子役や歌手などの芸能活動やスポーツなど、ありとあらゆる分野で「若い子」が大活躍している
>
> ・小学生の中にヒールをはいて化粧をする子がいる

＊본문에서 「態度や行動において、大人がびっくりするようなこと」라고 되어 있으므로 '어른이 아이의 태도나 행동에 깜짝 놀란다'는 것을 알 수 있다. 위에 그러한 예가 나와 있는데, 여기서 필자가 「びっくりするようなこと」라고 평가한 것은 어느 것인가를 구분할 수 있어야 한다. 정리하면 다음과 같이 된다.

> ・ドラマの子役や歌手などの芸能活動やスポーツなど、ありとあらゆる分野で「若い子」が大活躍している　→　若い子が頑張っている姿を見るのは微笑_{ほほえ}ましい
>
> ・小学生の中にヒールをはいて化粧をする子がいる　→　大人がびっくりする

＊정답은 「1 子供が大人のようなおしゃれをすること」이다.

● 다음 물음에 답해 보세요.

(1)

「携帯依存症」という言葉を聞いたことがあるだろう。携帯電話を常にそばに置いておかないと落ち着かない、という現代人をよく表現している。かくいう自分も、仕事に行くときに携帯電話を家に置いてきたりすると、一日中仕事が手につかない。大急ぎで家に帰ってきて携帯電話を開いてみると不在着信どころかメールすら届いてなく、ほっとしたような、がっかりしたような、なんともいえない気持ちになることがある。

Q1 「携帯依存症」の症状はどういったものか。

　　携帯電話を..。

Q2 なんともいえない気持ちとあるが、どんな気持ちか。

....気持ち。

(2)

　　日本の大学受験のシステムについて、よくアメリカの①それと比較して批判されることがある。日本の大学は入学するほうが卒業するより難しく、アメリカの大学は入学するより卒業するほうが難しい、というものである。大学という機関が勉強をするための場所であることを考えれば、どちらのほうが多くの勉強ができるところであるのかは、②言わずと知れている。

Q1 ①それとは何を指すか。

....。

Q2 ②言わずと知れているのは何か。

　　(　　　　　)の大学より(　　　　　)の大学ほうが多くの勉強ができるところであること。

정답　(1) Q1 常にそばに置いておかないと落ち着かない　Q2 ほっとしたような、がっかりしたような
　　　(2) Q1 大学受験のシステム　Q2 日本・アメリカ

❸ 결과 · 결론(어떤 의미인가?)

글을 읽다 보면 하나 하나의 문장은 알 것 같아도 「결과는 무엇인가? 결론은 무엇인가?」를 파악할 수 없는 경우가 있다. ③에서는 결과 · 결론을 파악하는 연습을 해 보자.

부정형은 긍정형으로 바꾸어 본다

> 　私の20代は、自分の夢を実現するために、ありとあらゆる情報や人間関係を求めて努力を惜しまなかった。しかし、いつも後一歩のところで夢は遠くなり失望の日々でもあった。もしあの時あきらめていたら、今のように自分の名を誇る機会はなかっただろう。
>
> ❑ 自分の夢とあるが、その夢は実現したのか。
>
> 　1 実現しなかった　　　　　　　　　2 実現した

＊여기서는 마지막 문장에 주목해야 한다. 부정형의 문말 표현(〜なかっただろう)으로 되어 있어서 말하고자 하는 것을 파악하기 어렵다. 이것을 문장 속의 부정 · 긍정을 반대로 바꿔 보면 말하고자 하는 것이 확실해진다.

> あの時あきらめていたら、今のように自分の名を誇る機会はなかっただろう。
>
> ⇨ あの時あきらめなかったので、今のように自分の名を誇る機会がある。

＊따라서 정답은 「2 実現した」이다.

요약문과 접속사를 힌트로 해 보자

「個性的になりたい」といってもそう簡単な話ではない。人は個性的になろうとしてなれるわけではないからである。だが、子供の個性を育てようとする教育が進められる中で、それは、小さな子供たちの中に少しずつ芽生えてきているようだ。

Ｑ この文章で言いたいことはどれか

　　1 子供たちは個性的になりつつある　　2 誰も個性的にはなれない

　　3 子供たちは個性的になった　　　　4 誰もが個性的になれる

* 여기서는 글의 흐름을 파악하는 것이 중요하다. 먼저 첫 두 문장을 간단하게 요약해 보자.

「個性的になりたい」といってもそう簡単な話ではない。
⇨ 個性的になるのは難しい。

人は個性的になろうとしてなれるわけではないからである。
⇨ すぐには個性的はなれない。

* 그리고 바로 뒤의 접속사에 주목하면, 역접을 나타내는 「だが」가 있다. 그러므로 다음 문장에서는 이것과 반대의 내용이 온다는 것을 알 수 있다. 여기서 예상할 수 있는 것은…

個性的になるのは難しい。すぐには個性的になれない。
　　⇩　　だが
　① 個性的になれる。なった人がいる。
　② 個性的になればいいことがある。
　③ 個性的になることはそれほど重要ではない。

* ①~③과 같은 내용이 다음에 온다는 것이다. 이것을 예상하면서 다음 문장을 읽으면 「個性は小さな子供たちの中に少しずつ芽生えてきている」이다. 위의 ①에 해당한다. 「少しずつ~きている」이므로 아이들이 완전히 개성이 싹튼 상태는 아니다. 그러므로 정답은 「1 子供たちは個性的になりつつある」가 된다. 독해는 이처럼 다음에 오는 전개를 예상하면서 읽는 것도 아주 중요하다.

독해의 비결

● **다음 물음에 답해 보세요.**

(1)

　名前が人に与える印象というのは大きい。K-1の選手だった魔裟斗にしてもそうである。名前だけを見ると、どうも不気味で恐ろしい感じがする。それが相手の選手をおびえさせ、勝負の際に有利に働くことだってあったかもしれない。もし「魔裟斗」という名前でなかったならば、彼が世界チャンピオンになれたかどうかは定かではない。

Q 魔裟斗は世界チャンピオンになれたのか。

1　なれた　　　　　　　　　　　　　2　なれなかった

(2)

　観葉植物というのは正直なもので、その性質や環境に合わせてきちんと手入れをしていれば、ちゃんと育って私たちの目を楽しませてくれる。しかし、手をかけなければやはりそれなりなのである。私は、今までに何度植物を殺してきたことか。それをわかっているはずなのに、いつも同じ失敗を繰り返してしまう。数ヶ月前「サボテンなら」と思い切って鉢植えを買ってきたのだが、今朝出かける際に見てみると、（　　　　　　　　　　）。

Q （　　　　　）に入る最も適当なものはどれか。

1　ちゃんと育っていたのだった
2　花を咲かせていたのだった
3　虫が止まっていたのだった
4　ぐったりしおれていたのだった

정답　　(1) 1　　(2) 4

相変わらず あい か	여전히
	相変わらずお忙しいですね。여전히 바쁘시군요. あい か　　　　いそが
案の定 あん じょう	생각한 대로, 예상했던 대로
	だるいと思ったら、案の定熱があった。나른하다 했더니, 생각대로 열이 있었다. 　　　　おも　　　　　あん じょうねつ
いわば	말하자면, 이를테면
	その料理はいわばピザのようなものだ。그 음식은 말하자면 피자같은 것이다. 　　りょう り
いわゆる	이른바, 소위
	彼はいわゆる警察のエリート組だ。그는 이른바 경찰 엘리트 부류다. かれ　　　　　けいさつ　　　　　　ぐみ
かえって	오히려
	いつもと違う髪形にしたら、かえって似合うと言われた。 　　　　ちが　かみがた　　　　　　　　　に あ　　 い 평소와 다른 머리스타일로 했더니, 오히려 어울린다는 말을 들었다.
結局 けっきょく	결국
	ずいぶん迷ったが、結局A社に入社することにした。 　　　　まよ　　　　けっきょく しゃ にゅうしゃ 꽤 망설였지만, 결국 A사에 입사하기로 했다.
さすが	(뭐니 뭐니 해도) 역시, 과연
	さすが、腕のいい医者は違いますね。역시 실력이 좋은 의사는 다르군요. 　　　　うで　　　い しゃ　ちが
しょせん	(흔히 부정적인 표현이 뒤에 와서) 어차피, 필경
	しょせん私なんかには分かりませんよ。어차피 저 같은 사람은 이해 못 해요. 　　　　わたし　　　　　　わ
たとえば	예를 들면
	たとえば、次のような例があります。예를 들면 다음과 같은 예가 있습니다. 　　　　　つぎ　　　　　れい
つまり	즉, 결국
	つまり、結論はこういうことです。즉, 결론은 이런 것입니다. 　　　けつろん
どうせ	어차피, 이왕에
	どうせやらなければならないのなら、早く片付けてしまおう。 　　　　　　　　　　　　　　　　　　はや かた づ 어차피 해야 한다면, 빨리 해치우자.
要するに よう	요컨대
	要するに、この部分が大事だということですね。 よう　　　　　　ぶ ぶん だい じ 요컨대, 이 부분이 중요하다는 것이군요.

독해의 비결

● 다음 물음에 답해 보세요.

1 僕は和食、＿＿＿＿＿寿司や天ぷらなどが大好物です。

   1　つまり　　　　　2　例えば　　　　　3　いわゆる　　　　　4　いわば

2 使い捨ての文化は＿＿＿＿＿高度成長の落とし子だ。

   1　つまり　　　　　2　例えば　　　　　3　いわゆる　　　　　4　いわば

3 戦後のベビーブームの時に生まれた子供たち、＿＿＿＿＿団塊の世代というのは、
ベトナム反戦運動と激しい学生運動を体験してきた世代である。

   1　なるほど　　　　2　例えば　　　　　3　いわゆる　　　　　4　いわば

4 社会に出るということは＿＿＿＿＿大人になるということです。

   1　つまり　　　　　2　なるほど　　　　3　3　案の定　　　　4　さすが

5 僕の方は、＿＿＿＿＿貧乏暇なしだよ。

   1　やはり　　　　　2　なるほど　　　　3　相変わらず　　　4　さすがに

6 ＿＿＿＿＿ベテラン教師だけあって、教え方が上手だ。

   1　さすが　　　　　2　なるほど　　　　3　相変わらず　　　4　案の定

7 突然優しくされると、＿＿＿＿＿気味が悪くなる。

   1　やはり　　　　　2　なるほど　　　　3　果たして　　　　4　かえって

8 コミュニケーションとは＿＿＿＿＿相手を理解するということだ。

   1　かえって　　　　2　なるほど　　　　3　要するに　　　　4　案の定

9 色々治療を試みたが、＿＿＿＿＿治らなかった。

   1　つまり　　　　　2　要するに　　　　3　結局　　　　　　4　どうせ

10 いくら彼女が好きでも、＿＿＿＿＿僕には高嶺の花だ。

   1　つまり　　　　　2　要するに　　　　3　いわゆる　　　　4　しょせん

정답　　　1②　　2④　　3③　　4①　　5③　　6①　　7④　　8③　　9③　　10④

문제유형 　내용이해(단문)

생활, 업무, 학습 등을 주제로 한 설명문과 지시문 등의 200자 정도의 지문을 읽고 내용을 이해하였는지를 묻는 문제로 주로 글의 개요를 이해할 수 있는지를 측정한다.

▶글 그 자체를 이해하였는지를 묻는 문제

- （筆者が考える）_____とはどのようなものか。
- （筆者は）～とは何だと述べているか。
  筆者の言いたいことはどれか。
  ✽「筆者」라는 말이 들어가더라도 개요에 대해 묻는 문제가 많이 출제될 것으로 예상한다.

▶글의 키워드를 이해하였는지를 묻는 문제

- _____とは何か。
- _____とはどういうことか。
- _____とはどのようなものか。
  ✽ 밑줄 친 부분을 묻는 문제

▶글의 개요를 요약할 수 있는 능력을 묻는 문제

- この文章のタイトル(件名)は何か。
- この文章は何について書かれているか。

포인트

문제를 풀기 전에 질문을 꼼꼼하게 읽고, 무엇을 묻고 있는지를 정확하게 이해하는 것이 중요하다. 비즈니스 문서는 편지나 이메일의 형태로 출제되기 때문에 그 형식만 파악하고 있으면 그다지 어렵지 않게 문제를 풀 수 있을 것이다.

편지를 예로 들면, 위에서부터 날짜, 받는 사람, 보내는 사람, 건명(件名), 인사말 그리고 가장 중요한 사항인 그 문서의 취지 순으로 쓰여져 있는 경우가 많다. 각각 대강 어디쯤에 위치하는지 기억해 두자. 사실문도 글 중간에 나오는 숫자와 어려운 단어에 현혹되지 말고, 글의 개요를 파악한다는 생각으로 읽어나가면 쉽게 풀 수 있다.

問題8 次の文章を読んで、後の問いに対する答えとして最もよいものを、1・2・3・4から
一つ選びなさい。

(1)

　液晶画面で見るいわゆる電子ブックも、今のところ紙で出来た本にとってかわる
ほどの勢いはない。たしかに書籍の出版は、世のデジタルな進歩だけでは追いつけ
ないものを持っている。書かれた中身だけが「本」ではないのだ。装丁はもちろ
ん、手に取ったときの感触やにおい等のデジタルなものにない物理性や、または目
に見えないこだわりもそうだ。一冊の本は紙で出来たひとつの表現なのだ。

　しかし、そう考えると逆に、別に「本」である必要のないものが本になって出回
っている気がしないでもない。本屋で平積みになった新刊を眺めていると、表現で
ある以上に紙で出来た商品に思えてしまう時が多いのだ。

（近田春夫『僕の読書感想文』国書刊行会による）

1　「本」である必要のないものとはどのような本のことか。

　　1　電子ブックなどデジタルな本
　　2　書かれていることが少ない本
　　3　装丁や手に取った感触が悪い本
　　4　売ることだけを目的に作った本

(2)

　人は生まれ育った環境こそが自然だと感じるもので、成長したあとに現れた新しい技術には違和感を抱くものである。例えば、新幹線は東京・大阪間を8時間から3時間に縮めた。これに対して当初は、あまり早すぎるのもよくない、旅はもっとのんびりするものだ、という批判が起きた。しかし、江戸時代の人に言わせてみれば、東京と大阪は15日かけて歩くのが普通だと言うだろう。

　我々は新しい科学技術に対して最初は衝撃を覚え拒否するが、時間が過ぎると、それがあたかも昔からあったかのごとくに使いこなし受け入れていく。それが人間であるゆえんなのだ。

2　それは何を指しているか。

1　人は生まれ育った環境こそが自然だと感じるものだということ
2　人は新たな技術に対して、違和感を抱くものであるということ
3　人が新たな技術と古くからの伝統を使い分ける存在だということ
4　人は新しい技術でも、次第に慣れていくことができるということ

(3)

職場というのは、本当に不思議な存在だと思います。家と同じように、「いってらっしゃい」といって送り出し、「お帰りなさい」といって迎えてくれる職場もあれば、お互いに声をかけることなく、誰がいつ出社したのか、退社したのかさえわからない、そんな職場もあります。

人が集まれば、そこに何らかの感情の交流が起こります。お互いによい感情を伝え合うことができれば、職場が家庭のように自分が帰る場所、自分の居場所になっていくのに、負の感情が連鎖してしまうと、自分を追い詰める場所、関わりたくない場所に変わってしまいます。

（高橋克徳「職場をイキイキさせる方法」
講談社による）

3 筆者のここで最も言いたいことは何か。

1 すべての職場での人間関係は家族的であるべきだ。

2 ほかの社員の行動を気にしすぎるのはよくないことだ。

3 現在の職場はすべての社員にとって生きづらい場所である。

4 互いの努力によって、職場を居心地のよい場所に変えられる。

(4)

田中産業株式会社

代表取締役　田中太郎様

斉藤電気

中山　康弘

拝啓

時下ますますご清栄のこととお慶び申し上げます。

　さて、先日はご多忙の中、ご丁寧にお見舞い状をいただき、まことにありがとうございました。

　入院期間中、御社には大変ご不便をおかけいたしましたこと、お詫びいたします。今後とも、末永いお取引を賜りますよう、よろしくお願いいたします。営業車を運転している際にトラックと衝突し、「右足骨折、全治2ヶ月」との診断でしたが、来週から会社に復帰する予定でございます。復帰後改めてご挨拶に参りたいと存じますが、まずは書面をもちましてお礼申し上げます。…

4 この文書は何のために書かれたものか。

1　入院のお見舞いのため
2　事故の報告をするため
3　お礼とお詫びを言うため
4　新しい取引を始めるため

(5)

　先月、中国で珍しいチョウが採集された、という新聞記事が出た。チョウは昆虫の中では、人に好かれるものの代表で、「チョウよ花よ、とかわいがる」という言い方もあるくらいだから、珍チョウの発見が新聞紙上をにぎわせても不思議なわけではない。

　これがゴキブリであれば、こうはいかない。人に嫌われる代表のような昆虫であるゴキブリは、チョウよりもはるかに種類が少なく、したがって珍しいゴキブリが発見されればやはり事件となるであろうが、「珍ゴキブリ発見」という記事では、よほどうまく書かれていないと、採用されないに違いない。

（養老孟司『ヒトの見方』筑摩書房による）

5　こうはいかない。とあるが、どういうことか。

1　めずらしいゴキブリが発見されることは、きわめて難しいということ
2　ゴキブリがチョウのように人に好かれ、かわいがられることはないということ
3　めずらしいゴキブリの発見が記事となり、話題を呼ぶことはないということ
4　めずらしいゴキブリが発見されても、チョウの発見より不思議ではないということ

(6)

　　サッカーには全く不案内なのだが、いつも思うのは、サッカーファンがどうして
あそこまで熱狂的になれるのかということである。あの競技にはきっと魔力がある
のだろう。そうでなければワールドカップの異常な盛り上がりは説明がつかない。
日本にいるとよくわからないが、海外では観客同士の乱闘などが当たり前だと聞
く。いわゆるフーリガンだけではなく、一般のファンが暴徒と化して死傷者まで出
る、というのもめずらしくないらしい。そんなスポーツは他にないだろう。

（近田春夫『僕の読書感想文』国書刊行会による）

6　筆者の言いたいことは次のどれか。

1　サッカーほど暴力的なスポーツはないだろう。

2　サッカーほど熱狂的なスポーツはないだろう。

3　サッカーは、日本人には理解できないスポーツだ。

4　サッカーは、日本人には説明できないスポーツだ。

(1)

액정화면으로 보는 이른바 전자책도 아직은 종이로 된 책과 뒤바뀔 정도의 기세는 없다. 분명히 서적 출판은 세상의 디지털적인 진보만으로는 따라잡을 수 없는 것을 가지고 있다. 쓰인 내용만이 '책'은 아니다. 책 디자인은 물론, 손에 집어 들었을 때의 감촉이나 냄새 같은 디지털적인 것에는 없는 물리성이나 또는 눈에 보이지 않는 고집도 그렇다. 한 권의 책은 종이로 만들어진 하나의 표현이다.

그러나 그렇게 생각하면 반대로 특별히 '책'일 필요가 없는 것이 책으로 만들어져 유통되고 있는 듯한 느낌이 들지 않는 것은 아니다. 책방에 쌓여 있는 신간을 보고 있자면 표현 이상으로 종이로 만들어진 상품으로 여겨질 때가 많은 것이다.

(치카다 하루오 『나의 독서감상문』 국서간행회)

어휘 液晶 액정 | 画面 화면 | 電子ブック 전자책 | 勢い 기세 | たしかに 분명 | 書籍 서적 | 出版 출판 | デジタル 디지털 | 進歩 진보 | 中身 내용물, 알맹이 | 装丁 장정, 모양새, 디자인 | 感触 감촉 | 物理性 물리성 | こだわり 고집, 구애받음 | 一冊 한 권 | 表現 표현 | 逆に 반대로 | 出回る 나돌다 | 平積み 책 표지가 보이도록 쌓아 놓음 | 新刊 신간 | 眺める 바라보다 | 商品 상품

1 '책'일 필요가 없는 것이란 어떤 책인가?
  1 전자책 등 디지털적인 책
  2 쓰여진 것이 적은 책
  3 책 디자인이나 손에 집어 든 감촉이 나쁜 책
  4 파는 것만을 목적으로 만든 책

정답 4

해설 바로 앞 문장에서 한 권의 책이란 '종이로 만들어진 하나의 표현이다'라고 했다. 첫 번째 단락에서는 일반 책이 전자책과는 다른 장점이 있다는 점을 설명하였으나, 두 번째 단락 마지막에 '종이로 만들어진 상품'으로 여겨진다는 것은 비록 전자책이 아닌 종이책으로 만들어졌으나 단순히 팔기 위한 것을 목적으로 만들어진 물건, 즉 '상품'으로 보인다는 것이기에 정답은 4번이다.

(2)

사람은 태어나서 자란 환경이야말로 자연이라고 느끼며, 성장한 뒤에 나타난 새로운 기술에는 위화감을 느끼는 법이다. 예를 들어 신칸센은 도쿄·오사카 사이를 8시간에서 3시간으로 단축했다. 이에 대해 처음에는 너무 빠른 것도 좋지 않다, 여행은 더 느긋이 하는 법이라는 비판이 일었다. 그러나 에도 시대 사람에게 들어보면 도쿄와 오사카는 15일 걸려서 걷는 것이 보통이라고 할 것이다. 우리는 새로운 과학기술에 대해 처음에는 충격을 느끼고 거부하지만, 시간이 지나면 그것이 마치 예전부터 있었다는 듯이 활용하고 받아들인다. 그것이 인간이기 때문인 것이다.

어휘 生まれ育つ 태어나서 자라다 | 環境 환경 | 自然 자연 | 感じる 느끼다 | 成長 성장 | 現れる 나타나다 | 技術 기술 | 違和感 위화감 | 抱く (감정을) 느끼다, 품다 | 例えば 예를 들어, 예컨대 | 新幹線 신칸센 | 縮める 축소시키다, 단축하다 | 当初 당초 | 旅 여행 | 批判 비판 | 江戸時代 에도 시대 | 普通 보통 | 我々 우리 | 科学 과학 | 衝撃 충격 | 批判 비판 | 覚える (어떤 감정을) 느끼다 | 拒否 거부 | 昔 옛날 | ～のごとく ～와 같이 | 使いこなす 활용하다 | 受け入れる 받아들이다 | ゆえん 이유, 까닭, 근거

2 그것은 무엇을 가리키는가?
  1 사람은 태어나서 자란 환경이야말로 자연이라고 느끼는 법이라는 것
  2 사람은 새로운 기술에 대해 위화감을 느끼는 법이라는 것
  3 사람이 새로운 기술과 예로부터의 전통을 구별하는 존재라는 것
  4 사람은 새로운 기술이라도 점차 익숙해져 갈 수 있다는 것

해설 밑줄 친 내용을 묻는 문제로, 특히 그것이 지시대명사인 경우 바로 앞 문장을 주목해야 한다. 본문은 '그것이 사람이기 때문', 즉 사람이라는 까닭이라고 말하고 있으므로 앞 문장을 살펴보면 '우리는 새로운 과학기술에 대해 처음에는 충격을 느끼고 거부하지만, 시간이 지나면 그것이 마치 예로부터 있었다는 듯이 활용하고 받아들인다'라고 했으므로, 선택지에서 이 내용과 같은 것은 4번밖에 없다.

(3)

직장이란 정말로 신기한 존재라고 생각합니다. 집처럼 "다녀오세요"라고 배웅하고, "잘 다녀왔어요?"라고 맞이해주는 직장이 있는가 하면, 서로 말을 거는 일 없이 누가 언제 출근했는지, 퇴근했는지조차도 모르는 그런 직장도 있습니다.

사람이 모이면 거기서 어떤 감정의 교류가 생깁니다. 서로 좋은 감정을 주고받을 수 있다면 직장이 가정처럼 자신이 돌아 갈 곳, 자신이 있을 곳이 되는데, 부정적인 감정이 연쇄적으로 일어나 버리면 자신을 막다른 지경에 몰아넣는 장소, 관여하고 싶지 않은 장소로 변하고 맙니다.

(다카하시 가츠노리 「직장을 활력있게 하는 방법」『책 2009년 10월호』고단샤)

어휘 職場 직장 | 不思議だ 신기하다 | 存在 존재 | 送り出す 내보내다, 배웅하다 | (お)互い 서로 | 声をかける 말을 걸다 | 誰 누구 | 出社 출근 | 退社 퇴근 | 感情 감정 | 交流 교류 | 伝え合う 서로 전하다 | 家庭 가정 | 居場所 있을 곳 | 負の 부정적인 감정(↔ 正の) | 連鎖 연쇄 | 追い詰める 몰아넣다, 몰아세우다 | 関わる 관계되다

3 필자가 여기서 가장 말하고 싶은 것은 무엇인가?

1 모든 직장에서의 인간관계는 가족적이어야 한다.
2 다른 사원의 행동을 지나치게 신경 쓰는 것은 좋지 않다.
3 현재의 직장은 모든 사원에게 있어서 살아가기 힘든 장소이다.
4 서로의 노력에 의해 직장이라는 장소를 있기 편한 장소로 바꿀 수 있다.

해설 문장 구조를 본다. 첫 번째 단락에서는 구체적인 사례를 들면서 서로에게 관심을 갖는 직장과 무관심한 직장을 설명하고, 두 번째 단락에서는 '서로 좋은 감정을 주고받을 수 있다면 직장이 가정처럼 자신이 돌아갈 곳, 자신이 있을 곳이 되는데, 부정적인 감정이 연쇄적으로 일어나 버리면 자신을 몰아넣는 장소, 관여하고 싶지 않은 장소로 변하고 맙니다'라고 했다. 즉, 이를 요약하면 '서로'가 하기에 따라서는 분위기가 좋아질 수도 나빠질 수도 있다는 내용이므로 정답은 4번이다. 또한 특정 내용을 강하게 주장하고 있지 않으므로 1번은 아니다.

(4)

다나카 산업주식회사
대표이사 다나카 타로 귀하

사이토 전기
나카야마 야스히로

크나큰 발전을 축하합니다.

얼마 전에는 바쁘신 와중에도 친절히 병문안 편지를 주셔서 대단히 감사합니다.

입원 기간 중 귀사에 큰 불편을 끼쳐 드린 점을 사과드립니다. 앞으로도 계속해서 거래할 수 있도록 잘 부탁합니다. 영업차량 운전 중에 트럭과 충돌하여 '오른쪽 다리 골절, 전치 2개월'이라는 진단이었으나, 다음 주부터 회사로 복귀할 예정입니다. 복귀 후 다시금 인사차 찾아뵙고자 합니다만, 우선 서면으로 감사의 말씀을 전합니다.

어휘 産業 산업 | 株式会社 주식회사 | 代表取締役 대표이사 | 拝啓 일본 편지 첫머리에 사용하는 말 | 多忙 다망, 매우 바쁨 | 丁寧に 공손하게, 정중하게 | お見舞い 병문안 | 入院 입원 | 期間中 기간 중 | 御社 상대 회사를 높여서 부르는 말 | お詫びいたします 사과 드립니다 | 末永い 오래도록 | 取引き 거래 | 賜る '받다'의 겸양어 | 衝突 충돌 | 骨折 골절 | 全治 전치 | 診断 진단 | 復帰 복귀 | 改めて 다시금 | 挨拶 인사 | 参りたいと存じます 찾아 뵙고 싶다고 생각합니다 | 書面 서면 | お礼を申し上げます 감사의 말씀을 드립니다

4 이 문서는 무엇을 위해 쓴 것인가?
1 입원의 병문안을 위해
2 사고 보고를 하기 위해
3 감사와 사과를 하기 위해
4 새로운 거래를 시작하기 위해

정답 3
해설 글의 양식에 주목하자. 설명문이나 평론 같은 경우 70% 이상이 결론은 마지막 단락에 오지만, 편지 양식인 글의 경우에는 처음과 마지막에 형식적인 글이 오며 그 문장의 요점은 본문 중간 부분에 위치해 있다는 점을 알아두어야 한다. 그리고 본론으로 들어가는 경우에는 「ところで」, 「さて」, 「じつは」 등과 같이 화제전환을 나타내는 접속사가 오는 경우가 많다. 이 문제에서도 「さて」 다음에서 병문안 서신을 받았다는 점에 대해 감사의 뜻을 전하고 바로 이어서 입원 기간 중에 불편을 끼쳐드려 죄송하다는 뜻을 밝히고 있으므로 정답은 3번이다. 1번은 다른 사람이 아닌 자신이 입원한 것이고, 2번은 단순한 사고 보고만이 아니기 때문에, 4번은 새로운 거래가 아닌 기존 거래를 계속 오랫동안 하자는 내용이므로 각각 정답이 아니다.

(5)

지난달 중국에서 희귀한 나비가 채집되었다는 신문 기사가 실렸다. 나비는 곤충 중에서는 사람들이 좋아하는 대표적인 것으로 '나비야 꽃이야 하며 예뻐한다'는 말이 있을 정도이므로, 희귀한 나비 발견이 신문지상에서 화제가 된다 해도 이상하지는 않다.
이것이 바퀴벌레였다면 이렇게는 되지 않는다. 사람들이 싫어하는 대표적 곤충인 바퀴벌레는 나비보다 훨씬 종류가 적으며, 따라서 희귀한 바퀴벌레가 발견된다면 역시 뉴스 거리가 될 수 있겠지만, '희귀한 바퀴벌레 발견'이라는 기사로는 어지간히 잘 쓰지 않았다면 분명 채택되지 않을 것이다.

(요로 타케시 『사람의 관점』 치쿠마 쇼보)

어휘 珍しい 진귀하다, 보기 드물다 | 採集 채집 | 記事 기사 | 昆虫 곤충 | 好かれる 호감을 받다 | 代表 대표 | 言い方 말하는 방법 | 発見 발견 | にぎわせる 떠들썩하게 하다, 번창하게 하다 | 不思議 이상함 | ゴキブリ 바퀴벌레 | はるかに 훨씬 | 種類 종류 | したがって 따라서, 그러므로 | 事件 사건 | よほど 상당히, 무척 | 採用 채용, 채택 | ~に違いない ~임이 분명하다

5 이렇게는 되지 않는다고 하는 것은 어떤 것인가?
1 희귀한 바퀴벌레가 발견되는 일은 극히 드물다는 것
2 바퀴벌레를 나비처럼 사람들이 좋아하고 예뻐하는 일은 없다는 것
3 희귀한 바퀴벌레의 발견이 기사가 되어 화제를 불러 일으키는 일은 없다는 것
4 희귀한 바퀴벌레가 발견되어도 나비의 발견보다 이상하지 않다는 것

정답 3

해설 「こう(이렇게)」가 무엇을 가리키는지를 분석해야 한다. 1번째 단락에서 '나비야 꽃이야,하며 예뻐한다'는 것은 우리말의 표현으로라면 '금이야, 옥이야'가 된다. 또한 그처럼 가치를 인정받으며 신문지상을 장식한다, 즉 신문에 기사화되어 화제를 불러일으킨다는 내용으로 단락이 끝나고, 바로 이어 '이렇게는 되지 않는다'고 했으므로 정답은 3번이다.

(6)

축구에 관해서는 문외한이지만, 항상 느끼는 것은 축구팬이 왜 그토록 열광적이 될 수 있을까 하는 것이다. 저 경기에는 분명히 마력이 있는 것이겠지. 그렇지 않다면 월드컵의 비정상적인 성황은 설명이 되지 않는다. 일본에 있으면 잘 모르겠지만, 해외에서는 관객끼리 난투를 벌이는 것이 당연하다고 한다. 흔히 말하는 훌리건뿐만이 아니라 일반 팬이 폭도로 변하여 사상자까지 나오는 일도 드물지 않다고 한다. 그러한 스포츠는 이것 말고는 없을 것이다.

(치카다 하루오『나의 독서감상문』국서간행회)

어휘 サッカー 축구 | 全く 전혀 | 不案内 정황·사정에 어두움 | ファン 팬 | 熱狂的 열광적 | 競技 경기 | 魔力 마력 | ワールドカップ 월드컵 | 異常 이상, 비정상 | 盛り上がり 성황, 고조됨 | 説明 설명 | 海外 해외 | 観客 관객 | ~同士 ~끼리 | 乱闘 난투 | 当たり前 당연함 | フーリガン 훌리건 | 一般 일반 | 暴徒 폭도 | ~と化する ~화하다, ~처럼 되다 | 死傷者 사상자

6 필자가 말하고 싶은 것은 다음 중 무엇인가?
1 축구만큼 폭력적인 스포츠는 없을 것이다.
2 축구만큼 열광적인 스포츠는 없을 것이다.
3 축구는 일본인으로서는 이해할 수 없는 스포츠이다.
4 축구는 일본인으로서는 설명할 수 없는 스포츠이다.

정답 2

해설 '축구팬이 왜 저토록 열광적이 될 수 있을까'라는 질문으로 본문이 시작된다. 훌리건을 예로 들면서 단순히 폭력적이라는 점을 강조한 것이 아닌, 그와 같은 문제들은 모두 팬들이 열광적이기 때문에 벌어지는 문제라고 보고 있다. 또한 '축구'라는 스포츠에 대한 일본인의 이해를 주장하는 내용도 아니므로 정답은 2번이다.

問題 9 ▶ 내용이해(중문)

◁ 문제유형 **내용이해(중문)**

평론, 해설, 수필 등 500자 정도의 지문을 읽고, 인과관계나 이유, 필자의 의견 등을 이해할 수 있는지를 묻는 문제

▶이유 · 인과관계를 묻는 문제

· ～はなぜか。

· ～の理由は何か。

· ～と～の関係は？

▶필자의 의견을 묻는 문제

· 筆者の考えと合っているものはどれか。

▶밑줄 친 부분에 관해 묻는 문제

· _____の理由は何か。

▶각각의 형식이 조금씩 더해지는 경우도 있다.

· 筆者が～と考えるのはなぜか。

먼저 이러한 질문들을 잘 읽고, 무엇을 묻고 있는지와 이야기의 주제를 파악한 후 본문을 읽으면 된다.

포인트

〈문제 9〉의 글의 구성은 [첫 단락 → 말하려고 하는 주제], [중간 단락 → 주제에 관한 설명(이유 · 구체적인 사례 · 체험담)], [마지막 단락 → 결론, 글 전체의 내용]으로 되어 있는 경우가 많기 때문에, 글 전체에 관한 문제에 대해서는 마지막 단락을 힌트로 보는 것이 좋다. 또 단락에 관한 문제에 대해서는 밑줄 친 부분을 묻는 것이라면 밑줄 친 부분의 앞뒤 문장을 잘 읽어보면 정답의 힌트를 발견할 수 있다. 단, 밑줄 친 부분이 문장의 첫 부분에 있는 경우는 글 전체에 관해 묻는 경우가 많기 때문에 주의하기 바란다.

問題9 次の文章を読んで、後の問いに対する答えとして最もよいものを、1・2・3・4から
一つ選びなさい。

(1)

　最近は、テレビのコマーシャルにクラシック音楽が盛んに登場して、しかもそ
れが驚くほど新鮮な魅力を持っていたりする。しかし、こうしたことがすぐに
①クラシック音楽の普及につながるなどと考えない方がいいだろう。

　クラシック音楽は難しいという人は結構多い。彼らが口をそろえて言うのは、曲
が長くて途中で退屈してしまう、暗く閉ざされたコンサート会場で長時間物音ひと
つ立てずにじっと座っているのは苦痛だ、ということだ。このことは、つまり、ク
ラシック音楽というのは、長い曲を聴き通すこと、それも何かをしながらではなく
集中して曲全体を聴き通すことであり、旋律やリズムや音響といった現象的な快楽
にとどまらない、総合的でドラマティックな体験であるということを示している。
もちろん細部が全体に劣るわけではない。だが、②曲全体という世界の中に位置づ
けられることで、細部は、それだけで存在する以上の意味を持つことができる。

　しかし、コマーシャルの15秒のクラシック音楽は、そういう体験にはほど遠
い。それはたしかに作品の一部には違いないが、その向こうに作品全体を暗示する
ことのない、むしろ作品という根から切り離された、個別的で快楽的な現象であ
る。だから、コマーシャルにクラシック音楽が続々と登場し、それが感動を誘って
いるとしても、かならずしもそれで人々が容易にクラシック音楽に導かれるとは考
えないほうが良い。ともかく、こうしたことは、音楽の受け止め方が変質しつつあ
ることを示しているのではないだろうか。

（岡田敦子 『永遠の瞬間のなかに』作品社による）

5 ①クラシック音楽の普及につながるなどと考えない方がいいと筆者が考える理由は何か。

1 コマーシャルに使われるクラシック音楽は、作品全体と切り離されてしまったものだから。

2 コマーシャルに使われるクラシック音楽は、作品全体が次第に変質していったものだから。

3 コマーシャルに使われるクラシック音楽は、もとの作品全体を15秒に縮めたものだから。

4 コマーシャルに使われるクラシック音楽は、もとの作品の一部であることに違いないから。

6 ②曲全体という世界の中に位置づけられることで、細部は、それだけで存在する以上の意味を持つことができるとあるが、どういうことか。

1 曲全体を聞くよりも、一部分だけ聞いた方がより深い感動が得られる。

2 世界的に有名な曲は、一部分を聞いただけで曲全体が分かるものである。

3 世界的に有名な曲は、一部分を聴いただけでも深い感動が得られる。

4 曲を部分に分けないで、全体的に聞くことでより深い感動が得られる。

7 クラシック音楽について、筆者の考えに近いものはどれか。

1 クラシック音楽は難解で、一曲が長すぎて退屈である。

2 クラシック音楽は、旋律などの現象的な快楽を体験するものである。

3 クラシック音楽は、じっと座って聞かなければならないのが苦痛である。

4 クラシック音楽を聴くことは、総合的でドラマティックな体験である。

(2)

　大きなものから小さなものまで、東京には数え切れないほどたくさんの公園がある。私はもともと草や樹（き）が好きだったので、公園で時間を過ごすのも楽しかった。

　ところが、いつからか、公園の中をのんびりと歩けなくなっていた。まるでラッシュアワーの駅のプラットホームのように、せかせかと歩く自分に気付き、もっとゆっくり過ごしてもいいんじゃないかと自分自身に言い聞かせてみるのだが、それができない。なぜか？　と考えても理由はわからなかった。周囲を眺めると、花壇を囲んだブロック、丸く刈り込まれた樹木、歩道を固めたコンクリート、街灯、箒（ほうき）で掃除した跡……、人の手が入ったところばかり、やたらに目についてしかたがなかった。無理に緑の木々を眺めていようとすると何だか白けてしまって、5分も続かない。これが公園嫌（こうえんぎら）いの始まりだった。

　公園は、目的など持たずに時を過ごす場所として、木々や草原（くさはら）を柵（さく）で囲っている。私にはそれが庶民に配給されたもののように思えてならなかった。必要な意味のある建物を作った残りの部分をほんの少しだけ分け与えられた土地、そこでゆったりとした時間を過ごして元気になったら、さあ、次は街の中へ戻って働くなり勉強するなりしなさいと、だれかに命じられている気がした。

　そう思うと、今度は、自分の暮らしが、ばらばらに分断され人工化されていることに気付いた。自分の部屋、毎日利用する食堂やレストラン、喫茶店、図書館、映画館など、私はそれらを行ったり来たりして生活している。「いいじゃないか、電車を使うほど広い家に住んでいると思えば。」という考えは、私には、気休めにしかならなかった。

　私の公園嫌（こうえんぎら）いは、（　　　　）。

（中沢けい『往きがけの空』河出書房新社による）

8 筆者が公園嫌いになったのはなぜか。

1　公園がラッシュアワーの駅のプラットホームのように感じられたから
2　公園が効率よく働くために与えられた休憩施設のように感じられたから
3　公園の中のものは全て人工的に作られたものであることに気付いたから
4　公園は目的を持たずに自由に過ごせる場所であることに気付いたから

9 暮らしが、ばらばらに分断され人工化されているとあるが、どういうことか。

1　部屋から部屋へ移動するのに電車を使うほど広い家に住んでいるということ
2　生活に必要なものを得るために、そのつど移動しなければならないということ
3　生活に必要なものが全て与えられていて、とても便利であるということ
4　毎日の生活が、規則正しくスケジュールどおりに進んでいくということ

10 （　　　　　）に入る言葉として最も適当なものはどれか。

1　なんとかおさまった
2　少しやわらいできた
3　いっそう強まった
4　かえって弱まった

(3)

　交通信号の赤を見ると、私たちは止まらなければなりません。青を見ると、進め
という意味に理解します。もしそのときに、赤信号が、「止まれ。」という意味以
外に何か私たちの感覚や感情を刺激するものを表すなら、事故が起きてしまいま
す。ですから、信号に対しては、否応なしに「一か、ゼロか」、あるいは「Aか、
非Aか」というデジタルな捉え方をしなければなりません。さもなければ秩序が乱
れてしまいます。このように、日常生活においては、①コトバが信号化することは
確かなことです。

　たとえば私が、「コップをください」と言ったときに、皿が来たら困るわけです
から、「コップ」という語はとにかくコップという物を指す記号であり、「皿」とい
う語は皿を指す記号であるわけです。しかし同時に、私たちは、経験的に②そうで
はないコトバがあることを知っているのではないかと思うのです。

　つまり、舞台で演じる人の表情や動作、音楽とか絵画とかと同じように、聞く
たびに読むたびに、 そのつど新しい意味を与えられる、そういうコトバのことで
す。あるときは人のコトバに感動し、またあるときは激しく傷つけられる。こうい
う二度と味わえない体験を引き起こすコトバがある。そこに込められた複雑な感情
を私たちは、そのコトバのイントネーションや声の調子などから感じ取ります。こ
れは非常に重要なことです。文学や哲学の作品に、私たちが体験の一回性を読み取
るのは、そういうコトバで書かれているからにほかならないのです。

（丸山圭三郎 『フェティシズムと快楽』紀伊國屋書店による）

11 ①コトバが信号化するとあるが、どういうことか。

1 信号が人間の感覚や感情を刺激すること
2 信号にはデジタルな対応が求められること
3 言葉を一つの意味だけに限定して使うこと
4 言葉が信号のように事故を防いでいること

12 ②そうではないコトバとは、何のことか。

1 ひとつの物だけを指す言葉
2 いろいろな意味がある言葉
3 意味を持っていない言葉
4 感情が込められた言葉

13 この文章で筆者が言いたいことは、どういうことか。

1 言葉は一度しか聞くことができないから、相手の話し方に注意することが大切だ。
2 言葉には記号的な面だけでなく、芸術的な面もあるのを知ることは重要なことだ。
3 生活の秩序を乱さないためには、一つの言葉にいろいろな意味があるのはよくない。
4 日常生活のなかで記号化してしまった言葉を、芸術的な言葉に変えていくべきだ。

(4)

　「①自分にしか出来ない仕事をしたい」これは、なかなか理想的な仕事観である。日本では今年の大学卒業者約55万9030人のうち、就職したのは35万7285人。就職率は63.9％でリーマン・ショックの影響で雇用環境が悪化した2年前の60.8％と比較すると、若干の回復は見られるものの依然厳しい状況が続いている。こうした中で意欲を失い、収入さえ確保できるなら何でもいいやと開き直っているよりはよっぽど立派だろう。では、100％完璧かというと、そうも言えない。まあ、②60％というところか。

　このような考えを持っている若者は、どうやら何か専門知識やテクニックを持ち、周囲に必要とされて働く自分を思い描いているらしい。だが、果たしてそんなことが可能だろうか。それも新卒で社会経験など皆無に等しい若者にである。誰もやりたがらない「きつい、汚い、危険」といったいわゆる３Ｋ労働ならともかく、大概の仕事は「自分じゃなくても誰でも出来る」というのが現実だろう。

　職業のジャンルはある程度限られていて、しかも受験と同じで思い通りになることなんて滅多にない。そう考えれば、必然的に「何をやるのか」より「どうやるのか」を求められているのがわかるだろう。天才科学者や芸術家でもない限り、自分にしか出来ない仕事などない。ひとつの事に何十年と取り組み、努力と経験を積むことによって自らの力で築き上げていくことが大切なのである。

14　若者の考える① 自分にしか出来ない仕事とは何か。

1　自分が企画・提案した仕事
2　知識や技術の必要な専門職
3　きつい、汚い、危険な職業
4　自らの力で築き上げた仕事

15　② 60％というところか。とあるが、どうしてか。

1　雇用環境が回復せず、就職率がなかなか上がらないから
2　お金さえもらえれば何でもいいと考えるより立派だから
3　若者が思い描く仕事像はあまり現実的ではないから
4　他国と比べ、就職率が60％程度なのはいいほうだから

16　筆者はどのような仕事観を持っているか。

1　どんな仕事でも、それに取り組む姿勢こそが重要だ。
2　努力と経験の対価として収入を得るのが仕事である。
3　他人には出来ない専門的な仕事に就くことが大切だ。
4　誰もやりたがらない仕事にこそやりがいを見出せる。

(1)

최근에는 텔레비전 광고에 클래식 음악이 자주 등장하고, 게다가 그것이 놀라울 정도로 신선한 매력을 가지곤 한다. 그러나 이와 같은 일이 곧 ①클래식 음악 보급으로 이어진다고는 생각하지 않는 편이 좋을 것이다.

클래식 음악은 어렵다는 사람들이 제법 많다. 그들이 입을 모아 말하는 것은 곡이 길어서 도중에 지루해 지는 어둡고 밀폐된 콘서트장에서 장시간 동안 소리 하나 내지 않고 가만히 앉아 있는 일은 고통스럽다는 것이다. 이 점은 즉 클래식 음악이란 긴 곡을 끝까지 듣는 것, 그것도 무언가를 하면서가 아닌 집중해서 곡 전체를 처음부터 끝까지 듣는 일이며, 선율이나 리듬, 음향 같은 현상적인 쾌락에 그치지 않는, 종합적이고 극적인 체험이라는 것을 나타낸다. 물론 작은 부분이 전체보다 못하는 것은 아니다. 그러나 ②곡 전체라는 세계 속에 자리 매김 함으로써 작은 부분은 그것만으로 존재하는 것 이상의 의미가 있을 수 있다.

그러나 텔레비전 광고에서의 15초 동안의 클래식 음악은 그러한 체험과는 거리가 멀다. 그것은 분명히 작품의 일부에는 틀림없지만, 그 너머에 작품 전체를 암시하는 것은 없는, 오히려 작품이라는 뿌리로부터 단절된 개별적이고 쾌락적인 현상이다. 그래서 텔레비전 광고에 클래식 음악이 연이어 등장하고 그것이 감동을 불러일으킨다고 해도, 그것으로 사람들이 쉽게 클래식 음악 쪽으로 끌린다고는 생각하지 않는 편이 낫다. 아무튼 이와 같은 일은 음악을 받아들이는 방법이 변질되어가고 있다는 것을 나타내는 것은 아닐까.

(오카다 아츠코 『영원한 순간 속으로』 사쿠힌샤)

어휘 コマーシャル 텔레비전 광고 | クラシック音楽 클래식 음악 | 盛んに 활발히, 빈번히, 자주 | 登場 등장 | 驚く 놀라다 | 新鮮 신선 | 魅力 매력 | 普及 보급 | 結構 꽤, 퍽 | 口をそろえる 입을 모으다 | 途中 도중 | 退屈 지루함, 따분함 | 暗い 어둡다 | 閉ざされる 닫혀지다, 폐쇄되다 | コンサート 콘서트, 연주회 | 会場 회장, 행사 장소 | 長時間 장시간, 오랜 시간 | 物音ひとつ立てずに 소리 하나 내지 않고 | じっと 오랫동안 가만히 | 苦痛 고통 | 聴き通す 끝까지 듣다 | 集中 집중 | 旋律 선율 | リズム 리듬 | 音響 음향 | 快楽 쾌락 | ～にとどまらない ～에 머물지 않는 | 総合的 종합적 | ドラマティック 드라마틱 | 体験 체험 | 示す 보이다, 가리키다 | 細部 세부 | 劣る 뒤떨어지다, 뒤지다 | 位置づけられる 자리 매김하다 | 存在 존재 | ～には違いない ～임은 틀림 없다, ~임은 분명하다 | 暗示 암시 | むしろ 오히려 | 根 뿌리 | 切り離す 분리하다 | 個別的 개별적 | 続々と 계속해서 | 感動を誘う 감동을 불러 일으키다 | かならずしも～ない 반드시 ～인 것은 아니다 | 人々 사람들 | 容易に 손쉽게 | 導く 인도하다 | 受け止める 받아들이다 | 変質 변질 | ～(し)つつある 점차 ～해가고 있다, 점차 ～되어가고 있다

5 ①클래식 음악의 보급으로 이어진다고는 생각하지 않는 편이 좋을 것이라고 필자가 생각하는 이유는 무엇인가?
 1 텔레비전 광고에 사용되는 클래식 음악은 작품 전체와 분리되어버린 것이기 때문에
 2 텔레비전 광고에 사용되는 클래식 음악은 작품 전체가 점차 변질되어간 것이기 때문에
 3 텔레비전 광고에 사용되는 클래식 음악은 본래의 작품 전체를 15초로 축소시킨 것이기 때문에
 4 텔레비전 광고에 사용되는 클래식 음악은 본래 작품의 일부인 것임에는 틀림 없기 때문에

정답 1

해설 세 번째 단락을 주목한다. 여기서 필자는 15초에 불과한 텔레비전 광고 음악은 작품이라는 뿌리에서 잘려나간 개별적 현상이라고 주장한다. 이러한 내용은 1번이다.

6 ②곡 전체라는 세계 속에 자리 매김함으로써 작은 부분은 그것만으로 존재하는 것 이상의 의미가 있을 수 있다고 하는데 무슨 뜻인가?
 1 곡 전체를 듣기보다는 일부만을 듣는 편이 보다 깊은 감동을 얻을 수 있다.
 2 세계적으로 유명한 곡은 일부를 듣는 것만으로도 곡 전체를 알 수 있는 법이다.
 3 세계적으로 유명한 곡은 일부를 듣기만 해도 깊은 감동을 얻을 수 있다.
 4 곡을 부분으로 나누지 말고 전체적으로 들음으로써 보다 깊은 감동을 얻을 수 있다.

정답 4

해설 '곡 전체라고 하는 세계 속에 자리 매김함으로써 작은 부분은 그것만으로 존재하는 것 이상의 의미가 있을 수 있다'는 말을 재구성하면 '작은 부분', 즉 세부적인 부분은 곡 전체 속에 포함되어 있어야 더욱 큰 의미를 지닐 수 있다는 뜻이므로, 이와 같은 의미는 4번 외에 없다.

---

7 클래식 음악에 대해서 필자 생각에 가까운 것은 무엇인가?

1 클래식 음악은 난해하고 한 곡이 너무 길어 지루하다.
2 클래식 음악은 선율 등의 현상적인 쾌락을 체험하는 것이다.
3 클래식 음악은 가만히 앉아서 들어야 하는 것이 고통스럽다.
4 클래식 음악을 듣는 것은 종합적이고 극적인 체험이다.

정답 4

해설 두 번째 단락을 보면 선택지 1번, 3번은 필자의 생각이 아닌 클래식 음악이 어렵다고 하는 사람의 생각이라는 것을 알 수 있으므로 제외된다. '선율이나 리듬, 음향 같은 현상적인 쾌락에 그치지 않는 종합적이고 극적인 체험이라는 것을 나타낸다'라고 했으므로 클래식 음악은 현상적인 쾌락을 체험하는 것이라고 한 선택지 2번도 제외되며, 종합적이고 극적인 체험이라고 한 4번이 정답이다.

---

(2)

큰 것부터 작은 것까지 도쿄에는 셀 수 없을 만큼 많은 공원이 있다. 나는 본래 풀이나 나무를 좋아했기 때문에 공원에서 시간을 보내는 것도 즐거웠다.

그러나 언제부터인지 공원 안을 한가로이 걸을 수 없게 되었다. 마치 러시아워의 역 승강장처럼 빠른 걸음으로 걷는 나 자신을 발견하고는 좀 더 여유 있게 살아도 되지 않는가 하고 자신을 타일러보고 있으나 그럴 수가 없다. 왜인가, 하고 생각해 봐도 이유는 알 수 없었다. 주변을 돌아보면 화단을 둘러싼 블록, 동그랗게 깎여진 나무, 보도를 가득 메운 콘크리트, 가로등, 빗자루로 쓸어낸 자국……, 사람 손이 가해진 곳만이 유난히 눈에 들어와 어쩔 수 없었다. 억지로 푸른 나무들을 감상하려 해도 왠지 흥이 깨져서 불과 5분도 볼 수가 없다. 이것이 공원을 멀리하게 된 시작이었다.

공원은 목적 같은 것은 갖지 않고 시간을 보내는 장소로서 나무들이나 풀밭을 울타리로 둘러놓았다. 나에게는 그것이 서민들한테 배급된 것처럼 느껴졌다. 필요한 의미 있는 건물을 세우고 남은 부분을 아주 조금만 나누어 부여된 땅, 거기서 안락한 시간을 보내며 기운을 차리면, 자, 다음에는 시내로 돌아가 일하든 공부하든 하라고 누군가로부터 명령받는 것처럼 느껴졌다.

그런 생각을 하자 이번에는 자신의 <u>생활</u>이 토막토막으로 잘려 인공화되어 있다는 점을 깨달았다. 자신의 방, 매일 이용하는 식당이나 레스토랑, 찻집, 도서관, 영화관 등, 나는 그것들을 왔다 갔다 하면서 생활하고 있다. '괜찮잖아? 전철을 쓸 만큼 넓은 집에 살고 있다고 생각하면'이라는 생각은 내게 그저 일시적인 위안 밖에는 되지 않았다.

내가 공원을 싫어하는 마음은 (   ).

(나카자와 케이 『길목의 하늘』 가와데 쇼보신샤)

어휘 数え切れないほど 셀 수 없을 만큼 | のんびり 느긋이 | ラッシュアワー 러시아워, 혼잡 시간대 | プラットホーム 승강장 | せかせかと 부지런히, 빠른 속도로 | 気付く 어떤 사실을 알아차리다 | 周囲 주위, 주변 | 眺める 바라보다 | 花壇 화단 | 囲む 둘러싸다 | ブロック 블록 | 丸く 둥글게 | 刈り込まれる 깎여지다 | 樹木 수목 | 歩道 보도 | 固める 다지다 | コンクリート 콘크리트 | 街灯 가로등 | 箒 빗자루 | 掃除 청소 | 跡 자국, 흔적 | やたらに 함부로 | 無理に 억지로, 무리하게 | 白ける 흥이 깨지다, 김이 새다 | 囲う 둘러싸다, 감춰두다 | 庶民 서민 | 配給 배급 | 建物 건물 | 分け与えられる 분배되다 | 土地 토지 | 街 도시, 동네(「町」보다 규모가 큰 경우) | ~なり ~なり ~을(를) 하든 ~을(를) 하든 | 命じられる 명령받다 | 今度 이번에 | 暮らし 생활 | 分断 분단 | 人工化 인공화 | 部屋 방 | 食堂 식당 | レストラン 레스토랑 | 喫茶店 찻집 | 図書館 도서관 | 電車 전철 | 気休め 일시적인 안심이나 위안, 또는 이를 위한 행동

8 필자가 공원이 싫어진 이유는 왜인가?

1 공원이 러시아워의 역 승강장처럼 느껴졌기 때문에
2 공원이 효율적으로 일하기 위해 주어진 휴게시설처럼 느껴졌기 때문에
3 공원 안에 있는 것은 인공적으로 만들어졌다는 것을 깨달았기 때문에
4 공원은 목적없이 자유롭게 지낼 수 있는 장소라는 것을 깨달았기 때문에

정답 3

해설 두 번째 단락이 '이것이 공원을 멀리하게 된 시작이었다'로 끝난다. 첫 번째 단락은 자신이 공원에서 보내는 시간이 즐거웠다고 했으므로, 왜 공원을 멀리하게 되었는지에 대한 이유는 여기에 들어있을 거라 짐작을 할 수 있다. 두 번째 단락은「ところが(그러나)」라고 하는 역접으로 시작한다. 중반에는 주변을 돌아보니 화단을 둘러싼 블록, 인위적으로 깎인 수목들, 보도를 가득 메운 콘크리트, 가로등, 빗자루 등의 예를 들어가면서 이와 같은 인공적인 면에만 눈이 가기에 김이 샜다고 했으므로 이와 같은 선택지는 3번 밖에 없다.

9 생활이 토막토막으로 잘려 인공화되어 있다고 하는데 무슨 뜻인가?

1 방에서 방으로 이동하는데 전철을 이용할 만큼 넓은 집에 살고 있다는 것
2 생활에 필요한 것을 얻기 위해 그 때마다 이동해야 한다는 것
3 생활에 필요한 것이 모두 주어져서 매우 편리하다는 것
4 매일 생활이 규칙적으로 스케줄대로 진행되고 있다는 것

정답 2

해설 자신의 토막 난 생활에 대한 설명이 네 번째 단락 후반에 나온다. 내용을 보면 자신의 방, 식당, 찻집, 도서관, 영화관 등을 왔다 갔다 하면서 생활한다고 하면서, 넓은 집을 쓴다고 생각하라는 말도 일시적인 위로밖에 되지 않는다고 하므로 이 사실에 대해 탐탁하게 생각하지 않는다는 것을 알 수 있다. 즉, 선택지 중 긍정적인 측면을 나타내는 1번, 3번, 4번은 정답이 될 수 없으며, 목적에 의해 그 때마다 이동해야 한다고 하는 2번이 정답이다.

10 ( )에 들어가는 말로서 가장 적합한 것은 무엇인가?

1 간신히 진정되었다
2 조금 나아졌다
3 한층 강해졌다
4 오히려 약해졌다

정답 3

해설 필자는 공원이 '인공화'되어 있다는 점 때문에 멀리하게 되었고, 또한 자신의 생활이 '인공화'되어 있다는 점을 깨닫게 되었다는 점을 들어 좋지 않은 감정을 갖게 된다. 결국 '인공화'라는 작용이 감소하는 내용은 본문 중에서 찾아볼 수 없으므로 이와 같은 증상이 가라앉았다는 1번이나 약해졌다고 하는 2번과 4번은 정답이 될 수 없으므로, 한층 더 강해졌다는 3번이 정답이 된다.

(3)

빨간 교통신호를 보면 우리는 멈춰서야 합니다. 파랑을 보면 가라는 의미로 이해합니다. 만약 그때 빨간 신호가 '멈추시오'라는 의미 외에 무언가 우리의 감각이나 감정을 자극하는 것을 나타내는 것이라면 사고가 일어나고 맙니다. 그러므로 신호에 대해서는 선택의 여지 없이 '1인지 0인지' 또는 'A인지 A가 아닌지'와 같이 디지털적인 파악을 해야 합니다. 그렇지 않으면 질서가 무너지고 맙니다. 이처럼 일상생활에서는 ①언어가 신호화한다는 것은 분명합니다.

예를 들어 내가 "컵을 주세요"라고 말했을 때 접시가 오면 곤란하므로 '컵'이라는 단어는 무조건 컵이라는 사물을 가리키는 기호이며, '접시'라는 단어는 접시를 가리키는 기호입니다. 그러나 동시에 우리는 경험적으로 ②그렇지 않은 언어가 있다는 것을 아는 것이 아닐까 합니다.

즉, 무대에서 연기하는 사람의 표정이나 동작, 음악이나 그림 등도 마찬가지로 들을 때마다 읽을 때마다 새로운 의미를 주는, 그와 같은 언어입니다. 어떤 때는 사람의 언어에 감동하고, 또 어떤 때는 심하게 상처를 받습니다. 이처럼 두 번 다시 맛볼 수 없는 체험을 불러일으키는 말이 있습니다. 거기에 담긴 복잡한 감정을 우리는 억양이나 목소리 상태로 느낍니다. 이는 매우 중요한 부분입니다. 문학이나 철학 작품에 우리가 체험의 일회성을 간파하는 것은 그와 같은 언어로 쓰여있기 때문입니다.

(마루야마 케이자부로 『페티시즘과 쾌락』 키노쿠니야 쇼텐)

어휘 職場 직장 | 交通信号 교통신호 | 進め 전진하시오 | 理解 이해 | 赤信号 빨간 신호 | 止まれ 멈추시오 | 以外 이외 | 感覚 감각 | 感情 감정 | 刺激 자극 | 否応なしに 여지없이 | 捉え方 받아들이거나 이해하는 방법 | 秩序 질서 | 乱れる 흐트러지다 | 日常生活 일상생활 | 確かな 명확한 | 皿 접시 | 指す 가리키다 | 記号 기호 | 同時に 동시에 | 経験的に 경험적으로 | 舞台 무대 | 演じる 연기하다 | 表情 표정 | 動作 동작 | 絵画 회화, 그림 | 感動 감동 | 激しく 극심하게 | 傷つけられる 상처 받다 | 味わう 맛보다 | 体験 체험 | 引き起こす 유발하다 | 複雑 복잡 | イントネーション 억양 | 声の調子 목소리의 억양, 느낌 | 非常に 매우 | 重要な 중요한 | 文学 문학 | 哲学 철학 | 一回性 일회성 | 読み取る 간파하다, 알아차리다

---

11 ①언어가 신호화한다고 하는데 무슨 뜻인가?
  1 신호가 인간의 감각이나 감정을 자극하는 것
  2 신호에는 디지털적인 대응이 요구되는 것
  3 언어를 하나의 뜻만으로 한정해서 사용하는 것
  4 언어가 신호처럼 사고를 막고 있는 것

정답 3

해설 문제의 내용이 포함된 1번째 단락 마지막 문장의 「このように」는 '이처럼'이라는 뜻으로, 앞의 내용을 요약할 때 사용하는 접속사이다. 즉 이 문제에서 묻고 있는 '언어가 신호화한다'는 내용은 「このように」 앞에 있는 문장이라고 할 수 있다. 첫 번째 단락에서는 신호를 예로 들면서 막연한 방식이 아닌 1인지 0인지, A인지 A가 아닌지 하는 디지털 방식, 즉 하나의 신호로서 몇 가지 뜻이 아니라 하나의 뜻만으로 한정해야 한다는 의미이므로 3번이 정답이다. 1번은 감각이나 감정을 자극하는 것은 디지털적인 것과 거리가 멀며, 2번은 대응을 요구하는 것이 아니다. 또한 언어가 어떠한 사고 발생을 막고 있는 것도 아니기 때문에 정답이 될 수 없다.

---

12 ②그렇지 않은 언어란 무슨 뜻인가?
  1 한 가지 사물만을 가리키는 언어
  2 여러 의미가 있는 언어
  3 의미를 가지고 있지 않은 언어
  4 감정이 담긴 언어

정답 4

해설 밑줄 친 부분의 문장 전체를 보면 「しかし」라는 역접 조사로 시작하고 있다. 그리고 「つまり(즉)」이라는 설명을 나타내는 접속사가 그 뒤를 잇는다. 여기서 알아두어야 하는 점은 「AつまりB」는 A에 대한 내용을 B라는 형식으로 바꾸어 말하거나 A에 대한 내용을 요약해서 B로 말하는 경우에 사용되는데, 중요한 점은 A와 B는 외형적으로만 다를 뿐 그 내용은 같다는 것이다. 여기서는 A에 해당되는 글이 밑줄 친 부분이고 B에 해당되는 부분은 「つまり」 다음에 나온다. 본문에서 살펴보면 '무대에서 연기하는 사람의 표정이나 동작, 음악이나 그림 등도 마찬가지로 들을 때마다 읽을 때마다 새로운 의미를 주는, 그와 같은 언어'가 바로 '그렇지 않은 언어'에 해당되는 것이다. 이에 대한 내용은 본 문장 후반으로 이어지며 '복잡한 감정이 담긴 언어', 즉 4번이 정답이다.

13 이 글에서 필자가 말하고 싶은 것은 어떤 것인가?

1 언어는 한 번 밖에 들을 수 없으므로, 상대방의 화법에 주의하는 것이 중요하다.
2 언어에는 기호적인 면뿐 아니라, 예술적인 면도 있는 것을 아는 것은 중요한 것이다.
3 생활의 질서를 흐트러뜨리지 않기 위해서는 하나의 단어에 여러 가지 의미가 있는 것은 좋지 않다.
4 일상 생활 속에서 기호화되어 버린 언어를 예술적인 언어로 바꾸어 가야 할 것이다.

정답 2

해설 설명문의 경우 그 글에 대해서 목적이 있으며, 특히 강조하는 단어는 유의해야 한다. 본문의 첫 번째 단락과 두 번째 단락 중반까지는 한 가지 단어에 한 가지만 뜻이 있는 점을, 두 번째 단락 중반부터 세 번째 단락에는 같은 단어라도 읽을 때마다 다른 느낌을 받는 언어에 대해서 설명하면서, 마지막에 '이는 매우 중요한 점'이라고 강조한다. 즉, 필자는 이 글을 통해서 디지털적인 언어가 있지만 감정과 억양이 담긴 언어도 있다는 점이 중요하다고 강조하고 있으므로 정답은 2번이다. 1번은 언어를 한 번 밖에 들을 수 없다는 점, 3번은 한 가지 단어에 여러 뜻이 있다는 것은 좋지 않다고 하는 점, 4번은 기호화된 언어를 예술적인 언어로 바꾸어 가야 한다는 점 등은 본문에서 찾아볼 수 없다.

(4)

'①나만이 할 수 있는 일을 하고 싶다' 이것은 매우 이상적인 직업관이다. 일본에서는 올해 대졸자 약 55만9,030명 중, 취직한 사람은 35만 7285명. 취직률은 63.9%로 리먼 쇼크의 영향으로 고용환경이 악화된 2년 전의 60.8%와 비교하면 다소의 회복은 보이지만 여전히 힘든 상황이 계속되고 있다. 이런 가운데 의욕을 잃고, 수입만 확보 된다면 뭐든 상관없다며 될 대로 되라는 식보다는 훨씬 훌륭하다. 그럼 100% 완벽한가 하면 그렇다고도 할 수 없다. 뭐 ②60% 정도일까?

이런 생각을 가지고 있는 젊은이는 아무래도 어떤 전문지식이나 기술을 가지고 있어, 주위에서 필요로 해서 일하는 자신을 상상하고 있는 것 같다. 하지만 과연 그런 것이 가능할까? 그것도 대학을 갓 졸업한 사회 경험이 전혀 없는 것과 마찬가지인 젊은이에게 말이다. 아무도 하고 싶어 하지 않는 '힘들고, 더럽고, 위험한' 이른바 3K 노동이라면 몰라도, 대개의 일은 '자신이 아니라도 누구든 가능하다'라는 것이 현실이다.

직업의 장르는 어느 정도 정해져 있고, 게다가 수험과 마찬가지로 생각대로 되는 일은 좀처럼 없다. 그렇게 생각하면 필연적으로 '무엇을 해야 하는가'보다 '어떻게 해야 하는가'가 요구된다는 것을 알 수 있을 것이다. 천재과학자나 예술가가 아닌 이상 나 밖에 할 수 없는 일은 없다. 하나의 일에 몇 십 년 간 임해서, 노력과 경험을 쌓으면서 스스로의 힘으로 한걸음 한걸음 만들어 가는 것이 중요하다.

어휘 理想的 이상적 | 就職する 취직하다 | 影響 영향 | 雇用環境 고용환경 | 悪化する 악화되다 | 比較する 비교하다 | 若干 다소 | 回復 회복 | 依然 여전히 | 状況 상황 | 意欲を失う 의욕을 잃다 | 収入 수입 | 確保 확보 | 開き直る 정색하다 | 完璧 완벽 | 専門知識 전문지식 | 思い描く 상상하다 | 果たして 과연 | 皆無 전혀 없음 | 等しい 같다, 마찬가지다 | 滅多にない 좀처럼 없다 | 必然的 필연적 | 天才科学者 천재 과학자 | 芸術家 예술가 | 取り組む 맞붙다, 임하다 | 努力 노력 | 経験を積む 경험을 쌓다 | 築き上げる 쌓아 올리다, 한걸음 한걸음 만들어 내다

14 젊은이가 생각하는 ①나만이 할 수 있는 일은 무엇인가?

1 자신이 기획·제안한 일
2 지식이나 기술이 필요한 전문직
3 힘들고, 더럽고, 위험한 일
4 자신의 힘으로 쌓아 올린 일

정답 2

해설 두 번째 단락 첫부분「このような考えを持っている若者は、どうやら何か専門知識やテクニックを持ち、周囲に必要とされて働く自分を思い描いているらしい (이런 생각을 가지고 있는 젊은이는 아무래도 어떤 전문지식이나 기술을 가지고 있어, 주위에서 필요로 해서 일하는 자신을 상상하고 있는 것 같다)」에서 2번이 정답이라는 것을 알 수 있다.

15 ②60% 정도일까?라고 했는데, 어째서인가?

　1 고용환경이 회복되지 않아서, 취직률이 좀처럼 오르지 않기 때문에

　2 돈만 있으면 뭐든지 좋다고 생각하는 것 보다는 훌륭하기 때문에

　3 젊은이가 상상하는 직업상은 그다지 현실적이지 않기 때문에

　4 다른 나라에 비해 취직률이 60% 정도인 것은 좋은 편이기 때문에

정답 3

해설　두 번째 단락 마지막 부분「誰もやりたがらない「きつい、汚い、危険」といったいわゆる3K労働ならともかく、大概の仕事は「自分じゃなくても誰でも出来る」というのが現実だろう (아무도 하고 싶어 하지 않는 '힘들고, 더럽고, 위험한' 이른바 3K 노동이라면 몰라도, 대개의 일은 '자신이 아니라도 누구든 가능하다'라는 것이 현실이다)」에서 젊은이가 생각하는 직업상이 현실적이지 않다는 것을 알 수 있으므로 3번이 정답이다.

16 필자는 어떤 직업관을 가지고 있는가?

　1 어떤 일이든 그에 임하는 자세가 중요하다.

　2 노력과 경험의 대가로 수입을 얻는 것이 일이다.

　3 타인은 할 수 없는 전문적인 일을 하는 것이 중요하다.

　4 아무도 하고 싶어하지 않는 일이야 말로 보람을 찾을 수 있다.

정답 1

해설　마지막 단락「天才科学者や芸術家でもない限り、自分にしか出来ない仕事などない。ひとつの事に何十年と取り組み、努力と経験を積むことによって自らの力で築き上げていくことが大切なのである (천재 과학자나 예술가가 아닌 한 나밖에 할 수 없는 일은 없다. 하나의 일에 몇 십 년간 임해서, 노력과 경험을 쌓으면서 스스로 힘을 쌓아가는 것이 중요하다)」에서 필자의 직업관을 알 수 있으므로 1번이 정답이다.

問題10 ▶ 내용이해(장문)

내용이해(장문)

해설, 수필, 소설 등 1000자 정도의 지문을 읽고, 개요나 필자의 생각 등을 이해하였는지를 묻는 문제

출제경향과 질문문의 경향은 문제9와 비슷하기 때문에, 같은 형식의 글이 길어졌다고 생각하면 된다. 단,「筆者が最も言いたいことは何か (필자가 가장 말하고 싶은 것은 무엇인가?)」,「この文章から分かる～は何か (이 글에서 알 수 있는 것은 무엇인가?)」와 같이 내용을 요약할 필요가 있는 문제도 출제된다. 그리고 부분 이해에 관한 질문과 개요 이해에 관한 질문도 나올 가능성이 있다.

▶부분 이해에 관한 문제

· _____とはどういうことか。
· _____とは何か。

▶개요 이해에 관한 문제

· 이것은 질문형식이 정해져 있지 않아, 글에 따라 다양한 질문형식이 있을 것으로 예상한다. 그리고 본문의 개요를 요약한 글을 괄호 안에 넣는 문제가 출제되는 경우도 있다.

포인트

얼핏 보면 정답처럼 보이는 선택지가 매우 많아, 상식이나 요령으로 오답을 배제해 나가는 것이 어렵다. 본문을 읽기 전에 선택지를 읽어 버리면 오답에 현혹되기 때문에, 본문을 읽기 전에는 질문문만 읽도록 해야 한다.

또 선택지를 고를 때에는 한 글자, 한 글자에 주의하고, 함정 문제에 빠지지 않도록 주의하기 바란다.

긴 글을 읽는 방법으로서, 먼저 각 단락이 말하려고 하는 것을 대략적으로라도 파악할 수 있으면 된다. 그리고 나서 접속사에 주의하면서, 각 단락끼리의 관계를 파악해 나가면 전체의 흐름이 보일 것이다.

학습요령

글은 길지만, 〈문제 8〉과 마찬가지로 글의 내용을 한 문장으로 요약하는 연습을 꼭 하기 바란다.

問題10 次の文章を読んで、後の問いに対する答えとして最もよいものを、1・2・3・4から
　　　　一つ選びなさい。

(1)

　「人生とは思い通りにならない」と誰かが言えば、「人生はそんなもの」と誰か
が答える。もしこれが真実ならば「人生＝決して思い通りにならないもの」という
命題が成立してしまうが、果たして本当にそうだろうか。
歴史に名を残している人々、例えばオリンピックの金メダリストや各種大会での優
勝者や、そんな偉人でなくとも、受験で第一志望に合格したり司法試験などの難関
を突破し人生において成果をあげた人たちはどうだろう。もし、先に述べたことが
真実ならば、彼らは「自らの望み通りではなかったものの、素晴らしい結果を残し
た」ことになるのだが、①まさかそんなことはあるまい。
　「そんなのは、ほんの一握りの人間だよ」と意地を張る人もいるだろう。確かに
オリンピックでメダルを獲得できるのは限られた人達であるし、受験や様々な資格
試験では合格者より不合格者が多いのは事実である。あえてそれを否定するつもり
はないが、でも実際目標を達成した人なんて、それこそ世の中にごまんといるでは
ないか。
　自己成就予言という言葉をご存知だろうか。ある考えや自分が望む結果を信じ
て、意識的にでも無意識的にでもそれにつながる行動をとることによって、結果、
期待通りになることをいうそうだ。勿論全ての事柄に当てはまるわけではない。だ
が、やはり人生は「思い通りにならない」のではなく「思った通りになる」と私は
言いたい。
　ただ、②それには条件がある。何の努力もせずに「金メダルを獲ってやる」「医
者になってみせる」などと思っているばかりでは、それはただの妄想にすぎず人生
に何の変化も与えない。また「いつか宝くじを当てたい」などというような運まか
せもいけない。人生に前向きな変化をもたらすためには、やはり具体的な出発点と
ゴールを決めて人生の筋道を立てることが不可欠だろう。「メダルを獲るにはどの
種目に挑戦すべきか」「医者になるには何から始めなければならないか」がそれで
ある。そして、もうひとつ、その目標が自分の努力で成し得ることなのかという現
実性の確認だ。このことさえクリアすれば、すぐにでも目標に向かって歩き出すこ
とが出来るだろう。

　それでも少なからず失敗や挫折で心が折れそうになることがあるかもしれない。でも、あきらめないでほしい。それは新たな目標の出現かもしれない。「仮説と異なる結果が出たといって、がっかりしてはいけない。それは新しい発見につながるのだから」これは、iPS細胞（人口多能性幹細胞）の発見でノーベル医学生理学賞を受賞した山中教授の言葉である。時には失敗もすれば落胆もする、でもそこからまた筋道を立て目標に向かって歩き出せば、人生は必ず思った通りになるのだ。

17 ①まさかそんなことはあるまいとあるが、なぜそう思うのか。

1 人生が思い通りにならないというのは本当のことだから
2 成果をあげた人は自分が思っていた以上の結果を残したから
3 人生が自分の期待した通りになる人もいるはずだから
4 成果をあげた人は良い結果になることを願っていたはずだから

18 ②それとは、何か。

1 自分の思い描いた通りの人生を歩むこと
2 誰かに自分の思い通りの行動をとらせること
3 自己成就予言を人生に当てはめて考えること
4 人生が自分の思った通りになるとは限らないこと

19 この文章では、人生を変えるためにはどうしたらいいと述べているか。

1 現実的な目標を定め、それに向かって具体的に行動する。
2 目標を設定して具体的な計画を立てたら、運にまかせる。
3 出発点とゴールを決めて、必ず実現すると強く信じる。
4 現実的で、自分が無理せず成し得ることを目標にする。

20 筆者は「人生」をどのようなものだと考えているか。

1 素晴らしい結果を残すことだけが幸せだとは限らない。
2 才能がないと思い通りにはならない不公平なものだ
3 地道な努力なしには思い通りにならないものだ。
4 失敗や挫折を乗り越えてはじめて成功できるのだ

(2)

　チンパンジーは、さまざまなあいさつの仕方を持っている。おじぎ、握手、抱擁、ひれ伏す、肩を叩く、軽く相手にさわる、それにキスさえする。ゴリラは深いおじぎをするが、その他のあいさつ行動は貧弱である。なぜ①チンパンジーにだけあいさつ行動が豊富なのか。

　その理由は彼らの特殊な社会構造に求められる。チンパンジーの集団は、ニホンザルの群れと同じく、複数の雄と複数の雌による20〜100頭の集団である。②ニホンザルの群れは閉鎖的で、青年以上の個体が群れから遠く離れて4、5日も行動したりすると、群れに戻りにくくなる。特に雄は、まず復帰できず、よそ者とみなされて追い出されてしまう。ところが、チンパンジー社会は、メンバーの離合集散が日常的に行われる社会で、若い雄と雌が仲良く旅行に出かけて行き、1か月もたってから帰ってくるといったこともある。そうしたとき、帰ってきた連中は、集団の仲間にあいさつをする。そうすると、ごくスムーズに集団に入れてもらえる。

　このように、時間的空間的に離れていたための距離感、疎遠感をあいさつによって消し去り、もとの社会関係を回復することができるのである。チンパンジー社会では、個体の行動の自由度が大きく保障されているが、あいさつはそれを可能にするための行動なのである。

　このことは、われわれ人間のあいさつ行動に照らしてみると、よく理解できる。なぜ、いつ、われわれはあいさつをするのか。

　③それは、日常的には、相互に時間的空間的に離れている場合に限られている。2、3日出張して職場に戻ったとき、仲間にあいさつする。あるいは、家族の間でも夜寝る前に「おやすみ」と言い、朝起きると「おはよう」とあいさつする。眠るという行為は、相互の認知空間の遮断である。つまり、眠っている間は、人と人の関係は断たれている。どうやら、人間関係というものは、いかに深い間柄でも、わずか一夜の隔たりがあると薄められてしまうものらしい。あいさつという行動は、薄められた関係をもとの濃度に還元する作用を持つものなのだ。

　つまり、あいさつは、薄められた個体関係の間に、相互の心の通い合うチャンネルを作る行為なのである。

（河合雅雄　『子供と自然』岩波書店による）

（注）ニホンザル：日本特産種の猿

21 ①チンパンジーにだけあいさつ行動が豊富なのはなぜか。

1 チンパンジー社会は、メンバー間の関係が薄く、開放的な反面よくメンバー同士
の対立が起きるから。

2 チンパンジー社会は、雄と雌の関係が自由なため、メンバーの離合集散がよく行
われるから。

3 チンパンジー社会では、あいさつの行動に社会関係を回復し、個体の自由度を保
障する機能があるから。

4 チンパンジーは、時間的空間的感覚が発達しており、相手のあいさつ行動に対し
て敏感であるから。

22 ②ニホンザルの群れは閉鎖的とあるがどういうことか。

1 あいさつの行動が貧弱であるということ
2 雄と雌の関係が自由でないということ
3 集団が小さく、活動的でないということ
4 よそ者を群れに入れないということ

23 ③それは何を指しているか。

1 離れていたときの距離感や疎遠感
2 チンパンジーと人間のあいさつ
3 あいさつ行動をよく理解すること
4 人間がいつあいさつをするのか

24 この文章からわかる「あいさつ行動」の機能はどんなことか。

1   あいさつすることで、職場や家庭での規則正しい生活を維持することができる。

2   あいさつすることで、相互の関係をちょうど良い距離に保つことができる。

3   薄められた関係を、あいさつすることでもとの関係にもどすことができる。

4   あいさつによって相互の関係を遮断し、適当に調整することができる。

(1)

'인생이란 생각대로 되지 않는다'라고 누군가가 말한다면, '인생은 원래 그런 것이야'라고 누군가가 답한다. 만약 이것이 진실이라면 '인생=결코 생각대로 되지 않는 것'이라는 명제가 성립되어야겠지만, 과연 정말 그럴까?

역사에 이름을 남긴 사람들, 예를 들면 올림픽 금메달리스트나 각종 대회의 우승자나, 그런 위대한 사람이 아니라도 수험에서 제1지망에 합격하거나 사법시험 등의 난관을 돌파하여 인생에 있어서 성과를 올린 사람들은 어떨까? 만약 앞에서 말한 것이 진실이라면 그들은 '자기가 원한대로는 아니지만 멋진 결과를 남겼다'라는 것이 되지만, ①설마 그렇지는 않을 것이다.

'그런 것은 극히 일부의 인간이다'라고 억지를 부리는 사람도 있을 것이다. 확실히 올림픽에서 메달을 획득할 수 있는 것은 한정된 사람들이고, 수험이나 다양한 자격시험에서도 합격자보다 불합격자가 많은 것은 사실이다. 굳이 그것을 부정할 생각은 없지만 그래도 실제 목표를 달성한 사람들은 세상에 얼마든지 있지 않은가?

자기 성취 예언이라는 말을 알고 있는가? 어떤 생각이나 자신이 바라는 결과를 믿고, 의식적이든 무의식적이든 그것에 연결되는 행동을 함으로써, 결과적으로 기대대로 되는 것을 말한다고 한다. 물론 모든 일이 해당되는 것은 아니다. 하지만 역시 인생은 '생각대로 되지 않는다'는 것이 아닌 '생각한 대로 된다'고 나는 말하고 싶다.

단, ②그것에는 조건이 있다. 아무런 노력도 하지 않고 '금메달을 따고 말겠다' '의사가 되고야 말겠다'라고 생각하기만 해서는 그것은 단지 망상에 지나지 않고 인생에 아무런 변화도 주지 않는다. 또 '언젠가 복권에 당첨되고 싶다'와 같이 운에 맡기는 것도 안 된다. 인생에 긍정적인 변화를 가져오게 하려면 역시 구체적인 출발점과 골을 정해서 인생의 계획을 세우는 것이 불가결할 것이다. '메달을 따려면 어떤 종목에 도전해야 하나'의사가 되려면 무엇부터 시작해야 하는지'가 그것이다. 그리고 또 한가지, 그 목표가 자신의 노력으로 이룰 수 있는 것인가 하는 현실성의 확인이다. 이것만 클리어 한다면 금방이라도 목표를 향해 나아갈 수 있을 것이다.

그래도 적잖이 실패나 좌절로 마음이 약해질 경우도 있을지도 모른다. 하지만 포기 하지 않길 바란다. 그것은 새로운 목표의 출현일지도 모른다. '가설과 다른 결과가 나왔다고 해서 실망해서는 안 된다. 그것은 새로운 발견으로 이어지니까' 이것은 iPS세포(인구다능성간 세포)의 발견으로 노벨 의학생물학상을 수상한 야마나카 교수의 말이다. 때로는 실패도 하고 낙담도 한다, 하지만 거기서부터 또 차근차근 목표를 향해 걸어 가면 인생은 반드시 생각한대로 되는 것이다.

어휘 　真実 진실 | 命題 명제 | 成立する 성립하다 | 歴史 역사 | 名を残す 이름을 남기다 | 各種大会 각종대회 | 優勝者 우승자 | 偉人 위인 | 難関 난관 | 突破する 돌파하다 | 成果をあげる 성과를 올리다 | 一握り 극소수 | 意地を張る 고집을 부리다 | 獲得する 획득하다 | 資格試験 자격시험 | あえて 굳이 | 否定する 부정하다 | 目標 목표 | 達成する 달성하다 | 自己成就 자기성취 | 意識的 의식적 | 事柄 사정 | 妄想 망상 | 前向き 긍정적 | メダルを捕る 메달을 따다 | 挑戦する 도전하다 | 現実性 현실성 | 失敗 실패 | 挫折 좌절 | 出現 출현 | 仮説 가설 | 細胞 세포 | 受賞する 수상하다 | 落胆する 낙담하다

---

17 ①설마 그렇지는 않을 것이다 라고 했는데, 왜 그렇게 생각하는가?

1 인생이 생각대로 되지 않는다는 것은 진실이기 때문에
2 성과를 올린 사람은 자신이 생각했던 것 이상의 결과를 남긴 것이기 때문에
3 인생이 자신의 기대대로 되는 사람도 있을 것이기 때문에
4 성과를 올린 사람은 좋은 결과가 되기를 바라고 있었을 것이기 때문에

정답 4

해설 첫 번째 단락에서 '인생=결코 생각대로 되지 않는 것' 명제가 진실이라면 어려운 시험에 합격한 사람들은 합격을 원하지 않았는데 '자기가 원한대로는 아니지만 멋진 결과를 남겼다'라는 것이 된다. ①설마 그렇지는 않을 것이다는 즉 멋진 결과를 남긴 사람들도 좋은 결과를 바랐을 것이라는 4번이 정답이다.

---

18 ②그것이란 무엇인가?

1 자신이 상상한 대로의 인생을 사는 것
2 누군가에게 자신의 생각대로 행동을 하게 하는 것
3 자기 성취 예언을 인생에 적용시켜 생각하는 것
4 인생이 자신이 생각한 대로 된다고 만은 할 수 없는 것

정답 1

해설 ②그것의 바로 앞 문장을 보면 「やはり人生は「思い通りにならない」のではなく「思った通りになる」と私は言いたい (역시 인생은 '생각대로 되지 않는다'는 것이 아닌 '생각한 대로 된다'고 나는 말하고 싶다)」에서 그것이 가리키는 것을 알 수 있다. 즉 인생은 생각한 대로 된다는 1번이 정답이다.

---

19 이 글에서는 인생을 바꾸기 위해서는 어떻게 하면 된다고 말하고 있는가?

1 현실적인 목표를 정해서, 그것을 향해 구체적으로 행동한다
2 목표를 설정해서 구체적인 계획을 세우면 운에 맡긴다.
3 출발점과 골을 정해서, 반드시 실현된다고 굳게 믿는다.
4 현실적으로 자신이 무리하지 않고 이룰 수 있는 목표로 한다

정답 1

해설 세 번째 단락의 「人生に前向きな 変化をもたらすためには (인생에 긍정적인 변화를 가져오게 하려면)」 이후의 문장을 보면 구체적인 출발점과 골을 정하는 것과 목표가 자기의 노력으로 이룰 수 있는 것인지의 현실성의 확인이라고 했으므로 1번이 정답이다.

---

20 필자는 '인생'을 어떤 것이라고 생각하고 있는가?

1 멋진 결과를 남기는 것만이 행복이라고는 할 수 없다.
2 재능이 없으면 생각한 대로는 되지 않는 불공평한 것이다.
3 착실한 노력 없이는 생각한 대로는 되지 않는 법이다.
4 실패나 좌절을 극복해야 비로소 성공할 수 있는 것이다.

정답 3

해설 마지막 문장 「時には失敗もすれば落胆もする、でもそこからまた筋道を立て目標に向かって歩き出せば、人生は必ず思った通りになるのだ (때로는 실패도 하고 낙담도 한다, 하지만 거기서부터 다시 계획을 세워 목표를 향해 걸어 가면, 인생은 반드시 생각한 대로 되는 것이다)」에서 3번이 정답이라는 것을 알 수 있다.

---

(2)

침팬지는 다양한 인사법을 가지고 있다. 고개 숙이기, 악수, 포옹, 절하기, 어깨 두드리기, 가벼운 스킨십, 심지어 키스까지 한다. 고릴라는 깊숙이 고개를 숙이지만, 그 외의 다른 인사 행동은 빈약하다. 왜 ①침팬지만이 인사 행동이 풍부할까?

그 이유는 그들의 특수한 사회구조에서 찾아볼 수 있다. 침팬지 집단은 일본원숭이 무리와 마찬가지로 복수의 수컷과 복수의 암컷에 의한 20~100마리로 구성된 집단이다. ②일본원숭이의 무리는 폐쇄적으로, 청년 이상의 개체가 무리에서 4, 5일이나 멀리 떨어져 행동하거나 하면 무리로 돌아오기 어려워진다. 특히 수컷은 절대 복귀할 수 없으며, 이방인 취급당하고 쫓겨난다. 그러나 침팬지 사회는 구성원의 이합집산이 일상적으로 이루어지는 사회로, 젊은 수컷이 암컷과 사이 좋게 여행을 떠났다가 한 달이나 지나고서 돌아오거나 하는 경우도 있다. 그럴 때 돌아온 그들은 같은 무리 친구들한테 인사한다. 그러면 매우 자연스럽게 무리 속으로 들어갈 수 있다.

이처럼 시간적, 공간적으로 떨어져 있어서 생긴 거리감, 소원함을 인사로 지워버리고, 본래 사회관계를 회복할 수 있다. 침팬지 사회에서는 개체의 행동 자유도가 크게 보장되어 있는데, 인사는 이를 가능하도록 하기 위한 행동이다.

이것은 우리 인간의 인사 행동과 비추어보면 잘 이해할 수 있다. 왜, 언제 우리들은 인사를 하는가?

③그것은 일상적으로는 상호 간에 시간적 공간적으로 떨어져 있을 때에 한한다. 2, 3일 출장을 갔다가 직장으로 돌아왔을 때 직장 동료들한테 인사한다. 또는 가족 간에도 밤에 자기 전에 '잘 자요'라고 말하고, 아침에 일어나면 '잘 잤어요?'라고 인사한다. 잠을 잔다는 행위는 상호 간의 인지 공간의 차단이다. 즉, 잠을 자는 동안에는 사람과 사람 사이의 관계는 단절되어 있다. 아무래도 인간관계란 아무리 깊은 사이라 하더라도 불과 하룻밤 동안의 간격이 있으면 희박해지는 것 같다. 인사라는 행동은 희박해진 관계를 본래의 농도로 되돌리는 작용을 갖는 것이다.

즉, 인사는 희박해진 개체관계 사이에 상호 간의 마음이 서로 통하는 채널을 만드는 행위인 것이다.

(가와이 마사오 『어린이와 자연』 이와나미 서점)

(주) ニホンザル : 일본원숭이

어휘 チンパンジー 침팬지 | さまざまな 다양한 | あいさつ 인사 | 仕方(しかた) 방법 | おじぎ 머리를 숙여 하는 인사 | 握手(あくしゅ) 악수 | 抱擁(ほうよう) 포옹 | ひれ伏(ふ)す 납작 엎드리다 | 肩(かた) 어깨 | 叩(たた)く 두드리다 | 軽(かる)く 가볍게 | 相手(あいて) 상대, 상대방 | さわる 만지다 | ~さえする ~조차 한다, ~까지도 한다 | ゴリラ 고릴라 | 行動(こうどう) 행동 | 貧弱(ひんじゃく) 빈약 | 豊富(ほうふ) 풍부 | 理由(りゆう) 이유 | 特殊(とくしゅ)な 특수한 | 社会(しゃかい) 사회 | 構造(こうぞう) 구조 | 求(もと)められる 요구되다 | 集団(しゅうだん) 집단 | 群(む)れ 무리 | 同(おな)じく 마찬가지로 | 複数(ふくすう) 복수(↔ 単数(たんすう) 단수) | 雄(おす) 수컷 | 雌(めす) 암컷 | 頭(とう) 마리(큰 동물을 세는 조수사) | 閉鎖的(へいさてき) 폐쇄적 | 青年(せいねん) 청년 | 個体(こたい) 개체 | 特(とく)に 특히 | 復帰(ふっき) 복귀 | よそ者(もの) 외부인 | みなされる 간주되다(みなす의 수동태) | 追(お)い出(だ)す 내쫓다 | メンバー 멤버, 구성원 | 離合集散(りごうしゅうさん) 이합집산(모이고 흩어짐) | 日常的(にちじょうてき) 일상적 | 行(おこな)われる 행해지다 | 若(わか)い 젊다 | 仲良(なかよ)く 사이 좋게 | 旅行(りょこう) 여행 | 連中(れんちゅう) 같은 무리 | 仲間(なかま) 친구, 동료 | ごく 지극히, 매우 | スムーズ 원활함 | 時間的(じかんてき) 시간적 | 空間的(くうかんてき) 공간적 | 距離感(きょりかん) 거리감 | 疎遠感(そえんかん) 소원함, 서먹함 | 消(け)し去(さ)る 깨끗이 지우다, 일소하다 | 関係(かんけい) 관계 | 回復(かいふく) 회복 | 保障(ほしょう) 보장 | 照(て)らしてみる 비추어보다 | 理解(りかい) 이해 | 相互(そうご) 상호, 서로 | 出張(しゅっちょう) 출장 | 職場(しょくば) 직장 | 戻(もど)る 되돌아가다 | 眠(ねむ)る 잠을 자다 | 行為(こうい) 행위 | 認知(にんち) 인지 | 遮断(しゃだん) 차단 | 断(た)たれている 단절되어 있다 | いかに 얼마나 | 間柄(あいだがら) 사람과 사람 사이의 관계 | わずか 불과 | 隔(へだ)たり 거리, 간격 | 薄(うす)める 엷게 하다 | 濃度(のうど) 농도 | 還元(かんげん) 환원 | 作用(さよう) 작용 | 心(こころ)の通(かよ)い合(あ)う 마음이 서로 통하다

21 ①침팬지만이 인사 행동이 풍부한 것은 왜인가?
  1 침팬지 사회는 구성원 간의 관계가 희박하고 개방적인 반면, 자주 구성원끼리의 대립이 일어나기 때문에.
  2 침팬지 사회는 수컷과 암컷 간의 관계가 자유로워서 구성원의 이합집산이 자주 일어나기 때문에.
  3 침팬지 사회에서는 인사라는 행동에 사회관계를 회복하고 개체의 자유도를 보장하는 기능이 있기 때문에.
  4 침팬지는 시간적 공간적 감각이 발달하여 상대방의 인사 행동에 대하여 민감하기 때문에.

정답 3

해설 두 번째 단락 후반과 세 번째 단락에서 '먼 여행을 다녀온 침팬지는 인사를 함으로써 집단 안으로 자연스럽게 들어오며, 인사는 본래 사회관계를 회복시켜준다'는 내용이 있으므로 정답은 3번이다. 1번은 본문에 없으며, 2번에서의 수컷과 암컷 간의 관계가 자유롭다라는 말도 본문에 없다.

22 ②일본원숭이 무리는 폐쇄적이라고 하는데 무슨 뜻인가?
  1 인사 행동이 빈약하다는 것
  2 수컷과 암컷 관계가 자유롭지 못하다는 것
  3 집단이 작고 활동적이지 않다는 것
  4 이방인을 무리 속으로 넣지 않는다는 것

정답 4

해설 바로 뒤에 설명이 되어 있다. '일본원숭이 무리는 청년 이상의 개체가 멀리 떨어져 여행한 뒤에는 무리로 돌아오지 못하고 이방인으로 여겨져 쫓겨난다'고 했으므로 4번이 정답이다.

23 ③그것은 무엇을 가리키는가?

    1 떨어져 있었을 때의 거리감과 소원함

    2 침팬지와 인간의 인사

    3 인사 행동을 잘 이해하는 것

    4 인간이 언제 인사하는가

정답 4

해설 지시 내용을 묻는 문제는 그 특성상 문장 앞에 답이 있으며, 대부분 바로 직전에 위치한다. 여기서는 바로 앞 문장의 '왜 언제 우리(인간)는 인사하는가'에서 4번이 정답임을 알 수 있다.

24 이 글에서 알 수 있는 '인사 행동'의 기능은 무엇인가?

    1 인사함으로써 직장이나 가정에서의 규칙적인 생활을 유지할 수 있다.

    2 인사함으로써 상호관계를 알맞은 거리로 유지할 수 있다.

    3 희박해진 관계를 인사함으로써 본래 관계로 되돌릴 수 있다.

    4 인사함에 따라 상호관계 관계를 차단하고 적당히 조절할 수 있다.

정답 3

해설 여섯 번째 단락 마지막에 인사에 대한 기능에 대해 '즉, 인사는 희박해진 개체관계 사이에 상호 간의 마음이 서로 통하는 채널을 만드는 행위인 것이다'라고 설명이 나와 있다. 이와 동일한 내용은 3번이다.

복수의 지문(합계 600자 정도)을 대조해서 읽고, 비교·통합하면서 이해하였는지를 묻는 문제

〈문제 11〉은 신 시험부터 새롭게 등장한 유형이다.
같은 주제에 관해 2~3개의 글을 서로 대조하여 읽은 후,

▶주제에 관한 의견을 비교하는 문제
· 二つ(三つ)の文章で触れられていることは何か。
· 共通の意見は何か。
· それぞれの立場は賛成か反対か(肯定的か否定的か)。

▶한 쪽의 글 혹은 양쪽 모두의 글에서 언급하고 있는 사실에 대해 묻는 문제
· ～に関する、A(またはB)の主張はどれか。
· 二つの文からわかる～は何か。
와 같은 문제를 푸는 형식이다.

◖ 포인트

의견을 비교하는 문제는 의견을 말할 때 쓰이는 문말표현 「～なければならない
(～하지 않으면 안 된다)」, 「～べきだ(～(해)야만 한다)」, 「～と思う(～라고 생각한
다)」, 「～に違いない(～에 틀림없다)」, 「～はずだ(～일 것이다)」, 「～のではないだ
ろうか(～인 것은 아닐까)」, 「～と思えてならない(아무리 생각해 봐도) ～라고 생
각된다」에 주의하면서 본문을 읽으면 그 글의 전체흐름 혹은 입장을 명확하게 파악
할 수 있다.
어떤 형태의 문제라도 먼저 질문문과 선택지를 읽는 것이 중요하다. 선택지 중에서
나온 표현(의미가 비슷하지만 다른 어휘가 사용되는 경우도 있으므로 주의할 것)을
체크하면서 본문을 읽으면, 꼭 읽어야 할 부분이 어느 부분인지를 알 수 있다. 답을
찾지 못했을 경우에는 다시 한 번 그 부분을 읽어 보는 것이 좋다.

JLPT **N1**

학습요령

▶ 두 개의 글이 주어지는 경우

글 A 문제 제기글 • 전체 테마 부여 역할 • 개인적 의견 여부를 확인	글 B 문제 제기글 • 전체 테마 부여 역할 • 개인적 의견 여부를 확인

풀이 방법
• A, B 두 글을 정독하고 테마를 확인
• 각각의 의견제시 부분을 비교 분석

▶ 세 개의 글이 주어지는 경우

글 A 문제 제기글 • 전체 테마 부여 역할 • 개인적 의견 여부를 확인	글 B • 글 A에 대한 평가 여부를 확인 • 개인적 의견	글 C • 글 A에 대한 평가 여부를 확인 • 개인적 의견

풀이 방법
• 글 A에서 테마 확인
• 글 B와 C의 테마에 대한 전체적 평가를 확인

▶ 비교문이라는 문제의 특성을 이용하라
  • 비교문은 반드시 공통된 주제에 대하여 서술하므로 테마와 키워드를 파악하는 것이 가장 중요하다.
  • 비교는 흔히 차이점만을 찾으려 하지만, 차이점과 함께 공통점도 파악해 두어야 한다.

▶ 선입견을 버려야 한다.
  • 글이 반드시 대조적 의견을 갖고 있을 거란 생각을 버려라.

▶ 같은 의견이나 주장이지만 정도의 차이가 있을 수 있다.
  • 문제 제기 문장에서도 의견과 제안이 있을 수 있다.

▶ 글 A는 항상 테마 부여만 할 것이라는 선입견을 버려야 한다.
  • 그 글만의 의견이 존재할 수도 있다.

問題11 次の文章を読んで、後の問いに対する答えとして最もよいものを、1・2・3・4から
一つ選びなさい。

(1)

A

　日本では、姓は一つの家族のまとまりを示すものである。だから家族が皆同じ姓
を名乗ることで、連帯感を感じることができる。結婚して、好きな人と同じ姓にな
ることはうれしいことだし、結婚したという実感がわき、共に新しい家族を作って
いこうとする大事な契機にもなる。夫婦の大半が男性の姓を名乗ることは差別では
ないかという主張もあるが、それは差別ではなく「慣習」である。欧米のように、
ファーストネームで呼び合う文化とは異なり、名字で相手を呼ぶ習慣の日本では、
夫婦が同姓であることの社会的意義は、はるかに大きいと思われる。もし、姓が変
わることが女性の仕事に不都合となるなら、仕事の時だけ旧姓を使うことを認めれ
ばよく、多数が満足している現状を変える必要はないだろう。

B

　夫婦が別々の姓になると「家庭が崩壊する」という人もいるが、家族を不幸にしよ
うと思って別姓を選択する人などいない。むしろ姓が違うからというだけで、家族
のつながりを感じられないことが問題ではないか。夫婦別姓となれば、何らかの事
情で母親や父親と名字が違う子供が差別されることも少なくなるだろう。また、現
在は、女性は旧姓だと独身、改姓すれば既婚、また旧姓に戻れば離婚したことも明
白だ。これは女性のプライバシー侵害につながりかねないが、男性にはそういった
心配が少ない。さらに、仕事を持つ女性が名字が変わったことを取引先などに知ら
せるには、電話代や葉書代、本人の労働時間など、多大なコストがかかる。夫婦同
姓が日本の文化や習慣だという意見もあるが、文化や習慣は時代と共に変化するも
のである。女性の選挙権や社会進出にしても、その当時の慣例を打ち破ってきたも
のであったはずだ。

25 夫婦別姓について、Aの筆者とBの筆者はそれぞれどのような立場をとっているか。

1 AもBも賛成である。
2 AもBも反対である。
3 Aは反対だが、Bは賛成である。
4 Aは賛成だが、Bは反対である。

26 姓に関連して、AもしくはBの一方でしか<u>触れられていない</u>ことはどれか。

1 家族の一体感
2 男女間の不平等
3 子供に与える影響
4 日本の文化・習慣

27 夫婦同姓について、Aの筆者とBの筆者に共通している意見はどれか。

1 最近の日本の家庭事情は複雑である。
2 働く女性に不利益が生じる可能性がある。
3 プライバシー侵害につながることがある。
4 古くからの文化や習慣は守っていくべきである。

(2)

A

いわゆるスポーツ好きには、どうも二通りあるようです。それはスポーツを実際にプレイする人と、自分の好きな野球やサッカーチームなどの試合で専ら応援に専念する人。スポーツの何に惹きつけられるかは人によって違うでしょうから、広い意味では両者ともスポーツ愛好家と言えるかもれません。でも、本来スポーツとは、走ったり、投げたり、汗を流して楽しむものではないでしょうか。勿論、多忙な日々を送る現代人にとって、スポーツチームに所属し仕事の合間を縫って練習に励んだり、合宿や遠征に参加したりというようなことは、そう簡単ではないと思います。家族と一緒に試合観戦を楽しむのもいいでしょう。しかし、手軽にできる卓球やジョギングなども立派なスポーツです。適度なスポーツは心身の健康に効果的ですし、なにより目で見るよりも身体を動かすことに本当の楽しみを見出せるのではないかと思うのです。

B

一口にスポーツと言っても、種目もルールも様々だ。また、楽しみ方も多様で、年齢や性別など条件の異なる人々がどこに魅力を感じるかは千差万別だが、個々の趣向に合わせて楽しむことが可能である。そして、それはまさにスポーツと運動の違いで、それをまさにスポーツと運動の違いで行うものであるから、何より「健康」という要素が必要とされる。病弱であったり、障害の壁が立ちはだかっている場合、少なからず楽しみは制限され、限られた人しか満喫することが出来ない。その点、スポーツは選手やチームを応援することによっても可能なのである。そして、このようなスポーツファンは、決して「おまけ」つまり、あってもなくてもいい存在ではない。なぜなら、どんなに素晴らしい技量を持つ野球チームがあったとしても、その応援を楽しむ観戦者（ファン）を抜きにしては、チームの運営そのものが成り立たないからである。

28 スポーツの魅力について、AとBの文章で共通して述べていることは何か。

1 スポーツの魅力とは、多種多様な楽しみ方にある。
2 楽しみながら身体を鍛えられるのがスポーツの魅力だ
3 スポーツの魅力の感じ方は、人それぞれ異なるものだ。
4 身体を動かさなければ、スポーツの魅力はわからない。

29 スポーツを楽しむことについて、AとBはどのように考えているか。

1 Aはスポーツの楽しみは身体を動かすことにあると考え、Bは身体を動かすことと応援することの両方にあると考えている。
2 Aはスポーツ観戦は家族と一緒に楽しむものだと考え、Bはチームとファンが一体となって楽しむものだと考えている。
3 AもBも実際に身体を動かしてスポーツを楽しむことは、心身の健康のためにもよいことだと考えている。
4 AもBも、実際にスポーツをするのが難しい場合は、試合を観戦することで楽しめばよいと考えている。

(1)

A

일본에서 성씨는 한 가족의 단합을 나타내는 것이다. 그러므로 가족이 모두 같은 성씨를 가짐으로써 연대감을 느낄 수가 있다. 결혼해서 좋아하는 사람과 같은 성이 되는 것은 기쁜 일이며, 결혼했다는 실감이 나고, 함께 새로운 가족을 만들어 가려는 중요한 계기도 된다. 부부의 대부분이 남성의 성을 따르는 것은 차별이 아닌가 하는 주장도 있으나, 그것은 차별이 아니라 '관습'이다. 서구처럼 이름으로 서로 불리는 문화와는 달리 성씨로 상대방을 부르는 관습이 있는 일본에서는 부부가 성이 같다는 것에 대한 사회적 의의는 훨씬 크다고 여겨진다. 만약 성씨가 바뀌는 것이 여성이 일할 때 불편하다면, 일할 때만 옛 성을 사용하는 것을 인정하면 되고, 대다수가 만족하고 있는 현재 상황을 바꿀 필요는 없을 것이다.

B

부부가 다른 성씨가 되면 '가정이 붕괴된다'는 사람도 있으나, 가족을 불행하게 하기 위해 다른 성씨를 선택하는 사람은 없다. 오히려 성씨가 다르다는 것만으로 가족의 유대를 느끼지 못한다는 점이 문제가 아닐까. 부부가 각각 다른 성씨가 되면 어떠한 사정으로 모친이나 부친과 성씨가 다른 아이가 차별받는 일도 줄어들 것이다. 또한, 현재 여성은 옛 성씨면 독신, 성씨를 바꾸면 기혼, 옛 성으로 돌아오면 이혼했다는 점도 명백하다. 이는 자칫 여성의 프라이버시 침해에 이어질 수 있으나, 남성은 그와 같은 우려가 적다. 더욱이 직업을 가진 여성이 성씨가 바뀌었다는 점을 거래처 등에 알리기 위해서는 전화비나 엽서 비용, 본인의 노동시간 등 막대한 비용이 든다. 부부 동성(同姓)이 일본 문화와 관습이라는 의견도 있으나 문화나 관습은 시대와 함께 변화하는 것이다. 여성의 선거권이나 사회진출을 보아도 그 당시의 관례를 타파해온 것이었을 것이다.

> **어휘** 姓(せい) 성씨 | 示(しめ)す 제시하다, 나타내다 | 皆(みな) 모두(=みんな) | 名乗(なの)る 자신의 이름 등을 말하다 | 連帯感(れんたいかん) 연대감, 유대감 | 実感(じっかん)がわく 실감이 나다 | 共(とも)に 함께 | 大事(だいじ)な 소중한, 중요한 | 契機(けいき) 계기 | 夫婦(ふうふ) 부부 | 大半(たいはん) 대부분 | 差別(さべつ) 차별 | 主張(しゅちょう) 주장 | 慣習(かんしゅう) 관습 | 欧米(おうべい) 유럽과 미국 | ファーストネーム 이름 | 呼(よ)び合(あ)う 서로의 이름 등을 부르다 | 異(こと)なる 다르다 | 名字(みょうじ) 성씨(= 苗字) | 相手(あいて) 상대방 | 習慣(しゅうかん) 습관, 관습 | 同姓(どうせい) 같은 성 | 社会的意義(しゃかいてきいぎ) 사회적 의의 | 仕事(しごと) 업무, 일 | 不都合(ふつごう) 불편 | 旧姓(きゅうせい) 옛 성 | 認(みと)める 인정하다 | 多数(たすう) 다수 | 満足(まんぞく) 만족 | 現状(げんじょう) 현재 상황 | 変(か)える 바꾸다 | 別々(べつべつ)の 별개의 | 崩壊(ほうかい)する 붕괴하다 | 不幸(ふこう) 불행 | 別姓(べっせい) 다른 성 | 選択(せんたく) 선택 | 何(なん)らかの事情(じじょう) 어떤 사정 | 独身(どくしん) 독신 | 改姓(かいせい) 성씨를 바꿈 | 既婚(きこん) 기혼 | 戻(もど)る 원 상태로 되돌아가다 | 離婚(りこん) 이혼 | 明白(めいはく)だ 명백하다 | プライバシー 프라이버시 | 侵害(しんがい) 침해 | 取引先(とりひきさき) 거래처 | 電話代(でんわだい) 전화비 | 葉書(はがき) 엽서 | 本人(ほんにん) 본인 | 労働時間(ろうどうじかん) 노동 시간 | 多大(ただい)な 막대한 | コストがかかる 비용이 들다 | 選挙権(せんきょけん) 선거권 | 社会進出(しゃかいしんしゅつ) 사회 진출 | 慣例(かんれい) 관례 | 打(う)ち破(やぶ)る 타파하다

---

25 부부별성(別姓)에 대해 A필자와 B 필자는 각각 어떤 입장을 취하고 있는가?

1 A도 B도 찬성이다.
2 A도 B도 반대이다.
3 A는 반대이고, B는 찬성이다
4 A는 찬성이고, B는 반대이다

정답 3

해설 같은 성을 사용하는 것은 가족의 단합을 나타내며 유대감을 가질 수 있고, 함께 새로운 가족을 만들어 가는 계기가 될 수 있으며, 이와 같은 제도가 여성이 일하는 데에 있어서 불편하다면 업무상에서만 옛 성을 사용하면 되므로 현재 상황을 바꿀 필요는 없다는 의견이 A이다. 반면 B는 부부가 별개의 성씨를 사용하면 가정 사정에 의해 부모와 성씨가 다른 아이들이 차별 대우를 받는 일은 줄어들 것이며, 결혼제도에 의해 여성의 성씨가 변해서 여성의 프라이버시가 침해 당할 우려도 있다는 등의 이유를 들어 반대하고 있으므로 3번이 정답이다.

---

26 성씨에 관련하여 A 또는 B 중 한쪽에서만 언급한 것은 어느 쪽인가?

1 가족의 일체감
2 남녀 간의 불평등

3 아이에게 주는 영향
4 일본 문화 · 관습

정답 3

해설 가족의 일체감에 대해서 A에서는 첫 번째 문장~두 번째 문장, B에서는 두 번째 문장에서 가족에 대한 유대(연결)에 대해 언급하고 있다. 남녀 간의 불평등 문제는 A의 경우 네 번째 문장에서, B의 경우도 네 번째 문장에서 다루고 있고, 또한 일본의 문화나 관습에 대해서는 A의 경우 다섯 번째 문장에서, B의 경우 일곱 번째 문장에서 각각 설명하고 있으나, 아이에게 주는 영향에 대해서는 B의 세 번째 문장에서 내용이 있을 뿐 A에서는 찾아볼 수 없으므로 정답은 3번이다.

---

27 부부동성(同姓)에 대하여 A 필자와 B 필자에 공통되는 의견은 무엇인가?
1 최근 일본의 가정 사정은 복잡하다.
2 일하는 여성에게 불이익이 발생할 가능성이 있다.
3 프라이버시 침해로 이어질 수가 있다.
4 오래 전부터의 문화나 관습은 지켜가야 한다.

정답 2

해설 우선 일본 가정 사정이 복잡하다는 내용은 없으므로 1번은 제외된다. 2번의 경우 A와 B 각각 여섯 번째 문장에서 업무상 불편한 점이 발생할 수 있다는 점을 언급하고 있다. 그러나 프라이버시에 대해서는 B에서 다섯 번째 문장에서 언급하고 있고, 문화나 관습에 대해서는 A의 다섯 번째 문장에서 지키는 데에 있어서 사회적 의의가 크다고 할 뿐이므로 정답은 2번이다.

(2)

A
이른바 스포츠광은 두 종류가 있는 것 같습니다. 그것은 스포츠를 실제로 플레이 하는 사람과, 자신이 좋아하는 야구나 축구 팀 등의 시합에서 오로지 응원에 전념하는 사람. 스포츠의 무엇에 끌렸는지는 사람마다 다르니까 넓은 의미에서는 둘 다 스포츠 애호가라고 할 수 있을지도 모릅니다. 하지만 본래 스포츠란, 달리거나 던지거나 땀을 흘리며 즐기는 것이 아닐까요? 물론, 바쁜 일상을 보내는 현대인에게 있어서 스포츠 팀에 소속되어 짬을 내서 연습에 몰두하거나, 합숙이나 원정에 참가하는 것은 그렇게 간단하지는 않을 것입니다. 가족과 함께 시합 관전을 즐기는 것도 좋겠지요. 하지만 손쉽게 할 수 있는 탁구나 조깅 등도 훌륭한 스포츠입니다. 적당한 스포츠는 심신의 건강에 효과적이고, 무엇보다 눈으로 보는 것보다 몸을 움직이는 것에서 진정한 즐거움을 찾아낼 수 있는 것이 아닐까 싶습니다.

B
한마디로 스포츠라고 하더라도 종목과 룰도 다양하다. 또, 즐기는 방법도 다양해서 연령이나 성별 등 조건이 다른 사람들이 무엇에 매력을 느끼는 것은 천차만별이지만, 각각의 취향에 맞춰서 즐길 수 있다. 그리고, 그것은 다름 아닌 스포츠와 운동의 차이이기도 하다. 운동은 실제로 몸을 써서 하는 것이니까, 무엇보다 '건강'이라는 요소가 필요하다. 병약하거나 장애의 벽이 가로막고 있는 경우, 적잖이 즐거움은 제한되어 한정된 사람밖에 만끽할 수 없다. 그 점에서 스포츠는 선수나 팀을 응원하면서도 가능하다는 것이다. 그리고 이러한 스포츠 팬은 결코 '덤' 즉, 있어도 없어도 되는 존재가 아니다. 왜냐하면 아무리 훌륭한 기량을 가진 야구 팀이 있다고 해도 그 응원을 즐기는 사람(팬)을 빼고서는 팀의 운영 그 자체가 성립되지 않기 때문이다.

어휘 いわゆる 이른바, 소위 | 二通り(ふたとおり) 두 종류 | 試合(しあい) 시험 | 専ら(もっぱら) 오로지 | 応援(おうえん) 응원 | 専念する(せんねんする) 전념하다 | 惹きつける(ひきつける) (마음을)끌다 | スポーツ愛好家(あいこうか) 스포츠 애호가 | 投げる(なげる) 던지다 | 汗を流す(あせをながす) 땀을 흘리다 | 多忙だ(たぼうだ) 다망하다 | 所属する(しょぞくする) 소속하다 | 合間を縫う(あいまをぬう) 짬을 내다 | 練習に励む(れんしゅうにはげむ) 연습에 매진하다 | 合宿(がっしゅく) 합숙 | 遠征(えんせい) 원정 | 参加する(さんかする) 참가하다 | 観戦(かんせん) 관전 | 手軽に(てがるに) 손쉽게 | 適度だ(てきどだ) 적당하다 | 見出す(みいだす) 찾아내다 | 種目(しゅもく) 종목 | 多様だ(たようだ) 다양하다 | 年齢(ねんれい) 연령 | 性別(せいべつ) 성별 | 条件(じょうけん) 조건 | 異なる(ことなる) 다르다 | 魅力(みりょく) 매력 | 千差万別(せんさまんべつ) 천차만별 | 趣向に合わせる(しゅこうにあわせる) 취향에 맞추다 | 要素(ようそ) 요소 | 病弱(びょうじゃく) 병약 | 障害(しょうがい) 장애 | 立ちはだかる(たちはだかる) 가로막다 | 制限される(せいげんされる) 제한되다 | 満喫する(まんきつする) 만끽하다 | おまけ 덤 | 存在(そんざい) 존재 | 技量を持つ(ぎりょうをもつ) 기량을 가지다 | 運営(うんえい) 운영 | 成り立つ(なりたつ) 이루어지다, 성립하다

28 스포츠의 매력에 대해서 A와 B의 글에서 공통되게 말하고 있는 것은 무엇인가?

　1 스포츠의 매력이란 다양하게 즐길 수 있다는 것이다.

　2 즐기면서 신체를 단련하는 것이 스포츠의 매력이다.

　3 스포츠의 매력을 느끼는 것은 사람마다 다르다.

　4 몸을 움직이지 않으면 스포츠의 매력을 알 수 없다.

정답 3

해설　A의「スポーツの何に惹きつけられるかは人によって違うでしょうから、広い意味では両者ともスポーツ愛好家と言えるかもしれません (스포츠의 무엇에 끌렸는지는 사람마다 다르니까 넓은 의미에서는 둘 다 스포츠 애호가라고 할 수 있을지도 모릅니다)」와 B의「年齢や性別など条件の異なる人々がどこに魅力を感じるかは千差万別だが (연령이나 성별 등 조건이 다른 사람들이 무엇에 매력을 느끼는 것은 천차만별이지만)」에서 3번이 정답이라는 것을 알 수 있다.

29 스포츠를 즐기는 것에 대해서 A와 B는 어떻게 생각하고 있는가?

　1 A는 스포츠의 즐거움은 몸을 움직이는 것에 있다고 생각하고, B는 몸을 움직이는 것과 응원하는 것 둘 다에 있다고 생각하고 있다.

　2 A는 스포츠 관전은 가족과 함께 즐기는 것이라고 생각하고, B는 팀과 팬이 하나가 되어서 즐기는 것이라고 생각하고 있다.

　3 A도 B도 실제로는 몸을 움직여서 스포츠를 즐기는 것은 심신의 건강을 위해서도 좋다고 생각하고 있다.

　4 A도 B도 실제로 스포츠를 하는 것이 어려운 경우에는 시합을 관전하는 것으로 즐기면 된다고 생각하고 있다.

정답 1

해설　A는「なにより目で見るよりも身体を動かすことに本当の楽しみを見出せるのではないかと思うのです (무엇보다 눈으로 보는 것보다 몸을 움직이는 것에서 진정한 즐거움을 찾을 수 있는 것이 아닐까 싶습니다)」에서 스포츠의 즐거움을 몸을 움직이는 것에 있다는 것을 언급하고 있다. B는 도입 부분에 스포츠를 즐기는 법이 다양하다고 하며「運動は、実際に身体を使って行うものであるから～ (운동은 실제로 몸을 써서 하는 것이니까～)」,「スポーツは選手やチームを応援することによっても可能～ (스포츠는 선수나 팀을 응원하면서도 가능~)」라고 하며 몸을 움직이는 것과 응원하는 것의 즐거움을 말하고 있으므로 1번이 정답이라는 것을 알 수 있다.

문제유형 　주장이해(장문)

사설, 평론 등 추상성·논리성이 있는 1000자 정도의 지문을 읽고, 전체를 통해서 전하려고 하는 주장이나 의견을 파악할 수 있는지를 묻는 문제

〈문제 12〉의 경우 글의 길이는 〈문제 10〉과 비슷하지만, 〈문제 10〉보다 추상적이고 논리성이 있는 글이다. 그 글을 읽고, 그 글이 주장하는 것과 필자의 생각 등 내용에 관한 질문에 답해야 한다.

포인트

필자의 주장과 생각을 묻는 문제「この文章で筆者が最も言いたいことはどれか(이 글에서 필자가 가장 말하고 싶은 것은 어느 것인가?)」와 같은 질문문은 반드시 출제된다. 지금까지의 시험에서는 본문을 읽지 않아도 '너무 극단적인 의견'이나 '본문과는 관계가 없는 의견'을 배제할 수도 있었지만, 신 시험의 선택지는 얼핏 봐서는 상식적으로는 모두 정답이 될 수 있는 것뿐이다. 그렇기 때문에 선택지를 먼저 읽으면 본문에 대해 선입견이 생겨버리기 때문에 본문을 읽기 전에는 선택지를 읽지 않는 것이 좋다. 먼저 질문을 읽고 난 다음 선택지 속에서 재빨리 단어만을 골라내어 그것을 힌트로 하여 본문을 읽기 시작하도록 하는 것이 좋다.

학습요령

〈문제 10〉의 장문과 마찬가지로 먼저 각 단락에서 무엇을 말하려고 하는지를 파악한 다음, 접속사 등에 주의하면서 각 단락의 관계를 파악할 수 있도록 읽으면 된다. 이 문제에서는 필자가 말하고자 하는 것과 주장이 반드시 마지막 단락에 오지는 않는다. 각 단락의 내용을 잘 이해하는 것이 중요하다.

問題12 次の文章を読んで、後の問いに対する答えとして最もよいものを、1・2・3・4から一つ選びなさい。

(1)

　「希望」とか「絶望」とか、あるいは「後悔」とか、そういう言葉を心理学辞典で引いてみたことがあるだろうか。そんな日常的な言葉などわざわざ引くまでもあるまいと思うかもしれないが、実際、心理学辞典をいろいろ見てみたら、そもそもそういった項目がのっていないのである。そんな言葉は国語辞典の領分であって、心理学の辞典にのっていなくても当たり前だということだろうか。しかし、①それは変ではないか。私たちの日常の心理現象の中で希望や絶望、未練や後悔は大事なもので、だれにとっても非常に大きな問題であるはずだ。それが心理学の辞典にのっていない。つまり、心理学の対象にされていないのである。それは、なぜか。

　一つは、人を外側から捉えようとする②視点の問題がある。つまり、現代心理学は、いわば「他者の心理学」に徹している。かんたんに言えば、子どもの発達を研究するとき、子どもの外に視点を置き、そこから子どもに「生後何歳何カ月」といった時計的な時間の物差しを当てて、その育つ過程を観察する。しかし、そうした見方からは、子どもが昨日の体験を抱え、明日に向かって、今を生きるという、子ども自身の主体の世界は見えてこないのではないか。

　だれもが生まれてから死ぬまで、時の流れの中を生きている。その時の流れの中に身を置いた視点からしか見えてこない主体の世界がある。それを研究の枠から外しておいて、人間の心をとらえることはできないのではないか。私はそう思う。だが、主観の世界などというあいまいなものは相手にしないという立場をとる現代の心理学は、結局、外から客観的に観察することの可能な「他者の心理学」に徹して、そこから出ようとはしない。とすれば、そこでは希望とか絶望とか、そういう概念が問題にならないのは当然だろう。

　もう一つは、科学そのものの問題である。自然科学は現在の「現象＝結果」を過去の原因に結び付け法則化する学問である。心理学も科学である以上、この「原因⇒結果」の枠組みから逃れられない。現在の心理をすべて過去によって説明しようとする。しかし、そうなると、私たちの心的世界の多くを占めている「明日」とはいったい何なのだろうか。人間を外から観察して未来を予測するだけならそれでいいかもしれない。しかし、その人間を内側から見たとき「明日」は単なる予測の

対象などではない。明日は、私の中で希望として、絶望として、あるいは不安として、期待として現象するのだ。

　こうしてみれば、③心理学辞典に「希望」がないわけははっきりする。今の心理学が「希望」を語る枠組みを持っていないからにほかならない。生物学辞典のどこを見ても「希望」がないのと同じなのである。

（浜田寿美男『意味から言葉へ』ミネルヴァ書房による）

30 ①それは変ではないかとあるが、筆者は何が変だと言っているか。

1 日常的な言葉の意味を心理学辞典で引いてみること
2 国語辞典にのっている言葉が心理学辞典にないこと
3 重要な心理現象を表す言葉が心理学辞典にないこと
4 心理学の対象である言葉が国語辞典にあること

31 ②視点の問題とあるが、どういうことか。

1 現代心理学は客観的に人を捉えるが、それでは人間の心が見えないのに変えようとしないということ
2 現代心理学は人を外側から捉える立場と、内側から捉える立場の中間にあり、視点があいまいだということ
3 現代心理学は、あいまいな主観の世界を捉えようとして客観的な立場に徹することができていないということ
4 現代心理学は、客観的に人を捉える視点に立ちながら、主体的な世界も見ようとして矛盾しているということ

32 筆者は、③心理学辞典に「希望」がないわけは何だと言っているか。

1 生物学辞典にない言葉は心理学辞典にもないものだから。

2 「希望」は現代心理学では予測ができない未来のことだから。

3 「希望」は科学的に重要ではない主観的な現象にすぎないから。

4 人を内側から見ない現代心理学に「希望」は説明できないから。

33 この文章で筆者が言いたいことはどれか。

1 現代心理学が日常的な心理現象を研究の対象としないのは、心理学も科学である以上、仕方のないことである。

2 現代心理学は、科学的な立場と主観的な立場との中間に立って、そのバランスを維持することが重要である。

3 現代心理学が人間の日常的な心理現象を理解するためには、人間の主観的な世界も研究の対象とするべきである。

4 現代心理学は、日常の心理現象の中で人にとって大事な問題を無視してきたが、今後は積極的に研究するべきである。

問題12 次の文章を読んで、後の問いに対する答えとして最もよいものを、1・2・3・4から一つ選びなさい。

(2)

　子どものときから、忘れてはいけない、忘れてはいけない、と教えられ、忘れたと言っては、叱（しか）られてきた。そのせいもあって、忘れることに恐怖心を抱き続けている。忘れることは悪いことと決めてしまっている。

　学校が忘れるな、よく覚えろ、と命じるのはそれなりの理由がある。教室では知識を与える。知識を増やすのを目標にする。せっかく与えたものを片端から捨ててしまっては困る。よく覚えておけ。覚えているかどうか、時々試験をして調べる。覚えていなければ減点して警告する。点はいいほうがいいに決まっているから、みんな知らず知らずのうちに、忘れるのをこわがるようになる。

　教育程度が高くなればなるほど、そして、頭がいいと言われれば言われるほど知識をたくさん持っている。つまり、忘れないでいるものが多い。頭の優秀さは、記憶力の優秀さとしばしば同じ意味を持っている。

　ここで、われわれの頭をどう考えるかが問題である。

　①これまでの教育では、人間の頭脳を倉庫のようなものだと見てきた。知識をどんどん蓄積する。倉庫は大きければ大きいほどよろしい。中にたくさん詰まっていればいるほど結構だということになる。

　②倉庫としての頭にとっては、忘却は敵である。ところが、こういう人間の頭脳にとっておそるべき敵が現れた。コンピューターである。これが倉庫としてはすばらしい能力を持っている。いったん入れたものは決して失わない。必要な時には、さっと引きだすことができる。整理も完全である。

　コンピューターの出現、普及にともなって、人間の頭を倉庫として使うことに疑問がわいてきた。コンピューター人間を育てていたのでは、本物のコンピューターにかなうわけがない。そこで、ようやく人間の創造性が問題になってきた。コンピューターのできないことをしなくては、というのである。

　人間の頭はこれからも、一部は倉庫の役を続けなければならないだろうが、それだけではいけない。新しいことを考え出す工場でなくてはならない。倉庫なら、入れたものを紛失しないようにしておけばいいが、ものを作り出すには、そういう保存保管の能力だけでは仕方がない。

　第一、工場に余計なものが入っていては作業能率が悪い。余計なものは処分して広々としたスペースをとる必要がある。そうかと言って、全てのものを捨ててしまっては仕事にならない。③整理が大事になる。

　倉庫にも整理は欠かせないが、それはものを順序よく並べる整理である。それに対して、工場内の整理は、作業のじゃまになるものを取り除く整理である。この工場の整理に相当するのが忘却である。人間の頭を倉庫としてみれば、危険視される忘却だが、工場として能率を良くしようと考えれば、どんどん忘れてやらなくてはいけない。

　そのことが今の人間にはわかっていない。それで、工場の中を倉庫のようにして喜んでいる人が現れる。それでは、工場としても倉庫としても、両方ともうまく機能しない頭になりかねない。コンピューターには、こういう忘却ができないのである。だから、コンピューターには倉庫として機能させ、人間の頭は、知的工場として働かせることに重点を置くのが、これからの方向でなくてはならない。

（外山滋比古　『思考の整理学』筑摩書房による）

34 ①これまでの教育とあるが、どのような教育か。

1　知識の量よりも、知識の密度や質を重視した教育
2　忘れることを敵視し、記憶力を重視した教育
3　忘れることの恐怖に負けないように、精神力をきたえる教育
4　コンピューターを上手に使って、多くの知識を蓄積する教育

35 ②倉庫としての頭とあるが、どういうことか。

1　忘れたとき、すぐ補充できるように知識を蓄積できる頭脳のこと
2　必要な知識を瞬時に取り出せる、とても機能的な頭脳のこと
3　知識をできるだけ多く蓄積するスペースとしての頭脳のこと
4　コンピューター以上に保存、保管、整理の能力がすぐれた頭脳のこと

36 ③<u>整理が大事になる</u>とあるが、どういうことか。

1　じゃまになる知識を忘れることが大事だ。
2　今ある知識を順序よく並べることが大事だ。
3　知識の蓄積を危険視することが大事だ。
4　知識を能率よく作り出すことが大事だ。

37 この文章で筆者が言いたいことは何か。

1　コンピューターの出現によって、知識の量を問う教育は無意味となった。もはや、学校で忘却を敵視するべきではない。
2　コンピューターの出現によって、知識の量を問う教育だけでは不十分となった。今後は、創造性をより重視するべきだ。
3　人間の頭を倉庫として働かせるか、工場として働かせるか、それが問題だ。両方は難しいため、どちらか一方に重点を置くべきだ。
4　コンピューターは、倉庫としての機能は非常にすぐれている。今後はさらに、コンピューターを知的工場として働かせるべきだ。

(1)

'희망'이나 '절망' 또는 '후회' 등 그러한 단어를 심리학 사전에서 찾아본 적이 있는가? 그런 일상적인 말을 일부러 찾을 것까지는 없다고 생각할지도 모르나, 실제로 심리학 사전을 여러 가지 봤더니 애당초 그와 같은 항목이 실려 있지 않다. 그런 말은 국어사전의 영역이며, 심리학 사전에 실려 있지 않은 것이 당연하다는 것일까? 그러나 ①그것은 이상하지 않은가? 우리의 일상적인 심리 현상 속에서 희망이나 절망, 미련이나 후회는 중요한 것으로서, 누구에게 있어서나 매우 큰 문제일 것이다. 그것이 심리학 사전에 실려 있지 않다. 즉, 심리학 대상이 되고 있지 않은 것이다. 그것은 왜인가?

첫째는 사람을 외부에서 파악하려고 하는 ②시점의 문제가 있다. 즉, 현대 심리학에서는 이른바 '타인의 심리학'으로 일관하고 있다. 간단하게 말하면 아이의 발달을 연구할 때 아이의 외부에 시점을 두고 거기서부터 아이에게 '생후 몇 살 몇 개월'이라는 시계적인 시간을 척도로 대고, 그 성장 과정을 관찰한다. 그러나 그와 같은 견지에서는 아이가 어제의 체험을 하고, 내일을 향해, 지금을 살아간다고 하는 아이 자신의 주체적 세계는 보이지 않는 것이 아닐까?

누구나 태어나서 죽을 때까지 시간의 흐름 속에서 살아가고 있다. 그 시간의 흐름 속에 몸을 둔 시점에서 밖에 보이지 않는 주관적인 세계가 있다. 이를 연구의 틀에서 떼어내어 인간의 마음을 파악하는 일은 불가능하지 않을까? 나는 그렇게 생각한다. 하지만, 주관적인 세계라는 등 애매한 것은 상대를 안 한다는 입장을 취하는 현대 심리학은 결국 외부로부터 객관적으로 관찰하는 것이 가능한 '타인의 심리학'에 입각해서 거기에서 나오려 하지 않는다. 그렇다면 거기서는 희망이나 절망이나 그런 개념이 문제되지 않는 것은 당연할 것이다. 또 하나는 과학 그 자체의 문제이다. 자연과학은 현재 '현상 = 결과'를 과거의 원인에 연결지어 법칙화하는 학문이다. 심리학도 과학인 이상 이 '원인 ⇒ 결과'라는 틀에서 벗어날 수 없다. 현재의 심리를 모두 과거에 의해 설명하려 한다. 그러나 그렇게 되면 우리의 심리적 세계의 많은 부분을 차지하는 '내일'이란 과연 무엇인가? 인간을 외부에서부터 관찰하여 미래를 예측할 뿐이라면 그것으로 충분할지도 모른다. 그러나 그 인간을 내면에서부터 보았을 때 '내일'은 단순한 예측의 대상 같은 것은 아니다. 내일은 우리 속에서 희망으로서, 절망으로서, 또는 불안으로서, 기대로서 실제로 존재하는 것이다.

이렇게 본다면 ③심리학 사전에 '희망'이 없는 이유는 분명해진다. 지금 심리학이 '희망'을 논하는 틀을 가지고 있지 않기 때문이다. 생물학 사전 어디를 보더라도 '희망'이 없는 것과 마찬가지이다.

(하마다 스미오 『의미에서 단어로』 미네르바 쇼보)

어휘 希望 희망 | 絶望 절망 | 後悔 후회 | 言葉 말, 단어 | 心理学 심리학 | 辞典を引く 사전에서 단어를 찾다 | 日常的 일상적 | 実際 실제 | そもそも 애당초, 처음 | 項目 항목 | 国語辞典 국어사전 | 領分 영역 | 当たり前だ 당연하다 | 心理現象 심리 현상 | 未練 미련 | 対象 대상 | 外側 외부 | 捉える 파악하다 | 視点 시점, 관점 | 現代 현대 | 他者 타인 | 徹する 일관하다 | 発達 발달 | 研究 연구 | 生後 생후 | 何歳 몇 살 | 何カ月 몇 개월 | 時計的 시계적, 시간적 | 物差しを当てる 척도를 대다 | 過程 과정 | 観察 관찰 | 見方 관점 | 体験 체험 | 抱える 안다, 처리해야 할 부담을 지다 | 明日に向かって 내일을 향해 | 主体の世界 주체적인 세계 | 時の流れ 시간의 흐름 | 研究の枠 연구의 틀 | 外す 제거하다, 빼내다 | 主観 주관 | 相手にしない 상대하지 않다 | 立場をとる 입장을 취하다 | 結局 결국 | 客観的に 객관적으로 | 可能な 가능한 | 概念 개념 | 当然 당연 | 自然 자연 | 結果 결과 | 過去 과거 | 結び付ける 관련 짓다 | 法則化 법칙화 | 学問 학문 | 枠組み 틀, 프레임, 틀을 짬 | 逃れる 벗어나다 | 現在 현재 | 心的世界 심적 세계 | 占める 점하다 | 予測 예측 | 内側 내부, 내면 | 単なる 단순한 | 不安 불안 | 期待 기대 | 生物学 생물학

---

30 ①그것은 이상하지 않은가라고 하는데, 필자는 무엇이 이상하다고 하는가?

1 일상적인 단어의 의미를 심리학 사전에서 찾아보는 것
2 국어사전에 실려 있는 단어가 심리학 사전에 없는 것
3 중요한 심리 현상을 나타내는 단어가 심리학 사전에 없다는 것
4 심리학의 대상인 단어가 국어사전에 있다는 것

정답 3

해설 앞 문장에서 필자는 '희망'이나 '절망', '후회'라는 단어를 심리학 사전에서 찾아보았으나 아예 그와 같은 항목이 실려있지 않다고 하면서, '그것은 이상하지 않은가'라고 했다. 즉, 그와 같은 내용이 심리학 사전에 실려있지 않다는 점에 의문을 가진 것이므로 정답은 3번이다.

31 ②시점의 문제라고 하는데 무슨 뜻인가?

    1 현대 심리학은 객관적으로 사람을 파악하지만, 그것으로는 인간의 마음이 보이지 않는데도 바꾸려고 하지 않는다는 뜻

    2 현대 심리학은 사람을 외부로부터 파악하려는 입장과 내부로부터 파악하려는 입장의 중간에 있어, 시점이 애매하다는 뜻

    3 현대 심리학은 애매한 주관적인 세계를 파악하려고 하여 객관적인 입장에 입각할 수가 없다는 뜻

    4 현대 심리학은 객관적으로 사람을 파악하는 시점에 서면서 주체적인 세계도 보려고 하여 모순되어 있다는 뜻

정답 1

해설 두 번째 단락 밑줄 뒤인 「つまり」 이후부터 살펴본다. 현대 심리학은 제 3자의 심리학을 일관하고 있으며 시계적인 시간이라는 척도로써 성장 과정을 관찰하는데, 이렇게 되면 아이 자신의 주체적인 세계는 보이지 않게 되지 않을까 하는 의문을 갖는다. 정답은 1번이다.

32 필자는 ③심리학 사전에 '희망'이 없는 이유가 무엇이라고 말하고 있는가?

    1 생물학 사전에 없는 단어는 심리학 사전에도 없는 것이기 때문에

    2 '희망'은 현대 심리학에서는 예측할 수 없는 미래의 것이기 때문에

    3 '희망'은 과학적으로 중요하지 않은 주관적인 현상에 불과하기 때문에

    4 사람을 내면에서부터 보지 않는 현대 심리학으로 '희망'은 설명할 수 없기 때문에

정답 4

해설 세 번째 단락 후반에서 '주관적인 세계라는 등 애매한 것은 상대를 안 한다는 입장을 취하는 현대 심리학은 결국 외부로부터 객관적으로 관찰하는 것이 가능한 '타인의 심리학'에 입각해서 거기에서 나오려 하지 않는다. 그렇다면 거기서는 희망이나 절망이나 그런 개념이 문제 되지 않는 것은 당연할 것이다'라고 했으므로 이와 동일한 내용을 담고 있는 것은 4번이다.

33 이 글에서 필자가 말하고 싶은 것은 무엇인가?

    1 현대 심리학이 일상적인 심리 현상을 연구 대상으로 하지 않는 것은 심리학도 과학인 이상 어쩔 수 없는 것이다.

    2 현대 심리학은 과학적인 입장과 주관적인 입장의 중간에 서서 그 균형을 유지하는 것이 중요하다.

    3 현대 심리학이 인간의 일상적인 심리 현상을 이해하기 위해서는 인간의 주관적인 세계도 연구대상으로 하여야 한다.

    4 현대 심리학은 일상적인 심리 현상 속에서 사람에게 있어서 중요한 문제를 무시해왔으나 앞으로는 적극적으로 연구해야 한다.

정답 3

해설 현대 심리학이 일상적인 심리 현상을 연구대상으로 하지 않는다는 언급이나 과학적인 입장과 주관적인 입장의 중간에서 균형을 유지해야 한다는 내용은 없으므로 1번과 2번은 정답이 아니다. 또한, 선택지 4번은 중요한 문제, 즉 여기서 나오는 단순한 희망이나 절망 등에 대한 것만을 언급하고 있는 것이 아니기에 정답이라고 보기 어렵다.

세 번째 단락 두 번째 문장에서 필자는 '그 시간의 흐름 속에 몸을 둔 관점에서만이 보이지 않는 주관적인 세계가 있다. 이를 연구의 틀에서 떼어내어 인간의 마음을 파악하는 일은 불가능하지 않을까? 나는 그렇게 생각한다'라며 인간의 주체적인 세계를 연구에 포함시켜야 한다고 주장하므로 3번이 정답이다.

(2)

어릴 때부터 잊어버리면 안 돼. 잊어 버리면 안 돼, 라고 배워왔고, 잊어버렸다고 하면 꾸중도 들었다. 그 탓이기도 해서 잊는다는 것에 공포심을 계속 느끼고 있다. 잊는다는 것은 나쁜 것이라고 확신해 버린 것이다.

학교가 잊지 마라, 꼭 기억하라고 명하는 데에는 그 나름의 이유가 있다. 교실에서는 지식을 가르쳐 준다. 지식을 늘리는 것을 목표로 한다. 기껏 준 것을 모두 버려 버리면 곤란하다. 잘 외워둬라. 외우고 있는지 가끔 시험을 통해 알아본다. 외우고 있지 못하면 감점하고 경고한다. 점수가 좋은 것이 당연히 좋으니까 모두 자기도 모르는 사이에 잊어 버리는 것을 두려워하게 된다.

교육 정도가 높으면 높을수록, 그리고 머리가 좋다는 말을 들으면 들을수록 지식을 많이 가지고 있다. 즉, 잊지 않는 것이 많다. 머리의 우수함은 기억력의 우수함과 자주 같은 의미를 가진다.

여기서 우리는 머리를 어떻게 생각할 것인가가 문제이다.

①지금까지의 교육에서는 인간의 두뇌를 창고와도 같은 것으로 여겨왔다. 지식을 계속해서 축적한다. 창고는 크면 클수록 좋다. 안에 많은 것이 채워져 있으면 있을수록 좋다는 말이 된다.

②창고로서의 머리에 있어서 망각은 적이다. 그러나 이와 같은 인간의 두뇌에 있어서 경계할 만한 적이 나타났다. 컴퓨터이다. 이것이 창고로서 훌륭한 능력을 갖추고 있다. 일단 넣어둔 것은 절대 잃지 않는다. 필요할 때에 곧바로 뽑아낼 수 있다. 정리도 완전하다.

컴퓨터의 출현, 보급에 따라 인간의 머리를 창고로써 사용하는 것에 의문이 생겨났다. 컴퓨터 인간을 키웠다가는 진짜 컴퓨터를 당해낼 리가 없다. 그래서 그제야 인간의 창조성이 문제가 되었다. 컴퓨터가 할 수 없는 일을 해야 한다는 것이다.

인간의 머리는 앞으로도 일부는 창고의 역할을 해야 할 것이지만, 그것만으로는 안 된다. 새로운 것을 생각해내는 공장이 아니면 안 된다. 창고라면 넣은 것을 분실하지 않도록 두면 되지만, 물건을 만들어 내는 데는 그러한 보존·보관 능력만으로는 방법이 없다.

첫째로 공장에 불필요한 것이 들어 있어서는 작업능률이 안 오른다. 불필요한 것은 처분해서 널찍한 공간을 만들 필요가 있다. 그렇다고 해서 모든 것을 버려버리면 일을 할 수가 없다. ③정리가 중요해진다.

창고에도 정리는 빼놓을 수 없지만, 그것은 물건들을 순서에 맞게 진열하는 정리이다. 그것에 비해 공장 내의 정리는 작업에 방해되는 것을 제거하는 정리이다. 이 공장 정리에 해당하는 것이 망각이다. 인간의 머리를 창고로 본다면 위험시되는 망각이지만, 공장으로서 능률을 높이려고 생각한다면 계속해서 잊어주어야만 한다.

그것을 지금 인간들은 모르고 있다. 그래서 공장 안을 창고처럼 해 놓고 좋아하는 사람이 나타난다. 그렇게 되면 공장으로도, 창고로도 양쪽 모두 제대로 역할하지 않는 머리가 될 지도 모른다. 컴퓨터는 이와 같은 망각을 하지 못한다. 그래서 컴퓨터에는 창고로서의 역할을 시키고, 인간의 머리는 지적 공장으로서 활용하는 것에 중점을 두는 것이 앞으로의 방향이 되어야 한다.

(토야마 시게이코 『사고의 정리학』 치쿠마 쇼보)

어휘 せい 탓 | 恐怖心 공포심 | 抱く (뜻이나 느낌을) 품다 | 命じる 명하다 | 知識 지식 | 増やす 늘리다 | 目標 목표 | せっかく 기껏 | 片端から 모조리, 닥치는 대로(=かたっぱしから) | 減点 감점 | 警告 경고 | 知らず知らずのうちに 자신도 모르는 사이에 | こわがる 두려워하다 | 程度 정도 | 優秀さ 우수함 | しばしば 자주, 종종 | 頭脳 두뇌 | 倉庫 창고 | どんどん 잇따라, 계속해서 | 蓄積 축적 | 詰まる 꽉 차다 | 結構だ 흡족하다, 매우 좋다 | 忘却 망각 | 敵 적 | 現れる 나타나다 | 決して 절대, 결코 | さっと 순식간에, 빠른 속도로, 재빨리 | 引き出す 꺼내다, 끌어내다 | 整理 정리 | 出現 출현 | 普及 보급 | 疑問 의문 | 育てる 키우다 | 本物 (가짜가 아닌) 진짜 | ようやく 그제야 | 創造性 창조성 | 役 역할, 배역 | 紛失 분실 | 保存 보존 | 保管 보관 | 余計なもの 불필요한 것 | 能率 능률 | 処分 처분 | 広々とした 널찍한 | 欠かせない 빼 놓을 수 없다, 불가결하다 | 取り除く 제거하다 | 相当する 해당하다 | 危険視される 위험시되다 | 機能 기능 | 동사의 ます형+かねない ~할 지도 모른다 | 重点を置く 중점을 두다

---

34 ①지금까지의 교육이란 어떤 교육인가?

1 지식의 양보다도 지식의 밀도나 질을 중시한 교육
2 잊는 것을 적대시하고 기억력을 중시한 교육
3 잊는 것에 대한 공포에 지지 않도록 정신력을 단련하는 교육
4 컴퓨터를 잘 활용하여 많은 지식을 축적하는 교육

정답 2

해설 지금까지의 교육에 대한 모습은 첫 번째 단락~세 번째 단락을 통해 학교에서는 지식을 주고 이를 기억하고 잊지 않도록, 많은 지식을 갖도록 해왔다는 점을 지적하고 있으므로 정답은 2번이다. 1번은 이후 새로운 방향성으로 필자가 제시하고 있는 교육이며, 3번의 정신력에 대한 언급은 본문에 없다. 또한, 4번의 컴퓨터를 잘 활용하여 많은 지식을 축적시킨다는 내용은 본문과 맞지 않다.

---

35 ②창고로서의 머리란 무엇인가?

　1　잊었을 때 바로 보충할 수 있도록 지식을 축적할 수 있는 두뇌
　2　필요한 지식을 순식간에 뽑아낼 수 있는 매우 기능적인 두뇌
　3　지식을 가급적 많이 축적하는 공간으로서의 두뇌
　4　컴퓨터 이상으로 보존, 보관, 정리 능력이 뛰어난 두뇌

정답 3

해설 1번과 4번은 본문에 언급이 없다. 2번은 여섯 번째 단락에서 컴퓨터의 특성으로 설명하고 있다. 첫 번째 단락과 두 번째 단락에서 과거 교육방법은 교실에서 가르치는 지식을 늘리는 것에 목표를 둔 것이었으며, 이를 잊는다는 것은 나쁜 것이었다고 필자는 말하므로 정답은 3번이다.

---

36 ③정리가 중요해진다란 무슨 뜻인가?

　1　방해가 되는 지식을 잊어버리는 것이 중요하다.
　2　지금 있는 지식을 순서대로 진열하는 것이 중요하다.
　3　지식 축적을 위험시하는 것이 중요하다.
　4　지식을 효율적으로 만들어내는 것이 중요하다.

정답 1

해설 열한 번째 단락 마지막에 설명이 있다. '인간의 머리를 창고로 본다면 위험시되는 망각이지만, 공장으로서 능률을 높이려고 생각한다면 계속해서 잊어주어야만 한다'고 했으므로 1번이 정답이다. 다섯 번째 단락부터 본문은 인간의 두뇌와 컴퓨터의 두뇌에 대해 비교하고 있다. 특히 9번째 단락 이후에서는 전자를 공장으로, 후자를 창고로 설명하고 있으며, 열한 번째 단락에서 언급하고 있는 지식을 순서대로 진열하는 것은 창고, 즉 컴퓨터에 해당되는 사항이므로 정답이 아니다. 3번은 본문에 없다. 또한 지식을 효율적으로 만들어내는 것이 아니라 열두 번째 단락 마지막에 '인간의 머리는 지적 공장으로써 일을 시키는 것에 중점을 두는 것이 앞으로의 나아갈 방향이 되어야 한다.'고 했으므로 4번 역시 정답이 아니다.

---

37 이 글에서 필자가 말하고 싶은 것은 무엇인가?

　1　컴퓨터의 출현으로 지식의 양을 묻는 교육은 무의미하게 되었다. 이제 학교에서는 망각을 적대시해서는 안 된다.
　2　컴퓨터의 출현으로 지식의 양을 묻는 교육만으로는 불충분하게 되었다. 앞으로 창조성을 보다 중시해야 한다.
　3　인간의 머리를 창고로서 활용할 것인지 공장으로서 활용할 것인지 그것이 문제다. 양쪽 모두는 어렵기에 어느 한 쪽에 중점을 두어야 한다.
　4　컴퓨터는 창고로서의 기능은 매우 뛰어나다. 이후에는 나아가 컴퓨터를 지적 공장으로서 활용해야 한다.

정답 2

해설 선택지 1번과 2번에서 전반부는 유사하나 학교에서 망각을 적대시해서는 안 된다는 설명은 8번째 단락에서처럼 이제 인간의 창조성이 문제되기 시작했으며, 11번째 단락~12번째 단락에서 주장하는 바와 같이 망각은 공장, 즉 인간의 두뇌의 효율을 높이기 위해 필요한 것이라는 점을 강조하기 위해 제시된 내용이기 때문에 정답은 2번이다. 마지막 단락에서 공장 즉 인간의 두뇌를 공장과 창고 양면으로 사용하면 모두 제대로 역할하지 않는다고 하며, 같은 단락에서 컴퓨터가 아닌 인간의 머리를 지적 공장으로 활용해야 한다고 하므로 3번과 4번은 정답이 아니다.

問題13 ▶ 정보검색

문제유형　**정보검색**

광고, 팸플릿, 정보지, 비즈니스 문서 등의 정보 소재(700자 정도) 속에서 필요한 정보를 찾아낼 수 있는지를 묻는 문제

▶ 자신의 조건과 정보 소재(예를 들면, 연령 · 성별 · 학년 등의 조건)를 대조해 가면서 답하는 문제

▶ 필요한 정보가 정보 소재 전체의 어디에 있는가(예를 들어, 신청서에 관한 질문문이면 전체의 내용에서 신청방법, 제출서류 등이 쓰여 있는 부분 등)를 찾는 문제

・次のうち(申し込み)ができるのはどれ(誰)か。
・(申し込みに)必要なものはどれか。
・~をするにはどうしたらいいか。

포인트

자신의 조건과 정보 소재를 대조하면서 답해야 하는 문제에 관해서는 질문문을 읽고, 체크하지 않으면 안 되는 조건 · 항목은 무엇인가를 정확하게 파악하여 정보 소재 안에서 하나의 기본이 되는 조건을 정한 후 하나씩 체크해나가면 답을 찾을 수 있다.

필요한 정보가 정보 소재 전체의 어디에 있는지를 찾는 문제에 관해서는 먼저 질문문과 선택지를 읽고, 필요한 정보는 무엇인가를 파악하는 것이 필요하다. 그런 다음 그것이 정보 소재 전체의 어느 부분에 쓰여 있는가를 찾으면 된다.

중요 기호와 괄호는 철저하게 확인한다.

(예 : ! ☆ ＊ ▲ ∴ 注…) (예 : 『 』【 】［ ］)

－ 주요 접속부사에 주의 : 又は · 或いは · 及び

－ 예외 조항을 두는 정보에 주의 : 注 · ただし · ~別途 · ~のみ · ~以外 · ~場合 · しかし · ~は除く

학습요령

〈문제 13〉 정보검색은 일본에서 생활할 경우, 생활하면서 볼 수 있는 정보 소재를 사용하여, 스스로 필요한 정보를 빠르게 찾을 수 있는 능력이 있는지를 묻는 문제이다. 한국에 있는 학습자는 평소부터 이런 형식의 지문을 읽는 연습을 반복하여, 글에 익숙해질 필요가 있다.

問題13 右のページは、さくら市が運営する、外国人からの苦情を受け付けるインターネット・サイトの利用案内である。下の問いに対する答えとして、最もよいものを1・2・3・4から一つ選びなさい。

38 李運博さんは、さくら市にあるIT関連企業に勤める外国人で、昨年日本人女性と結婚し、さくら市の近くの町に住んでいる。李さんがこのサイトを通して、さくら市に苦情の申し立てをする時には何が必要か。

1　外国人登録証または運転免許証
2　外国人登録証と戸籍謄本
3　社員証と戸籍謄本
4　外国人登録証と社員証

39 李さんが、このサイトを通して苦情を申し立てても、苦情が処理されないものは、次のうちどれか。

1　さくら市役所の職員の不親切な対応に対して苦情を申し立てた。
2　日本語より英語の方が得意なので、英語で苦情を申し立てた。
3　勤務中の会社から突然解雇通知を受けたので苦情を申し立てた。
4　妻のメールアドレスを使い、本人の名前・国籍・住所・暗証番号を入力して苦情を申し立てた。

(1)

さくら市　外国人苦情申し立てサイト　利用案内

◆外国人苦情申し立てサイトでは、さくら市の行政機関に対して、次のような内容の苦情を申し
　立てることができます。

・市の施策や行政制度の運営改善についての申し立て

・行政機関の違法・不当な処理や処分、及び不合理な行政制度により、住民の権利が侵害された
　り、住民に不利、負担を与える事項についての申し立て

・その他、行政機関に対し、特定の行為を要求する事項

◆外国人苦情申し立てサイトでは次の方々が苦情申し立て書を提出することができます。

（1）さくら市に居住している外国人

　　　－外国人登録証、運転免許証など現住所が確認できるものをお持ちの方

（2）さくら市に通勤または通学している外国人

　　　－（1）の書類に加えて、社員証や学生証など、通勤先、通学先が確認できるものをお持ち
　　　の方

（3）さくら市在住の日本人と結婚した外国人

　　　－（1）の書類に加えて、配偶者の戸籍謄本を準備できる方

　申請及び処理の手続き

① 外国人苦情申し立てサイトのホームページ（http://www.◇kujo○.go.jp）にアクセスします。

② 言語を選択します。（日本語・中国語・韓国語・英語・ベトナム語・ポルトガル語）

③ 苦情申し立て方法と処理手続きを確認します。

④ お名前、国籍、住所、メールアドレス及び暗証番号を入力し、苦情の申し立てをします。

⑤ 提出された苦情申し立て書は担当機関に割り当てされます。

⑥ 担当機関で苦情を処理します。担当者が苦情申し立て書に回答を入力すると、申し立て書提出
　の際に記入されたメールアドレスにお知らせが届きます。

⑦ ホームページで処理された結果を確認します。

＊ 結果の確認のためには提出の際に記入したお名前、メールアドレス、暗証番号が必要です。

　以下の事項は苦情として扱いません。

・匿名・仮名・虚偽の住所を使って申し立てをした場合

・行政機関や公共団体に所属する職員が行政機関に特定の行為を要求する場合

問題13 右のページは、ある大学の公開講座のリストである。下の問いに対する答えとして、最もよいものを1・2・3・4から一つ選びなさい。

40 今回初めて公開講座を受講する会社員のAさんは、平日、午後6時以降に通うことができ、教材費も含めて1万円以内で受けられる講座を探している。Aさんが受講可能な講座はいくつあるか。

1　1つ
2　2つ
3　3つ
4　4つ

41 主婦のBさんは、金曜と日曜を除いては午後5時まで時間があるので、今回初めて公開講座を受講することにした。Bさんは次の4つの講座に興味を引かれたが、年末は忙しくなるため、12月15日までに修了することと、また11月中旬から受講できることを望んでいる。Bさんの条件に合う講座はどれか。

1　観光の見方・考え方・楽しみ方
2　食の安全 -- 食品機能学のすすめ
3　使える英会話表現
4　異文化コミュニケーション

(2)

新宿大学公開講座のご案内

	講座名	曜日	開始-終了	回数	期間・対象	受講料
1	「ビジネスマナーの基本」	火	19：00 ～20：30	3	11/10～11/24	7,300円 ＊教材費の1,300円 は含まず
2	「新世代のインターネット ビジネス」	金	19：00 ～20：30	4	10/23～11/13	9,700円
3	「売れない時代の売れる 仕組み マーケティング入門」	土	18：30 ～20：00	8	10/17～12/5	19,400円
4	「世界経済と日本経済 危機脱却のシナリオ」	金	19：00 ～20：30	4	期間：10/16～11/6 継続中の講座のため 前回受講者のみ受講可	9,700円
5	「観光の見方・考え方・ 楽しみ方」	木	13：00 ～16：30	4	10/29・11/5（2日のみ）	9,700円
6	「健康科学の基本理論」	日	10：00 ～15：40	3	12/6(1日のみ) 継続中の講座のため 前回受講者のみ受講可	7,300円
7	「病気と心 －患者の心理」	月	19：00 ～20：30	5	11/2～11/30 健康科学の基本理論 修了者のみ対象	9,700円
8	「食の安全 －食品機能学のすすめ」	土	10：30 ～14：10	6	11/14～12/5 ＊11/28は休講	14,500円
9	「やさしい英会話」	木	10：00 ～11：30	4	10/22～11/12	9,700円 ＊教材費の1,600円 は含まず
10	「使える英会話表現」	水	10：00 ～11：30	4	11/18～12/9 やさしい英会話修了者 のみ対象	9,700円
11	「異文化 コミュニケーション」	土	13：30 ～15：00	3	11/28～12/12	7,300円
12	「合格！漢字検定講座」	水	19：00 ～20：30	6	12/9～1/13	10,200円 ＊教材費の1,200円 は含まず

［注意］：授業の回数は90分を1回とします。休憩時間をはさんで行う講座もあります。

(1)

38 이운박 씨는 사쿠라 시에 있는 IT 관련 기업에 근무하는 외국인으로서 작년 일본인 여성과 결혼해서 사쿠라 시 근처 동네에 살고 있다. 이 씨가 이 사이트를 통해서 사쿠라 시에 민원을 신청할 때에는 무엇이 필요한가?

1 외국인등록증 또는 운전면허증
2 외국인등록증과 호적등본
3 사원증과 호적등본
4 외국인등록증과 사원증

정답 4

해설 이운박 씨는 현재 사쿠라 시 근처 동네에 살고 있으며, 사쿠라 시에 있는 회사에 근무하고 있다. 또한 일본인 여성과 결혼했다는 세 가지 상황을 염두에 두자.

우선 외국인이 민원 신청을 하려는 것이므로, 외국인등록증이나 운전면허증 등 현주소를 확인할 수 있는 것이 필요하므로 1번, 2번, 4번이 해당된다. 그러나 이운박 씨는 사쿠라 시 근처 동네에 살고 있기 때문에 호적등본은 필요하지 않아서 1번과 4번이 남는다. 다음으로 사쿠라 시에 통근을 하고 있으므로 이를 증명할 사원증이 필요하므로 정답은 4번 외국인등록증과 사원증이다.

39 이 씨가 이 사이트를 통해서 민원을 신청해도 민원이 처리되지 <u>않는</u> 것은 다음 중 어느 것인가?

1 사쿠라 시청 직원의 불친절한 대응에 대해 민원을 신청했다.
2 일본어보다 영어를 더 잘하기 때문에 영어로 민원을 신청했다.
3 근무 중인 회사로부터 갑자기 해고통지를 받았으므로 민원을 신청했다.
4 부인 메일주소를 사용하여 본인의 이름·국적·주소·비밀번호를 입력하여 민원을 신청했다.

정답 3

해설 상단에 민원을 청구할 수 있는 사항이 제시되어 있다. 먼저 1번의 경우 '시청'은 행정기관이므로 본 기관에 대해 특정 행위를 요구하는 행위에 해당되기 때문에 이는 처리될 수 있다. 또한 〈신청 및 처리 절차〉의 제 2항을 보면 영어로도 접수할 수 있다. 4번의 경우 마지막 부분에서 처리할 수 없는 민원 중 자신의 이름과 주소를 사용해야 한다는 내용은 있으나 메일주소도 본인 것이어야 한다는 내용은 없기 때문에 가능하다. 마지막으로 당사자가 근무하는 곳이 기업이며 이를 대상으로 한 민원은 신청할 수 없기에 정답은 3번이다.

어휘 苦情 민원, 불평, 고충 | 申し立て 신청 | サイト 사이트 | 利用案内 이용 안내 | 行政機関 행정기관 | ～に対して ～에 대하여 | 施策 시책 | 行政制度 행정제도 | 運営改善 운영 개선 | 違法 위법 | 不当な処理 부당한 처리 | 処分 처분 | 及び 및 | 不合理 불합리 | 住民 주민 | 権利 권리 | 侵害 침해 | 不利 불리 | 負担 부담 | 与える 부여하다 | 事項 사항 | その他 기타 | 特定の行為 특정 행위 | 要求 요구 | 提出 제출 | 居住 거주 | 外国人登録証 외국인등록증 | 運転免許証 운전면허증 | 確認 확인 | 書類 서류 | ～に加えて ～에 더해서 | 社員証 사원증 | 学生証 학생증 | 通勤先 근무처 | 通学先 통학처 | 在住 재주, 거주 | 結婚 결혼 | 配偶者 배우자 | 戸籍謄本 호적등본 | 申請 신청 | 処理 처리 | 手続き 절차 | ホームページ 홈페이지 | アクセス 접속 | 言語 언어 | 選択 선택 | 国籍 국적 | メールアドレス 메일주소 | 暗証番号 비밀번호 | 入力 입력 | 担当機関 담당 기관 | 割り当て 할당 | 担当者 담당자 | 回答 회답, 답신 | ～の際に ～할 때에 | 記入 기입 | 届く 도착하다 | 匿名 익명 | 仮名 가명 | 虚偽 허위 | 公共団体 공공단체 | 所属 소속 | 職員 직원

사쿠라 시 외국인 민원 신청 사이트 이용 안내

◆ 외국인 민원신청 사이트에서는 사쿠라 시의 행정기관에 대해 다음과 같은 민원을 신청할 수 있습니다.
• 시의 시책이나 행정제도의 운영개선에 대한 신청
• 행정기관의 위법·부당한 처리나 처분 및 불합리한 행정제도에 의해 주민의 권리가 침해되거나 주민에게 불리, 부담을 주는 사항에 대한 신청
• 기타 행정기관에 대해 특정한 행위를 요구하는 사항

◆ 외국인 민원 신청 사이트에서는 다음 분들이 민원신청서를 제출할 수 있습니다.
(1) 사쿠라 시에 거주하고 있는 외국인
　　 – 외국인등록증, 운전면허증 등 현주소가 확인될 수 있는 것을 소지하신 분
(2) 사쿠라 시에 통근 또는 통학하고 있는 외국인
　　 – (1)의 서류와 더불어 사원증이나 학생증 등 통근처, 통학처를 확인할 수 있는 것을 소지하신 분
(3) 사쿠라 시에 거주하는 일본인과 결혼한 외국인
　　 – (1)의 서류와 더불어 배우자의 호적등본을 준비할 수 있는 분

신청 및 처리 절차

① 외국인 민원신청 사이트의 홈페이지(http://www.◇kujo○.go.jp)에 접속합니다.
② 언어를 선택합니다.(일본어 · 중국어 · 한국어 · 영어 · 베트남어 · 포르투갈어)
③ 민원신청 방법과 처리 절차를 확인합니다.
④ 이름, 국적, 주소, 메일주소 및 비밀번호를 입력하고 민원신청을 합니다.
⑤ 제출된 민원신청서는 담당기관으로 할당됩니다.
⑥ 담당 기관에서 민원을 처리합니다. 담당자가 민원신청서에 답변을 입력하면 신청서 제출 시에 기입해 주신 메일주소로 보내드립니다.
⑦ 홈페이지에서 처리된 결과를 확인합니다.
＊결과 확인을 위해서는 제출 시에 기입한 이름, 메일주소, 비밀번호가 필요합니다.

다음 사항은 민원으로서 취급하지 않습니다.

• 익명 · 가명 · 허위 주소를 사용하여 신청한 경우
• 행정기관이나 공공단체에 소속하는 직원이 행정기관에 대해 특정 행위를 요구하는 경우

(2)

40 이번에 처음으로 공개 강좌를 수강하는 회사원 A 씨는 평일 오후 6시 이후에 다닐 수 있으며, 교재비를 포함하여 만 엔 이내로 수강할 수 있는 강좌를 찾고 있다. A 씨가 수강 가능한 강좌는 몇 개인가?

1 1개
2 2개
3 3개
4 4개

정답 2

해설 조건은 다음과 같은 세 가지이다. 첫째는 처음으로 강좌를 수강한다는 점, 둘째는 평일 6시 이후, 셋째는 교재비 포함해서 만 엔 이내라는 조건이다.

먼저 첫째 조건부터 살펴보면 이에 해당되는 강좌는 4번과 6번, 7번, 10번을 제외한 모든 강좌이다. 이 중 평일 6시 이후 강좌는 1번, 2번, 12번이다. 마지막으로 교재를 포함해서 1만 엔인 강좌를 찾아본다. 먼저 1번은 7,300 + 1,300 = 8,600엔이므로 수강할 수가 있다. 2번도 수강료가 9,700엔이므로 역시 가능하다. 그러나 12번은 이미 1만 엔을 초과했으므로 결국 수강할 수 있는 과목은 1번과 2번이므로 정답은 2번이다.

41 주부 B 씨는 금요일과 일요일을 제외하고는 오후 5시까지 시간이 있으므로 이번 처음 공개강좌를 수강하기로 했다. B 씨는 다음 4개 강좌에 흥미가 있었지만, 연말은 바빠져서 12월 15일까지 수료할 것과 또 11월 중순부터 수강하는 것을 원하고 있다. B 씨의 조건에 맞는 강좌는 어느 것인가?

1 관광의 관점 · 생각하는 법 · 즐기는 법
2 음식의 안전 – 식품 기능학의 권유
3 활용할 수 있는 영어 회화 표현
4 이문화 커뮤니케이션

정답 2

해설 조건은 다음과 같다. 첫째는 금요일과 일요일을 제외한 오후 5시까지이며, 둘째는 처음으로 강좌를 수강한다는 점. 셋째는 11월 중순부터 시작하여 12월 15일까지 수료하는 조건이다. 1번의 경우 처음 두 가지 조건에는 해당되지만, 마지막 조건인 11월 중순부터 시작하지 않기 때문에 제외된다. 2번은 금요일과 일요일도 아니며 오후 2시 10분에 끝나고, 수강 조건이 있는 것도 아니며 기간도 11월 14일에 시작하여 12월 5일에 끝나므로 이것이 정답. 3번은 수강 조건이 있어서 처음으로 수강하는 경우에는 들을 수 없다. 4번은 11월 중순이 아닌 하순부터 시작하기 때문에 조건에 맞는 선택지는 2번이다.

어휘 講座名 강좌명｜曜日 요일｜開始 개시, 시작｜終了 종료｜回数 횟수｜期間 기간｜対象 대상｜受講料 수강료｜基本 기본｜教材費 교재비｜含まず 포함되지 않음｜新世代 신세대｜仕組み 구조｜入門 입문｜世界経済 세계 경제｜経済危機 경제 위기｜脱却 탈출, 탈피｜シナリオ 시나리오｜継続中 진행 중, 계속 중｜前回 전회｜受講者 수강자｜受講可 수강 가능｜観光 관광｜見方 관점｜考え方 생각하는 방법｜楽しみ方 즐기는 법｜健康科学 건강 과학｜基本理論 기본 이론｜病気 질병｜患者 환자｜心理 심리｜修了者 수료자｜食の安全 음식의 안전｜食品機能学 식품 기능학｜英会話 영어 회화｜表現 표현｜異文化 이문화｜合格 합격｜漢字検定 한자 검정｜休憩時間 휴식 시간, 쉬는 시간

신주쿠 대학 공개강좌 안내

	강좌명	요일	시작-종료	횟수	기간·대상	수강료
1	「비즈니스 매너의 기본」	화	19：00 ～20：30	3	11/10~11/24	7,300엔 ＊교재비 1,300엔은 미포함
2	「신세대의 인터넷 비즈니스」	금	19：00 ～20：30	4	10/23~11/13	9,700엔
3	「팔리지 않는 시대에 팔리는 구조 마케팅 입문」	토	18：30 ～20：00	8	10/17~12/5	19,400엔
4	「세계 경제와 일본 경제 위기탈출 시나리오」	금	19：00 ～20：30	4	기간 : 10/16~11/6 진행 중인 강좌인 관계상 전회 수강자에 한하여 수강 가능	9,700엔
5	「관광의 관점·생각하는 법·즐기는 법」	목	13：00 ～16：30	4	10/29·11/5(단, 이틀)	9,700엔
6	「건강과학의 기본 이론」	일	10：00 ～15：40	3	12/6(단, 하루) 진행 중인 강좌인 관계상 전회 수강자에 한하여 수강 가능	7,300엔
7	「질병과 마음 – 환자의 심리」	월	19：00 ～20：30	5	11/2~11/30 건강과학의 기본이론 수료자에 한하여 대상	9,700엔
8	「음식의 안전 – 식품기능학의 권유」	토	10：30 ～14：10	6	11/14~12/5 ＊11/28은 휴강	14,500엔
9	「쉬운 영어 회화」	목	10：00 ～11：30	4	10/22~11/12	9,700엔 ＊교재비 1,600엔은 미포함
10	「활용할 수 있는 영어 회화 표현」	수	10：00 ～11：30	4	11/18~12/9 쉬운 영어 회화 수료자에 한하여 대상	9,700엔
11	「이문화 커뮤니케이션」	토	13：30 ～15：00	3	11/28~12/12	7,300엔
12	「합격! 한자검정강좌」	수	19：00 ～20：30	6	12/9~1/13	10,200엔 ＊교재비 1,200엔은 미포함

주의 : 수업 횟수는 90분을 1회로 합니다. 중간에 쉬는 시간을 두고 열리는 강좌도 있습니다.

問題8 次の(1)から(4)の文章を読んで、後の問いに対する答えとして最よいものを、1・2・3・4から一つ選びなさい。

(1)

　人間の欲求というのは、低次のものから高次のものへと至る階層性があるといいます。まず、生理的欲求や安全を求める欲求がある。これらは個体が生きていくために不可欠のもので、一番基本的な欲求です。低次といってもある意味では一番大切なものです。生存するために必要なものですから。しかし、それが十分に満たされると、親和動機のような人間関係的な欲求が出てくる。

　たとえば、ある集団に属して愛情を受けたいとか、他の人から認められたいという欲求が出てくる。さらにそういう人間関係的な欲求が満たされると、こんどは個々の人たちの自己実現とか成長の欲求が出てくるというわけです。

(市川伸一『学ぶ意欲の心理学』PHP研究所による)

46 筆者によると「親和動機のような人間関係的な欲求」とは何か。

1　階層性の中では最も低次でありながらも、生きていくためには一番基本的な欲求
2　生理的欲求よりも高次ではあるが、どこかに所属して安全を求めたいという欲求
3　自分の夢の実現や、能力の向上を望む一方で、誰かに認めてもらいたいという欲求
4　特定のグループの一員となることで、承認されたり、愛されたりしたいという欲求

(2)

> 「数に強くない人」とはどんな人か。ひとりは、数学が出来る人である。意外な気がするかもしれないが、数学をやる人は、「数(かず)に強い」のではなくて「数(すう)に強い」のである。数学をやる人は「数(すう)」という数学的な抽象的概念を扱うのには長けている。しかし、現実世界の物事から数量を引き出して、「数(かず)」を作り出すことは苦手である。もうひとりは物知り博士である。なんでもかんでも数を覚えこんでいる人がいるが、こういう人は単なる記憶容量が大きい人である。
>
> （畑村洋太郎『数に強くなる』による）

47 「数に強くない」人について、この文章ではどのように述べられているか。

　1　「数に強くない人」は、「数(かず)に強い人」であり、抽象的概念をも扱う人である。
　2　「数に強くない人」は、「数(すう)に強い」人か、単に記憶容量の大きい人である。
　3　「数に強くない人」は、物知り博士であると同時に、「数(すう)に強い」人でもある。
　4　「数に強くない人」は、物事から数量を引き出し、「数(すう)」を作り出す人である。

(3)

　　精神的存在から物質的存在へと、人間は死によって変化する。生命が終わるとき人は一個の「もの」に変わる。マグリットは《バルコニー》の登場人物の空虚さを分析し、ちぐはぐさの原因が互いの意思疎通のなさにあることを見抜いた。そして、その欠落をはっきりとわからせるために、登場人物を死の視覚化したイメージである棺桶に変え、彼らが「もの」へと変わり果てた人間であることを提示した。

（吉川節子『印象派の誕生　マネとモネ』による）

（注1）マグリット：ベルギーの画家

（注2）《バルコニー》：マネの絵画

（注3）棺桶：遺体を入れる箱

48 筆者は、マグリットが《バルコニー》の登場人物を棺桶に変えたのはなぜだと言っているか。

1　《バルコニー》の登場人物全員の、物質的存在としての美しさを表現するため

2　人間はみな死によって変化し、人間が一個の「もの」に変わることを表現するため

3　コミュニケーションなしでは、人間は生きているとは言えないことを表現するため

4　《バルコニー》の登場人物は全て死んでおり、生命の終わりを視覚化して表現するため

(4)

助詞は、日常の会話や文章の言葉の中に自然にあるとか、使うといった感じであって、ことさらに取り上げてみる必要があるのか、と思う。だが、取り上げているうちに、その自然に使っていた助詞が微妙にいろいろな意味を持っているのだと気づかされたり、同じ「音（文字）」の助詞でも違う分類に入っているのだと教えられたりする。

気づかされたり、教えられたりするのはありがたいけれど、微妙すぎて、迷路に入ってゆくような思いの時もある。「文法」を学ぼうとして、そういうのが負担になってしまい、「文法」は苦手だ、となるのだろうか。

（藤井常世『短歌の〈文法〉歌あそび言葉あそびのススメ』による）

49 この文章で筆者が言いたいことは何か。

1 普段使う助詞のニュアンスが学ぶことで分かるようになる。

2 助詞は普段使うものなので、わざわざ勉強する必要はない。

3 「文法」は負担になるので、わざわざ教えたりすることはない。

4 「文法」の意味を教えられたりするのは、ありがたいことである。

독해 실전문제

問題9 次の(1)から(3)の文章を読んで、後の問いに対する答えとして最よいものを、1・2・3・4から一つ選びなさい。

(1)

　若い時には多くの人がそうであるように、①このような事柄に深く注意することもなかったし、進んで他の教えを乞うだけの思慮ももたなかった。少年の生活を訪れる個々の現実は、ただ現実として無関心にこれを見送りながら、時を経てこれを反省する機会を得ると、初めてその無関心を悔やんだり、またはその後の経験と分別によって得た判断を、すでにその当時から持ち合わせていたかのような錯覚に陥る、一人の一生にはそのような例は決して少なくないと思う。

　有難いことには、現実がいかに苦悩に満ちたものであっても、時の経つにつれて、人はそれに馴れたり、それを忘れたりする習性をもっている。無限の苦悩という言葉はあるにしても、実際は果していかなるものか。そう数多くあるものとは思われない。

　（中略）

　平凡なこの道理を、彼等はその耐乏生活によって体得している。その生活に馴れるまでは辛い。幾度繰り返しても、学期初めの数日は正に地獄である。しかしこれに堪え、これを忍べば、やがて学校生活が苦しみのみではないことが判る。豊かな家庭生活では思いもよらない愉快が必ずそこに待っていることを悟るし、②バターはトーストの両面には塗ってない、その一面だけを見て捨ててしまうのは愚であることを知るのである。忍耐の精神がそこに生まれ、少年達自身は幾度か繰り返された経験をもとに、たとえ無意識であるにせよ、人間のもつ適応性を信頼して、正面から現実と取り組んでゆく勇気が起るのである。

(池田潔『自由と規律』による)

50 ①このような事柄とあるが、どのようなことか。

1 耐乏生活
2 学期初めの数日
3 豊かな家庭生活
4 無限の苦悩

51 ②バターはトーストの両面には塗ってない、その一面だけを見て捨ててしまうのは愚であるとあるが、筆者はこの言葉で何を言いたいのか。

1 トーストにバターが塗ってあっても、反対側を確認してからどうするか判断すべきである。
2 学校での耐乏生活は厳しいものだが、そこには必ず愉快があるので、堪え、忍ぶべきである。
3 人間は時が経てば、どんなことにでも馴(な)れたり忘れたりできるので、苦しむべきではない。
4 どんな出来事でも、一面的に判断するのではなく、他の面を見ようとすべきである。

52 著者がこの文章を通して一番言いたいことは何か。

1 人間は豊かな経験から、多面的に物事を見る方法を体得できる。
2 若いころの辛い経験は年をとれば、だれでも必ず反省できる。
3 堪え、忍ぶ経験から、人生にとって必要なことを体得できる。
4 どんなことも我慢することで、適応性を身につけることができる。

(2)

　僕にも子供が二人います。けれども後年、①子供をバカにしたつもりはないの
にバカにしたようなことになってしまったことがあります。小さい時に公園かど
こかに連れて行って遊ばせていたときのことです。二人で愉快（ゆかい）そうに滑り台や砂
場で結構楽しそうに遊んでいるので、僕は②いい気になってポケットから本を取
り出して読んではときどき子供の方を見ていたことがありました（笑）。そうい
うのを後年子供たちが青春期（注1）になった頃、オヤジは子供たちをよく遊ばせてやっ
たみたいに言うけれども、自分たちだけで遊んでいたのだ。オヤジ（注2）は本を読んだ
り、あらぬことを考えたりしてベンチに座っているだけだったじゃないか、なん
て言われてアッと思いましたね。（中略）

　③そんなことを夢にも思ってみませんでしたから、なるほどその通りだと思っ
てショックでしたね。確かに大丈夫だと思って勝手に本を読んだりしていたので
すが、娘たちはそれをちゃんと見ていて、もしかすると内心では面白くなくて、
オヤジも一緒に体を動かして遊んでほしいという気持ちがあったのかなと思いま
すが、だいたい外から様子を見ていただけではそうは思えないのですね。

（吉本隆明『子供はぜーんぶわかってる』批評社による）

（注1）青春期：15〜22歳ごろ

（注2）オヤジ：父親

53 ①子供をバカにしたつもりはないのにバカにしたようなことになってしまったのは、なぜか。

1 子供は面白くないと思っているのに、公園ばかりに連れていったから。
2 子供が青春期になったころ、子供の本当の気持ちを軽く扱ったから。
3 子供が感じ取っていることに考えを及ばせることができなかったから。
4 子供を自由に遊ばせないで、いつも近くに座ってずっと見ていたから。

54 ②いい気になってとあるが、どうしていい気になったのか。

1 子供たちと遊んでいる間に本が読めるから。
2 子供たちと一緒に公園で遊ぶのが好きだから。
3 子供たちにいい父親だと思われているから。
4 子供たちが喜んで遊んでいると思ったから。

55 ③そんなこととあるがどういうことか。

1 子供たちは公園で遊びたいとは思っていなかったこと
2 子供たちが遊びながらオヤジをちゃんと見ていたこと
3 子供たちが公園でのオヤジの態度を不満に感じていたこと
4 子供たちが自分たちだけで自由に遊びたがっていたこと

(3)

　結婚しない人が増えているというが、先日、ある調査で①独身男女の結婚観に開きがあることが分かった。

　一昔前までは、「男は外で働き、女は家を守る」という考えが男女ともに主流であったが、最近の男性は、結婚相手が自分より年収が高くてもいい、女性にもある程度は稼いでもらいたいと考えている人が7割を超えるという。不況の今、自分の収入だけで妻子を養う自信はない、だから女性にも稼いでほしいという本音がうかがえる。

　一方、女性はというと、「自分が働かなくても家計が成り立つ人と結婚したい」と考えている人がほとんどだった。女性の社会進出が進んだ今でも、高収入の男性と結婚し出産後は専業主婦に、という価値観はまだまだ支配的なようだ。

　こういう独身男女を「わがままだ」と非難するのはたやすいが、貧富の差が広がる、いわゆる「格差社会」という現実に直面している彼らにしてみれば、②しかたのないことなのだろう。経済的不安を抱える男女が、結婚相手に高収入を期待するのは無理もない。

　ここで、新たな可能性がうかがえるのは、高収入の女性と低収入の男性のカップルだ。だが、これにも条件がある。女性は、「男が家族を養うものだ」という従来の価値観を捨てること。男性は、「家事は女性が」と言わずに、しっかり家事をこなす力を身につけることだ。③そこからは、きっと明るい未来が見えてくる。ともかく、男女双方、お互いに努力しなければ、今以上に独身男女が世にあふれることになるだろう。

56 ①<u>独身男女の結婚観に開きがある</u>とあるが、どういうことか。

1 女性の社会進出が進んで、男女間の経済格差が広がっているということ
2 男性は古い価値観のままだが、女性の価値観が変わっているということ
3 男女ともに、価値観が古い人と新しい人の差が広がっているということ
4 経済的な面で、男性は女性を、女性は男性を当てにしているということ

57 ②<u>しかたのないことなのだろう</u>と筆者が考える理由は何か。

1 経済的自信のない者が相手を頼りにするのは当然だから
2 格差社会では、若者がわがままになるのは当然だから
3 経済的な格差が進み、貧困層が増えるのは当然だから
4 独身時代の男女が主観的でわがままなのは当然だから

58 ③<u>そこからは、きっと明るい未来が見えてくる</u>とあるが、筆者の考えに近いものはどれか。

1 結婚しない男女が増えれば、格差社会の問題は解決できるだろう。
2 女性が男性を養うことができれば、経済的不安はなくなるだろう。
3 男性が家事の能力をつければ、少子化や晩婚化は解決できるだろう。
4 男女が互いに古い価値観を捨てれば、新しい夫婦が増えるだろう。

問題10 次の文章を読んで、後の問いに対する答えとして最もよいものを、1・2・3・4から一つ選びなさい。

今年もクリスマスの季節がやってきたが、現在のような陽気なサンタクロースのイメージをつくり上げたのは20世紀のアメリカだったことを、ご存じだろうか。

無償のプレゼントを届けてくれるサンタクロースと、利潤を追求する資本主義の聖地アメリカ。考えてみれば、奇妙な取り合わせだが、小馬徹さんは「①<u>サンタクロースは、市場経済と合理主義にどっぷり浸かった大人たちにこそ、必要とされた</u>」と話す。

どういうことだろうか。

市場経済の中で使われるお金は、いつでも誰とでも、価値の違う物を交換できる便利なツールだ。だが一方で、お金は物を交換したその場でお互いの関係をきれいさっぱり切断し、後はすべてが市場に委ねられる。それまで人々の生活は、お互いに物を贈り、贈られる贈与交換によって成立していたが、②<u>市場経済の登場とともに、伝統的な共同体が徐々に解体され</u>、人々は贈り物を通じてふれあう温かみから遠ざかってしまった。

「本来、贈り物は、何かを贈れば、必ず自分のところに返ってくるものでしたから、贈るというのは待つことでもあったわけです。資本主義の世界にどっぷり浸かっている私たちは、自分以外の誰かに感謝する気持ちや自分の心を窺い見るようなことを希薄にしてしまったと同時に、③<u>待つという心の中にあった楽しさや喜びもなくしてしまった</u>のかもしれません。また、市場経済は、他者や社会に対して無関心でいられる④<u>アパシー</u>（無気力・無感動）も生み出した」と小馬さんは言う。

たとえば、資本主義の世界では、お金儲けのために一国のＧＤＰに匹敵するお金を動かす富豪が出現する一方、何十万人もの人が飢えに苦しんでいたり、戦争で何の罪もない人たちが殺されていても、何の感情も示さないというようなことが起きる。また、大金持ちの不用意な寄付なども新たなアパシーを生む、と小馬さんは言う。

「たとえば、アフリカなどに多額の寄付をすると、もらった方はそのうちにもらうことが当たり前になります。つまり、自立を度外視した寄付や援助が、他者や社会に対して感謝を感じない新たなアパシーを生み、連鎖していくんです」

そうした市場経済が進展し、アパシーが連鎖する中、お互いの凍てついた関係

に耐え切れなかった大人たちが、贈り贈られることの喜びを確かめ合う特別なものとしてクリスマスを求めたというわけだ。

（「贈り物をして初めて、ヒトは人間になった―文化人類学者の小馬徹さんと考える贈り物の秘密」

（『THE BIG ISSUE JAPAN 108』ビッグイシュー日本による）

（注1）取り合わせ：組み合わせ

（注2）ツール：道具

（注3）委ねる：まかせる

（注4）窺い見る：一部を見て全体の様子を考えること

（注5）度外視：まったく考えないこと

59 ①サンタクロースは、市場経済と合理主義にどっぷり浸かった大人たちにこそ、必要とされたとあるが、どういうことか。

1　人々にとって、感謝の気持ちを表す贈り物の象徴としての存在であるサンタクロースが必要だった。

2　人々にとって、物を贈れば必ず返ってきた伝統的な社会を思い出させるサンタクロースが必要だった。

3　人々にとって、消費を増やし、市場への大きな経済的効果が期待できるクリスマスが必要だった。

4　人々にとって、物を交換する際に人とふれあう温かさが感じられるクリスマスが必要だった。

60 ②市場経済の登場とともに、伝統的な共同体が徐々に解体されたのはなぜか。

1　お金を使うことで、他者と関係を結ばなくてもよくなったから。

2　ほかの人にもらうのが当然で感謝する気持ちがなくなったから。

3　クリスマスにだけお互いに贈り物を贈りあうようになったから。

4　戦争でたくさんの人が殺されても全く無関心な人が増えたから。

61 ③<u>待つという心の中にあった楽しさや喜びもなくしてしまった</u>のはなぜか。

   1   大人のところにはサンタクロースが来なくなったから。

   2   物を贈り合う代わりにお金ですませるようになったから。

   3   贈り物をもらってもお返しをする人が少なくなったから。

   4   大金持ちの人と貧乏な人の格差が大きくなってきたから。

62 ④<u>アパシー</u>にあたる心理はどれか。

   1   多額の寄付をもらっていても、他者に対して感謝を感じない心理

   2   多額の寄付をもらわなければ、社会に対して感謝を感じない心理

   3   他者に対して感謝を感じていなくても、多額の寄付をする心理

   4   社会に対して感謝を感じているのに、まったく寄付をしない心理

問題11 次のＡとＢの文章を読んで、後の問いに対する答えとして最もよいものを、1・2・3・4から一つ選びなさい。

Ａ

　指揮者の存在は、私にとって、謎だった。

オーケストラにおけるすべての音をコントロールすることは不可能だ。同時に、完成したハーモニーの、どこまでが指揮者の果たした役割なのかを証明するのも難しい。しかし、同じオーケストラあるいは曲でも、指揮者によって演奏がドラマティックにもなれば、初々しくもなる。音も色も変わる。名演奏と呼ばれるものが、指揮者によって成立していることは確かだ。

（中略）

　究極の指揮者は、棒を振らない。ただ、そこにいるだけで、感化作用があるのだ。ハーモニーの一分子として、演奏している音楽家たちの中心に立ち、彼らを感化しながらも音楽家自身による自発的な表現を促す存在。それが、指揮者だということになる。

（茂木健一郎『すべては音楽から生まれる　脳とシューベルト』による）

Ｂ

　詰まる所、指揮者のいる民族音楽など存在しないのである。アフリカやアジア、或いは、中南米の音楽も同様だ。そこには指揮者の居ない風景が未だ延々と広々と続いている。指揮者のいるロックが存在しないのもわざわざ指摘するまでもないだろう。この事実は即ち、こうした音楽の演奏形態が、クラシック音楽における様な階級制を持たない事を、何よりも雄弁に物語っている。（中略）指揮者の様に、全く音を出さず、演奏に加わらず、それでいてビートとリズムを決定し、かつ音楽の隅々にわたって、彼（女）の音楽的解釈を演奏家に指示する、こんな特異な存在は他にない。そして、もしかしたら、オーケストラの指揮者になりたい！と思う動機は、会社社長になりたい！と思う動機と、何ら変わりないのかもしれない。それはつまり、帝国主義的な意味合いにおいて、権力掌握への野心とでも言おうか。

（森本恭正『西洋音楽論　クラシックに狂気を聴け』による）

63 ＡとＢの認識で、共通していることは何か。

1 指揮者は、他のメンバーよりも偉い。

2 指揮者の存在が演奏を左右する。

3 音楽には、指揮者は必要だ。

4 音楽に、指揮者は必要ない。

64 ＡとＢの二つの文章を以下のようにまとめる場合、①と②に入るものの組み合わせとして適切なのはどれか。

「Ａの筆者は（　①　）と考えているが、Ｂの筆者は（　②　）と考えている。」

1 ①指揮者は演奏の中心に立っているだけで良い
   ②指揮者は演奏者に指示しなければならない

2 ①指揮者は演奏者の一部である
   ②指揮者は実際に演奏をしている

3 ①指揮者は演奏に大きな影響を与える
   ②指揮者はけっして特異な存在とは言えない

4 ①指揮者は演奏者の自発的表現を促す
   ②指揮者は演奏者に自分の解釈を与える

問題12 次の文章を読んで、後の問いに対する答えとして最もよいものを、1・2・3・4から一つ選びなさい。

　　千葉県の県立高校が、入学式当日に納付を定めていた入学金などを持参しなかった男女生徒2人を式に参加させなかった。2人の保護者は遅れて全額あるいは一部を納め、2人は入学を認められたが、式には出られなかった。

　　問題の側面は二つある。一つは、第一義的に保護者の責任である問題で学校側が子供を式や他の新入生たちから隔離（かくり）するような措置（そち）を取ったこと。もう一つは、今回に限らず、例えば義務教育段階でも給食費未納が全国的に見られることに相通ずる問題である。すなわちルール無視の風潮だ。

　　学校は3月の説明会で入学予定者の保護者たちに、全額納入が難しい場合は分納が可能で、事前に相談するようにと知らせていた。

　　一方式参加を拒まれた男子生徒の保護者は「後で払う」と電話で答えたが、学校側は「滞納の可能性がある」と式参加を認めず、納付金全額が届けられた時には式は終わっていた。女生徒の場合は、保護者の相談であらかじめ分納を認められていたが、その納付金がなかったので、式参加を認めなかった。お金は夕方届けられたという。

　　今回の判断について校長は「授業料滞納が目立ち、未納は負担の先送りと思った。苦渋（くじゅう）の決断だったが、当然の判断だったと思っている」と説明する。

　　既に学校に授業料滞納がある状況で、新入生の保護者に「後で」と言われても、「これもやはり未納か」と疑い、毅然（きぜん）とした態度でルール厳守を求めよう—というのは一理ある。だが、それはまず保護者に働きかけるべきことであり、説明会で通告していたとしても、ただ一度しかない入学式の前で子供に「足止め」をかけるような措置（そち）をするのは誤りだ。これに関して子供には何の非もない。

　　だがその誤りを批判するだけでは今回の問題を教訓として生かしきれまい。

　　近年の全国の給食費未納問題など、払えない正当な理由がないのに「踏み倒し」同然に支払いを拒否したり、学校に食ってかかる保護者の問題が広く指摘されている。さらには、「モンスターペアレント」も教員を悩ませる。一方で所得や地域格差で経済的に阻害（そがい）（注1）された家庭が増え、教育経費を負いきれないという例も多く指摘されるようになった。

　　各学校がすべて個別に問題を抱え解決を図るのでは、限界がある。例えば、一定

範囲の地域、教育委員会などの管内などで各公的機関が連携し、事態の把握や利用しやすい相談窓口の設置、不当な不払いに対する迅速適正な措置などができるようにしてはどうか。

　学校も保護者・子供も、孤立するとえてして極端な手法を選択しかねない。

　子供を一時的にしろ引き離した今回のケースは、それを示唆している。

（「社説」2008年4月15日付け　毎日新聞朝刊による）

（注1）モンスターペアレント：学校に対して自己中心的な要求を繰り返す保護者。近年社会問題化している。

（注2）えてして：そうなる傾向が強いこと

65　2人は入学を認められたが、式には出られなかったのはなぜか。

1　この生徒たちの保護者に入学式の前に授業料不払いが目立っていたから。

2　この生徒たちの保護者が入学式までに入学金などを全く支払わなかったから。

3　この生徒たちの保護者が入学式までに入学金などを一部しか支払わなかったから。

4　この生徒たちの保護者が入学式の後で入学金などを全額支払うと言ったから。

66　今回の問題が明らかになった後の学校の立場はどれか。

1　この生徒たちの保護者に非があり、学校側の措置はやむを得なかった。

2　この生徒たちの保護者には非がなく、学校側の措置は行き過ぎだった。

3　この生徒たちの保護者にも非はあるが、学校側の措置は行き過ぎだった。

4　この生徒たちの保護者には非がないが、学校側の措置もやむを得なかった。

67 今回の問題に対する筆者の立場はどれか。

1 この生徒たちの保護者に非があり、学校側の措置はやむを得ない。
2 この生徒たちの保護者には非がなく、学校側の措置は行き過ぎだ。
3 この生徒たちの保護者にも非はあるが、学校側の措置は行き過ぎだ。
4 この生徒たちの保護者には非がないが、学校側の措置もやむを得ない。

68 今後この問題を教訓とするための提案として、文章の内容とあっているものはどれか。

1 家庭の経済的な事情を把握するために、各学校が調査を進めるべきだ。
2 保護者の不当な要求を阻止するために、各学校が対策を進めるべきだ。
3 生徒に対する学校の極端な措置を防ぐために、各機関が監督すべきだ。
4 学校と保護者双方とも孤立させないために、各機関が協力すべきだ。

問題13 右のページは、「古河区民センター」の団体向け利用案内である。下の問いに対する答えとして最もよいものを、1・2・3・4から一つ選びなさい。

69 利用案内によると、以下のグループのうち、古河区民センターで団体登録が可能なものはどれか。

グループ	会員構成	代表
1	港区在住の学生7名、古河区在住の学生4名、及び新宿区在住で古河区内の大学在学の学生3名	古河区在住の学生
2	新宿区在勤の会社員6名、古河区在勤の会社員4名、及び港区在住で古河区内の大学在学の学生4名	古河区在勤の会社員
3	古河区在住の学生3名、古河区在住で新宿区在勤の会社員3名、及び港区在住の会社員4名	港区在住の会社員
4	港区在住で古河区の大学在学の学生2名、古河区在勤の会社員5名、及び古河区在住で新宿区の大学在学の学生6名	古河区在住で新宿区の大学在学の学生

70 古河区内在住の会社員6名（うち代表1名）と新宿区民5名（うち2名は古河区に勤務、1名は古河区に在学）の団体が団体登録をする場合、必ず準備しなければならない書類はどれか。

1 代表者の身分証明書、会員名簿、利用団体登録申請書、団体会則

2 代表者の在勤証明書、会員名簿、会員の身分証明書、団体会則、利用団体登録申請書

3 代表者の運転免許証と健康保険証、会員の身分証明書、団体規約、利用団体登録申請書

4 代表者の在勤証明書と健康保険証、会員名簿、団体規約、利用団体登録申請書

古河区民センター[生涯学習館] 利用案内

◆ 団体利用について

団体利用ついては、2つの利用区分があります。

1. 一般団体利用：生涯学習活動を行う全ての個人・団体を対象にした利用区分です。

2. 登録団体利用：区内在住・在勤者から成る団体を対象にした利用区分です。

※ 登録済みの団体には、利用時に割引料金が適用されます。

◆ 団体の登録について

要件：生涯学習活動を目的とした団体で、以下の要件を備えている団体。

・会員数が10名以上であり、かつ半数以上が区内在住者または区内在勤者であること。
　※在学地は在勤地として認めません。

・代表者は、区民または区内在勤者であること。

・規約または会則に基づく自主的な会であること。

・学習活動を継続的または定期的に行っていること。

・会は会費で運営されていること。

・入退会が自由であること。

必要書類：登録にあたっては、以下の書類を事前にご準備いただきます。

1. 利用団体登録申請書（各生涯学習館施設の窓口で配布）

2. 団体の規約または会則

3. 会員名簿

・区内在住者（住所・氏名・電話番号）

・区内在勤者（住所・氏名・勤務先名・勤務先の所在地・勤務先または自宅の電話番号）

・その他の会員（住所・氏名・電話番号）

4. 代表者の住所が確認できる健康保険証・運転免許証など公的機関発行の身分証明書。
　在勤資格で登録の場合は在勤証明書など。

登録受付：

【受付場所】上記の1.～4.までの書類を揃えて、主に利用する生涯学習館にお申し込みください。

【注意事項】

・書類の審査に2週間ほどかかります。ご了承ください。

・承認後、登録された生涯学習館の窓口で登録証を交付します。

・承認日から登録団体としての資格が得られます。

登録期限：

・登録承認日より3年後の同月末日

문제 8 다음 글을 읽고 질문에 대한 답으로써, 가장 적당한 것을 1·2·3·4에서 하나 고르시오.

(1)

인간의 욕구라는 것은 낮은 차원의 것에서부터 높은 차원의 것으로 이르는 계층성이 있다고 합니다. 우선 생리적 욕구와 안전을 요구하는 욕구가 있습니다. 이것들은 개체가 살아가기 위해서 불가결한 것이고 제일 기본적인 욕구입니다. 낮은 차원이라고 하더라도 어떤 의미로는 제일 중요한 것입니다. 생존을 위해 필요한 것이기 때문에. 그러나 그것이 충분하게 충족이 되면 친화 동기와 같은 인간관계적인 욕구가 나오기 시작합니다. 예를 들면 어느 집단에 속하면서 애정을 받고 싶다든가 다른 사람으로부터 인정받고 싶은 욕구가 생깁니다. 거기에 그러한 인간관계적인 욕구가 충족되면 이번에는 개개인 사람들의 자기 실현이라든가 성장의 욕구가 나오기 시작하는 것입니다.

(이치카와 신이치 『배우는 의욕의 심리학』)

어휘 欲求 욕구 | 低次 저 차원 | 高次 고차원 | 至る 이르다 | 階層性 계층성 | 生理的 생리적 | 安全 안전 | 求める 구하다 | 個体 개체 | 生きる 살다 | 不可欠 불가결 | 基本的 기본적 | 意味 의미 | 大切 중요함 | 生存 생존 | 必要 필요함 | 十分 충분함 | 満たす 충족시키다 | 親和動機 친화 동기 | 人間関係的 인간관계적 | 集団 집단 | 属する 속하다 | 愛情を受ける 애정을 받다 | 認める 인정하다 | 個々 개개 | 自己実現 자기 실현 | 成長 성장

46 필자에 의하면 '친화 동기와 같은 인간관계적인 욕구'란 무엇인가?

1 계층성 안에서는 제일 낮은 차원이지만 살아가기 위해서는 가장 기본적인 욕구
2 생리적 욕구 보다 높은 차원이기는 하지만 어딘가에 소속되어 안전을 구하고 싶은 욕구
3 자기 꿈의 실현과 능력의 향상을 바라기만 해서 누군가에게 인정 받고 싶은 욕구
4 특정한 그룹의 일원이 됨으로써 인정 받거나 사랑 받거나 하고 싶은 욕구

정답 4

해설 이 문제는 필자의 생각을 묻는 문제이면서 동시에 의미 해석 문제에 가까운 문제이다. 즉, 질문의 의미를 잘 이해하면 비교적 쉽게 답을 찾을 수 있는 문제이다. 필자는 본문 아래에서 세 번째 문장「たとえば、ある集団に属して愛情を受けたいとか、他の人から認められたいという欲求が出てくる (예를 들면 어느 집단에 속하면서 애정을 받고 싶다든가 다른 사람으로부터 인정받고 싶은 욕구가 생긴다)」에서 인간적인 관계의 욕구가 무엇을 이야기 하고 있는지를 알 수 있겠다. 이처럼 무엇을 묻는 문제인지 질문의 유형을 잘 파악하는 것이 정답을 찾는데 중요한 점이다.

(2)

'숫자에 강하지 않은 사람'이란 어떤 사람인가. 하나는 수학을 잘하는 사람이다. 의외의 생각이 들지 모르겠지만 수학을 하는 사람은 '숫자에 강한'것이 아니고 '수에 강한' 것이다. 수학을 하는 사람은 '수'라는 수학적인 추상적 개념을 다루는 데에는 능숙하다. 그러나 현실 세계의 모든 일로부터 수량을 끌어내서 '숫자'를 만들어 내는 일은 서툴다. 또 하나는 만물박사이다. 무엇이든지 수를 잘 기억하는 사람이 있는데 이러한 사람은 단순한 기억 용량이 큰 사람이다.

(하타무라 요타로 『숫자에 강해진다』)

어휘 数 숫자 | 強い 강하다 | 数学 수학 | 出来る 할 수 있다 | 意外 의외 | 気がする 느낌이 들다 | 抽象的概念 추상적 개념 | 扱う 취급하다 | 現実世界 현실세계 | 物事 사물 | 数量を引き出す 수량을 끌어내다 | 作り出す 만들어 내다 | 苦手 잘 못함 | 物知り博士 만물박사 | なんでもかんでも 뭐든지 | 覚えこむ 완전히 익히다 | 単なる 단순한 | 記憶容量 기억 용량

47 '숫자에 강하지 않은' 사람에 대해서 이 문장에서는 어떻게 서술되고 있는가?

　1 '숫자에 강하지 않은 사람'은 '숫자에 강한 사람'이고 추상적 개념도 다루는 사람이다.

　2 '숫자에 강하지 않은 사람'은 '수에 강한' 사람이거나 기억 용량이 큰 사람이다.

　3 '숫자에 강하지 않은 사람'은 만물박사임과 동시에 '수에 강한' 사람이기도 하다.

　4 '숫자에 강하지 않은 사람'은 모든 일에서 수량을 끌어내서 '수'를 만들어 내는 사람이다.

정답 2

해설 이 문제는 지문의 내용을 묻는 문제로 필자는 마지막 문장에서 「なんでもかんでも数を覚えこんでいる人がいるが、こういう人は単なる記憶容量が大きい人である (무엇이든지 숫자를 잘 기억하는 사람이 있는데 이러한 사람은 단순한 기억 용량이 큰 사람이다)」에서 숫자에 강하지 않은 사람은 뭐든지 수를 잘 기억하는 단순히 기억 용량이 큰 사람이라고 말하고 있음을 알 수 있다.

(3)

정신적인 존재에서 물질적 존재로 인간은 죽음에 의해서 변화된다. 생명이 끝날 때 사람은 하나의 '사물'로 변한다. 마그리트(주1)는 '발코니'(주2)의 등장인물의 공허함을 분석하여 부조합의 원인이 서로 의사소통의 부재에 있는 것을 깨달았다. 그리고 그 결핍을 분명히 알게 하기 위해서 등장인물을 죽음을 시각화한 이미지인 관(주3)으로 바꾸어 그들이 '사물'로 완전히 변한 인간이라는 것을 제시했다.

(요시카와 세츠코 『인상파의 탄생 마네와 모네』)

(注1) マグリット : 영국의 화가의 '마그리트'

(注2) 《バルコニー》 : 프랑스 화가 마네의 그림 '발코니'

(注3) 棺桶 : 유해를 넣는 관

어휘 精神的 정신적 | 存在 존재 | 死 죽음 | 変化 변화 | 生命 생명 | 終わる 끝나다 | 一個 한 개 | 変わる 변하다 | 登場人物 등장인물 | 空虚さ 공허함 | 分析 분석 | ちぐはぐさ 부조합 | 原因 원인 | 互い 서로 | 意思疎通 의사 소통 | 見抜く 간파하다, 깨닫다 | 欠落 누락 | はっきり 분명히 | 視覚化 시각화 | イメージ 이미지 | 棺桶 관 | 変わり果てる 완전히 변하다 | 提示 제시

48 필자는 마그리트 '발코니'의 등장인물을 관으로 바꾼 이유는 어째서라고 말하고 있는가?

　1 '발코니'의 등장인물 전원의 물질적 존재로서의 아름다움을 표현하기 위해서

　2 인간은 모두 죽음에 의해서 인간이 하나의 '사물'로 바뀌는 것을 표현하기 위해서

　3 의사소통 없이는 인간은 살아있다고는 말할 수 없는 것을 표현하기 위해서

　4 '발코니'의 등장인물은 모두 죽어서 생명의 끝을 시각화해 표현하기 위해서

정답 3

해설 이 문제는 이유를 묻는 문제로 필자는 위에서 세 번째 문장 「ちぐはぐさの原因が互いの意思疎通のなさにあることを見抜いた。そして、その欠落をはっきりとわからせるために (부조합의 원인이 서로 의사소통이 없음에 있는 것을 깨달았다. 그리고 그 결핍을 분명히 알게 하기 위해서)」에서 의사소통 없이는 인간이 살아있다고는 말할 수 없는 것을 표현하기 위해서 등장인물을 관으로 바꾼 것을 알 수 있다. 이처럼 이유를 묻는 문제는 문장 끝 표현에 「から·ので·ために」등이 오는 경우가 많다는 것도 정답을 찾는 힌트가 되겠다.

(4)

조사는 일상 대화나 문장의 낱말 속에 자연스럽게 있으면서 사용하는 느낌이어서 특별히 문제 삼아 볼 필요가 있을까? 하고 생각한다. 하지만 문제 삼고 있는 사이에 그 자연스럽게 사용하고 있었던 조사가 미묘하게 여러 의미를 가지고 있다는 것을 깨닫거나 같은 '음(문자)'의 조사라도 다른 분류로 들어간다는 것을 배우거나 한다. 새롭게 알게 되거나 배우거나 하는 것은 고맙지만 너무 미묘해서 미로에 들어가는 것 같다는 생각이 들 때도 있다. '문법'을 배우려고 하다가 그러한 것이 부담되고 말아서 '문법'은 접근하기 힘들어지는 걸까?

(후지이 토고요 『단가의 〈문법〉 시와 언어 유희에 대한 조언』)

어휘 助詞조사 | 日常일상 | 会話회화 | 文章문장 | 言葉낱말 | 自然자연 | 使う사용하다 | 感じ느낌 | ことさらに 특별히 | 取り上げる다루다, 채택하다 | 微妙미묘함 | 気づかされる알게 되다 | 文字문자 | 分類분류 | 数える(숫자를) 세다 | 思い생각 | ありがたい고맙다 | 文法문법 | 学ぶ배우다 | 迷路미로 | 負担부담 | 苦手잘 못함

49 이 문장에서 필자가 말하고 싶은 것은 무엇인가?

　1 평소 사용하는 조사의 뉘앙스를 배움으로써 알게 된다.

　2 조사는 평소 사용하는 것이기 때문에 일부러 공부할 필요는 없다.

　3 '문법'은 부담이 되기 때문에 일부러 가르치거나 할 필요는 없다.

　4 '문법'의 의미를 배우게 되는 것은 고마운 일이다.

정답 1

해설 이 문제는 필자가 말하고 싶은 것을 묻는 문제로 필자는 앞에서 세 번째 문장「だが、取り上げているうちに、その自然に使っていた助詞が微妙にいろいろな意味を持っているのだと気づかされたり (하지만 문제 삼고 있는 사이에 그 자연스럽게 사용하고 있었던 조사가 미묘하게 여러 의미를 가지고 있는 것이다 라고 알게 되거나)」과 마지막 문장「そういうのが負担になってしまい、文法は苦手だ、となるのだろうか (문법을 배우려고 하다가 그러한 것이 부담이 되고 말아서 문법은 접근하기 힘들어지는 걸까?)」에서 필자는 배움으로써 조사의 뉘앙스를 알 수 있다는 것을 말하고 싶은 것을 알 수 있다. 이처럼 필자가 하고 싶은 이야기는 글을 쓴 목적임을 이해하고 마지막 문장에 쓰는 경우가 많다는 것을 알고 있으면 정답을 찾는데 도움이 되겠다.

문제 9　다음 글을 읽고 질문에 대한 답으로써, 가장 적당한 것을 1·2·3·4에서 하나 고르시오.

(1)

젊을 때는 많은 사람이 그러하듯이 ①이러한 일에 깊이 주의할 필요도 없었고 자진해서 다른 가르침을 청할 만큼의 사려도 가지지 않았다. 소년 시절에 찾아오는 개개의 현실은 단지 현실로서 무관심하게 이것을 그냥 보내면서 시간이 지나 이것을 반성할 기회를 얻으면 비로소 그 무관심을 후회하거나 또는 그 후의 경험과 분별에 의해서 얻은 판단을 이미 그 당시부터 가지고 있었던 것 같은 착각에 빠지는 한 사람의 일생에는 그와 같은 예는 결코 적지 않다고 생각한다.

고마운 일은 아무리 고뇌로 가득 찬 것이어도 시간이 지남에 따라 사람은 그것에 익숙해지거나 그것을 잊거나 하는 습성을 가지고 있다. 무한한 고뇌라는 말은 있어도 실제로는 과연 어떠한가? 그렇게 수없이 많이 있다고는 생각되지 않는다. (중략)

평범한 이 도리를 그들은 이 내핍(궁핍) 생활에 의해서 체득하고 있다. 그 생활에 익숙해질 때까지는 힘들다. 몇 번 반복해도 학기 초의 며칠 간은 참으로 지옥이다. 그러나 이것을 참고 이것을 극복해 내면 머지않아 학교생활이 괴로운 것만이 아닌 것을 안다. 풍족한 가정 생활에서는 생각지도 못한 유쾌함이 반드시 거기에 기다리고 있다는 것을 깨닫고, ②버터는 토스트의 양면에 바르지 않는다, 한 쪽만을 보고 버리고 마는 것은 어리석다는 것을 아는 것이다. 인내의 정신이 거기에서 만들어지고 소년들 자신은 몇 번인가 반복된 경험을 토대로 비록 무의식일지라도 인간이 가지는 적응성을 신뢰하여 정면에서부터 현실과 맞서 가는 용기가 생기는 것이다.

(이케다 키요시 『자유와 규율』)

어휘 若い^{わか} 젊다 ┃ 事柄^{ことがら} 일, 사항 ┃ 深い^{ふか} 깊다 ┃ 注意^{ちゅうい} 주의 ┃ 進^{すす}んで 자진해서 ┃ 教^{おし}えを乞^こう 가르침을 구하다 ┃ 思慮^{しりょ} 사려 ┃ 少年^{しょうねん} 소년 ┃ 生活^{せいかつ} 생활 ┃ 訪^{おとず}れる 찾아가다 ┃ 個々^{ここ} 개개 ┃ 現実^{げんじつ} 현실 ┃ 無関心^{むかんしん} 무관심 ┃ 見送^{みおく}る 배웅하다 ┃ 時^{とき}を経^へる 세월이 지나다 ┃ 反省^{はんせい} 반성 ┃ 機会^{きかい}を得^える 기회를 얻다 ┃ 初^{はじ}めて 처음 ┃ 無関心^{むかんしん} 무관심 ┃ 悔^くやむ 후회하다 ┃ 経験^{けいけん} 경험 ┃ 分別^{ふんべつ} 분별 ┃ 判断^{はんだん} 판단 ┃ すでに 이미 ┃ 当時^{とうじ} 당시 ┃ 持^もち合^あわせる 마침 필요한 것을 가지고 있다 ┃ 錯覚^{さっかく}に陥^{おちい}る 착각에 빠지다 ┃ 一生^{いっしょう} 평생 ┃ 決^{けっ}して 결코 ┃ 少^{すく}ない 적다 ┃ 有難^{ありがた}い 고맙다 ┃ いかに 아무리 ┃ 苦悩^{くのう} 고뇌 ┃ 満^みちる 가득 차다 ┃ 経^たつ (시간이) 경과하다 ┃ 馴^なれる 익숙해지다 ┃ 習性^{しゅうせい} 습성 ┃ 無限^{むげん} 무한 ┃ 実際^{じっさい} 실제 ┃ 果^はして 과연 ┃ いかなる 어떠한 ┃ 数多^{かずおお}い 수 없다 ┃ 平凡^{へいぼん} 평범 ┃ 道理^{どうり} 도리 ┃ 彼等^{かれら} 그들 ┃ 耐乏生活^{たいぼうせいかつ} 내핍(궁핍) 생활 ┃ 体得^{たいとく} 체득 ┃ 辛^{つら}い 힘들다 ┃ 幾度^{いくど} 몇 번 ┃ 繰^くり返^{かえ}す 반복하다 ┃ 学期初^{がっきはじ}め 학기초 ┃ 数日^{すうじつ} 수 일 ┃ 正^{まさ}に 틀림없이 ┃ 地獄^{じごく} 지옥 ┃ 堪^たえる 견디다 ┃ 忍^{しの}ぶ 견디다 ┃ やがて 이윽고 ┃ 苦^{くる}しみ 괴로움 ┃ ～のみ ～만 ┃ 判^{わか}る 알다 ┃ 豊^{ゆた}か 풍부함 ┃ 思^{おも}いもよらない 생각지도 않다 ┃ 愉快^{ゆかい} 유쾌 ┃ 必^{かなら}ず 반드시 ┃ 悟^{さと}る 깨닫다 ┃ 両面^{りょうめん} 양면 ┃ 塗^ぬる 칠하다 ┃ 一面^{いちめん} 한쪽 면 ┃ 捨^すてる 버리다 ┃ 愚^{おろ} 어리석음 ┃ 精神^{せいしん} 정신 ┃ 生^うまれる 생기다 ┃ たとえ 비록 ┃ 無意識^{むいしき} 무의식 ┃ 適応性^{てきおうせい} 적응성 ┃ 信頼^{しんらい} 신뢰 ┃ 正面^{しょうめん} 정면 ┃ 取^とり組^くむ 몰두하다 ┃ 勇気^{ゆうき}が起^{おこ}る 용기가 생기다

---

50 ① 이와 같은 사항이라고 있지만, 어떠한 것인가?
  1 내핍(궁핍) 생활
  2 학기 초의 며칠 간
  3 풍족한 가정생활
  4 무한한 고뇌

정답 1

해설 이 문제는 지시어가 가리키는 것을 찾는 문제이다. 본문은 먼저 지시어를 제시하고 지시어가 가리키는 것을 뒤 문장에 써 내려간 문장으로 필자는 첫 단락과 두 번째 단락의 내용을 세 번째 단락 첫 줄「平凡なこの道理を、彼等はその耐乏生活によって体得している (평범한 이 도리를 그들은 이 내핍(궁핍)생활에 의해서 체득하고 있다)」에서 이와 같은 일이 가리키는 것이 내핍(궁핍) 생활을 말하고 있는 것을 알 수 있겠다. 참고로, 여기에서 내핍(궁핍) 생활이란 어려운 일을 참고 견디는 생활을 말한다.

---

51 ② 버터는 토스트의 양면에 바르지 않는다, 한 쪽만을 보고 버리고 마는 것은 어리석다고 하는데, 필자는 이 말로 무엇을 말하고 싶은 건가?
  1 토스트에 버터가 발라져 있어도 반대쪽을 확인하고 나서 어떻게 할까 판단함이 마땅하다.
  2 학교에서의 내핍(궁핍) 생활은 힘든 것이지만 거기에는 반드시 유쾌함이 있기 때문에 참고 이겨냄이 마땅하다.
  3 인간은 시간이 지나면 어떤 일이라도 익숙해지거나 잊거나 할 수 있기 때문에 괴로워해서는 안 된다.
  4 어떤 일이라도 한 쪽 면만을 판단하는 것이 아니고 다른 면을 보려고 함이 마땅하다.

정답 4

해설 세 번째 단락 두 번째 줄「しかしこれに堪え、これを忍べば、やがて学校生活が苦しみのみではないことが判る。豊かな家庭生活では思いもよらない愉快が必ずそこに待っていることを悟るし (그러나 이것을 참고 이것을 극복해 내면 머지않아 학교생활이 괴로운 것만이 아닌 것을 안다)」에서 필자는 지금의 상황만을 보고 판단하지 말고 참고 견디다 보면 반드시 좋은 일이 온다는 것을 말하고 싶은 것을 알 수 있다.

---

52 필자가 이 문장을 통해서 제일 말하고 싶은 것은 무언인가?
  1 인간은 풍부한 경험으로부터 다면적으로 매사를 보는 방법을 체득할 수 있다.
  2 젊었을 때의 힘든 경험은 나이를 먹으면 누구든지 반드시 반성할 수 있다.
  3 참고 이겨내는 경험으로부터 인생에 있어서 필요한 것을 체득할 수 있다.
  4 어떤 일도 참음으로써 적응성을 몸에 익힐 수가 있다.

정답 3

해설 이 문제는 필자가 하고 싶은 말을 찾는 문제이다. 다시 말해서 글을 쓴 목적을 찾는 문제이다. 글을 쓴 목적은 본문의 내용을 그대로 적은 선택지보다는 무언가 계몽적인 메시지가 전해지는 내용이어야 한다는 것에 유의하기 바란다. 필자는 세 번째 단락 마지막 문장 「忍耐の精神がそこに生まれ、少年達自身は幾度か繰り返された経験をもとに、たとえ無意識であるにせよ、人間のもつ適応性を信頼して、正面から現実と取り組んでゆく勇気が起るのである (인내의 정신이 거기에서 만들어지고 소년들 자신은 몇 번인가 반복된 경험을 토대로 비록 무의식일지라도 인간이 가지는 적응성을 신뢰하여 정면에서부터 현실과 맞서 가는 용기가 생기는 것이다)」에서 참고 이겨내는 경험으로부터 인생에 있어서 필요한 것을 체득할 수 있다는 것을 말하고 싶은 것을 알 수 있다.

(2)

나에게도 아이가 둘 있습니다. 하지만, 후에 ①아이를 무시할 마음은 없었는데, 무시한 것처럼 되어버린 경우가 있었습니다. 어렸을 때 공원인가 어딘가로 데려가 놀게 했을 때의 일입니다. 둘이서 즐거운 듯이 미끄럼틀이나 모래밭에서 꽤 재미있게 놀고 있길래, 나는 ②괜찮겠다 싶어서, 주머니에서 책을 꺼내 읽으며 가끔씩 아이들 쪽을 바라보곤 했습니다(웃음). 그러한 것을 나중에 아이들이 청소년기가 되었을 무렵, 아버지는 아이들을 잘 놀게 해준 것처럼 말하지만, 우리들끼리만 놀았던 것이다. 아버지는 책을 읽거나 엉뚱한 생각을 하면서 벤치에 앉아있기만 하지 않았느냐는 말을 듣고 앗! 하고 생각했어요. (중략)
③그런 것을 꿈에도 생각하지 못했기 때문에, 맞다, 그랬었다고 생각하니 충격이었어요. 분명 괜찮겠지 싶어 마음대로 책을 읽거나 했습니다만, 딸들은 그것을 정확히 보고 있었고, 어쩌면 속으로는 재미없어서, 아버지도 함께 몸을 움직여 놀아줬으면 하는 마음이 있었던 건가 하고 생각했습니다만, 대체로 곁에서 노는 모습을 보고 있던 것만으로는 그렇게는 생각할 수 없었던 것이지요.
(요시모토 타카아키 『아이는 모~두 알고 있다』 비평사)

(주1) 青春期 : 15~22살 경
(주2) オヤジ : 아버지

어휘 後年(こうねん) 후년, 후일 | バカにする 무시하다 | 愉快(ゆかい) 유쾌 | 滑り台(すべりだい) 미끄럼틀 | 砂場(すなば) 모래밭 | あらぬこと 엉뚱한 일, 터무니 없는 일 | 夢(ゆめ)にも思(おも)ってみなかった 꿈에도 생각 못했다 | もしかすると 어쩌면 | 内心(ないしん) 내심, 속마음

53 ①아이를 무시할 마음은 없었는데, 무시한 것처럼 되어 버린 것은 왜인가?
1 아이는 재미없다고 생각하는데, 공원에만 데리고 갔기 때문에
2 아이가 청소년기가 됐을 때, 아이의 진심을 가볍게 다루었기 때문에
3 아이가 느끼고 있는 것에 생각이 미치지 못했기 때문에
4 아이를 자유롭게 놀게 하지 않고, 언제나 가까이 앉아서 쭉 보고 있었기 때문에

정답 3

해설 밑줄 친 부분과 관련된 내용을 파악하는 문제로, 밑줄에 관련된 이유나 내용 파악 문제의 해결 포인트는, 정답의 힌트가 밑줄과 멀리 있는 경우는 드물다는 것이다. 대부분의 경우 밑줄 전후를 읽으면 정답을 찾을 수 있지만 이번 문제는 밑줄이 있는 단락 전체의 내용을 파악해야만 한다.
정답은 필자가 느낀 감정과 아이들이 느낀 감정의 차이를 설명한 부분을 찾으면 된다. 필자는 아이들이 즐겁게 놀고 있다고 생각한 반면, 아이들은 '아버지는 아이들을 잘 놀게 해준 것처럼 말하지만, 우리들끼리만 놀았던 것이다. 아버지는 책을 읽거나 엉뚱한 생각을 하면서 벤치에 앉아있기만 하지 않았는가'라는 부분에서 알 수 있듯이 정답은 3번이 된다.

54 ②괜찮겠다 싶어서라고 했는데, 왜 괜찮겠다고 했는가?
1 아이들이 놀고 있는 사이에 책을 읽을 수 있기 때문에
2 아이들과 함께 공원에서 노는 것을 좋아하기 때문에
3 아이들에게 좋은 아버지라고 생각되고 있기 때문에
4 아이들이 즐겁게 놀고 있다고 생각했기 때문에

정답 4

해설 이 문제 역시 밑줄에 관련된 내용을 파악하는 문제로, 밑줄 전후를 읽으면 쉽게 정답을 찾을 수 있다. 밑줄 바로 앞부분에 '둘이서 즐거운 듯이 미끄럼틀이나 모래밭에서 꽤 재미있게 놀고 있어서'라는 내용이 있기 때문에 정답은 4번이 된다.

---

55 ③그런 것이라고 했는데 어떤 것인가?

  1 아이들은 공원에서 놀고 싶다고는 생각하지 않았던 것
  2 아이들이 놀면서 아버지를 정확히 보고 있었던 것
  3 아이들이 공원에서의 아버지 태도를 불만스럽게 생각한 것
  4 아이들이 자신들끼리만 자유롭게 놀고 싶어 했던 것

정답 3

해설 지시어 관련 문제의 해결 포인트는 지시어가 가리키는 내용을 정확히 파악하는 것과 지시어가 가리키는 것은 대개 지시어의 앞 문장에 온다는 것이다. 이번 문제는 50번 문제를 풀었다면 자연스럽게 정답을 구할 수 있는 문제이다. 두 번째 단락에서도 '분명 괜찮겠지 싶어 마음대로 책을 읽거나 했지만, 딸들은 그것을 정확히 보고 있었고, 어쩌면 속으로는 재미없어서, 아버지도 함께 몸을 움직여 놀아줬으면 하는 마음이 있었는지 모르겠습니다'라고 다시 한번 아이들의 입장을 기술했으므로 정답은 3번이 된다.

---

(3)

결혼하지 않는 사람이 늘고 있다고 하는데, 얼마 전 어떤 조사에서 ①독신 남녀의 결혼관에 차이가 있다는 사실이 밝혀졌다. 예전에는 '남자는 밖에서 일하고 여자는 집을 지킨다'는 생각이 남녀 모두에게 주류였으나, 요즘 남성은 결혼 상대가 자신보다 연봉이 높아도 좋다, 여성도 어느 정도 돈을 벌었으면 좋겠다는 사람이 70%가 넘는다고 한다. 불황인 지금, 자신의 수입만으로 부인과 자녀를 부양할 자신은 없기에 여성도 벌기를 바라는 본심을 엿볼 수 있다.
한편 여성 쪽은 '자신이 일하지 않아도 가계를 꾸릴 수 있는 사람과 결혼하고 싶다'고 생각하는 사람이 대부분이었다. 여성의 사회 진출이 활발해진 지금도 고수입 남성과 결혼해서 출산 후에는 전업주부를 바라는 가치관은 아직도 지배적인 것 같다.
이와 같은 독신 남녀를 '제멋대로다'라고 비난하기는 쉬우나, 빈부 격차가 벌어지는 이른바 '격차사회'라는 현실에 직면하고 있는 그들로서는 ②어쩔 수 없는 일일 것이다. 경제적 불안을 떠안은 남녀가 결혼 상대한테 고수입을 기대하는 것은 무리도 아니다.
여기서 새로운 가능성을 엿볼 수 있는 것은 고수입 여성과 저수입 남성의 커플이다. 그러나 여기에도 조건이 있다. 여성은 '남성이 가족을 부양하는 것'이라는 기존 가치관을 버릴 것. 남성은 '가사일은 여성이'라고 말하지 않고 제대로 집안일을 해내는 능력을 갖추어야 한다. ③거기서부터는 분명 밝은 미래가 보이기 시작한다. 여하튼 남녀 양쪽이 서로 노력하지 않으면 지금 이상으로 독신 남녀가 세상에 넘쳐나게 될 것이다.

어휘 先日 얼마 전 | 独身 독신 | 男女 남녀 | 開きがある 거리가 있다. 괴리가 있다 | 一昔前 예전 | 主流 주류 | 年収 연봉 | 女性 여성 | 稼ぐ (돈이나 시간을) 벌다 | 7割 70퍼센트 | 超える 넘다 | 不況 불황 | 妻子 처자식 | 養う 부양하다. 양육하다 | 自信 자신감 | 本音 본심 | 一方 한편 | 家計 가계 | 進出 진출 | 高収入 고수입 | 出産 출산 | 専業主婦 전업주부 | 価値観 가치관 | 支配的 지배적 | 非難 비난 | 貧富 빈부 | 格差 격차 | 現実 현실 | 直面 직면 | 不安 불안 | 抱える 부담을 지다 | 期待 기대 | 無理もない 무리도 아니다 | 新たな 새로운 | 可能性 가능성 | カップル 커플 | 条件 조건 | 従来 기존 | 家事 가사 | 未来 미래 | 双方 양쪽, 쌍방 | 努力 노력 | あふれる 넘치다

---

56 ① 독신 남녀의 결혼관에 차이가 있다고 하는데, 무슨 뜻인가?

  1 여성의 사회진출이 활발해져서 남녀 간의 경제 격차가 넓어졌다는 뜻
  2 남성은 오래된 가치관을 여전히 가지고 있으나, 여성의 가치관이 변했다는 뜻
  3 남녀 모두 가치관이 오래된 사람과 새로운 사람의 차이가 넓어졌다는 뜻
  4 경제적인 면에서 남성은 여성을, 여성은 남성에 대해 기대하고 있다는 뜻

정답 4

해설 먼저 글의 맨 첫 부분에 남녀 간의 차이, 즉 '남성과 여성 간의 결혼관에 있어서 차이'가 있다고 했다. 이와 같이 앞에 비교를 나타내는 구문이 올 경우, 본문에서는 반드시 각각의 특징을 나타내는 설명이 나온다. 또한 문장의 흐름을 파악하기 위해서는 문장에서 사용되는 접속사를 살펴야 하는데, 세 번째 단락에서「一方(한편)」라는 '대비'를 나타내는 접속사가 사용된 점을 유의해야 한다.「A 一方 B」라고 할 경우, A에 해당하는 두 번째 단락에서는 남성에 대해 '최근 남성은 결혼 상대가 자신보다 연봉이 높아도 좋다, 여성도 어느 정도 돈을 벌기를 바라는 사람이 70%가 넘는다고 한다'는 특징을, B에 해당하는 세 번째 단락에서는 '자신이 일하지 않아도 가계를 꾸릴 수 있는 사람과 결혼하고 싶다고 생각하는 사람이 대부분'이라는 특징을 가진다고 설명한다. 그러므로 이는 모두 경제적인 특징을 제시하고 있으므로 정답은 4번이다.

57 ② 어쩔 수 없는 일일 것이라고 필자가 생각하는 이유는 무엇인가?
　　1 경제적 자신감이 없는 사람이 상대방을 의지하는 것은 당연하기 때문에
　　2 격차사회에서는 젊은이가 제멋대로 되는 것은 당연하기 때문에
　　3 경제적인 격차가 진척되어 빈곤층이 늘어나는 것은 당연하기 때문에
　　4 독신인 남녀가 주관적이고 제멋대로인 것은 당연하기 때문에

정답 1

해설 무엇이 '어쩔 수 없는 것인가'를 찾아야 한다. 앞 문제에서 살펴본 바와 같이 두 번째 단락에서 남성은 결혼 상대가 자신보다 연봉이 높아도 좋으며, 결혼 후에도 직업이 있기를 바라고, 이에 반해 세 번째 단락에서 여성은 결혼 후에는 전업주부를 원한다는 의견이 대부분이었다고 한다. 바로 이 점이 '어쩔 수 없는 일'이라고 할 수 있을 것이다. 즉, 여기에서는 경제적인 측면에서 상대방에게 의지하고 싶어하는 서로의 의견을 나타내고 있으므로 답은 1번이다.

58 ③ 거기서부터는 분명 밝은 미래가 보이기 시작한다고 하는데, 필자의 생각에 가까운 것은 무엇인가?
　　1 결혼하지 않는 남녀가 늘어나면 격차사회 문제는 해결될 수 있을 것이다.
　　2 여성이 남성을 부양할 수 있으면 경제적 불안은 사라질 것이다.
　　3 남성이 가사 능력을 갖추면 저출산이나 만혼이 해결될 수 있을 것이다.
　　4 남녀가 서로 오래된 가치관을 버리면 새로운 부부가 늘어날 것이다.

정답 4

해설 해당 단락에서 여성은 '남성이 가족을 부양해야 한다'라는 기존 가치관을, 그리고 남성은 '가사는 여성만 해야 한다'라는 기존 가치관을 버려야 한다는 점을 주장한다. 이렇게 함으로써 밝은 미래가 보여오기 시작한다는 내용이므로 정답은 4번이다.

문제 10 **다음 글을 읽고 질문에 대한 답으로써, 가장 적당한 것을 1 · 2 · 3 · 4에서 하나 고르시오.**

올해도 크리스마스의 계절이 찾아왔는데, 현재와 같은 밝은 모습의 산타클로스의 이미지를 만들어낸 것은 20세기의 미국이었다는 것을 아는가?
무상의 선물을 전해주는 산타클로스와 이윤을 추구하는 자본주의의 성지 미국. 생각해 보면 기묘한 조합이지만, 콘마 토오루 씨는 '①산타클로스는 시장경제와 합리주의에 푹 빠져 있는 어른들에게야말로 필요하게 되었다'라고 말한다.
무슨 말일까?
시장경제 속에서 사용되는 돈은 언제든 누구하고라도, 가치가 다른 물건을 교환할 수 있는 편리한 도구이다. 하지만 한편으로, 돈은 물건을 교환한 그 자리에서 서로의 관계를 깔끔히 단절시키고, 그 후엔 모든 것이 시장에 맡겨진다. 그때까지 사람들의 생활은 물물교환에 의해 성립되었지만, ②시장경제의 등장과 함께 전통적인 공동체가 서서히 해체되어, 사람들은 선물을 통해 서로 느끼는 따뜻함에서 멀어져 버렸다.
'본래 선물은 무언가를 보내면 반드시 자신에게 돌아오는 것이었기 때문에, 보낸다는 것은 기다리는 것이기도 했던 것입니다. 자본

주의 세계에 푹 빠져버린 우리들은 자신 이외의 누군가에게 감사하는 마음이나 자신의 마음을 살펴보는 일을 희박하게 만듦과 동시에 ③기다림이라는 마음속에 있었던 즐거움이나 기쁨도 잃어버린 것인지도 모릅니다. 또, 시장경제는 타인과 사회에 대해 무관심하게 있을 수 있는 ④애퍼시(apathy:무기력, 무감동)도 낳았다'고 콘마 씨는 말한다.

예를 들면, 자본주의 세계에서는 돈벌이를 위해 어느 한 나라의 GDP에 필적하는 돈을 움직이는 부호가 출현하는 한편, 몇 십만 명의 사람이 굶주림에 괴로워하거나 전쟁으로 아무 죄 없는 사람들이 살해당해도, 아무런 감정도 보이지 않는 일이 발생한다. 또한, 큰 부자의 부주의한 기부 등도 새로운 애퍼시를 낳는다고 콘마 씨는 말한다.

'예를 들면, 아프리카 등에 거액의 기부를 하면, 받는 쪽은 머지않아 받는 것이 당연하다고 여깁니다. 즉, 자립을 도외시한 기부나 원조가 타인이나 사회에 대해 감사를 느끼지 않는 새로운 애퍼시를 낳고, 연쇄되어가는 것입니다.'

그러한 시장경제가 진전되고, 애퍼시가 연쇄되는 가운데 서로 간의 얼어붙은 관계를 견디지 못한 성인들이 주고받는 일의 기쁨을 서로 확인하는 특별한 것으로서 크리스마스를 찾았다는 것이다.

(선물을 하고 나서야 비로소, 사람은 인간이 됐다―문화 인류학자 콘마 토오루 씨와 생각하는 선물의 비밀

『THE BIG ISSUE JAPAN 108』 빅이슈 일본)

(주1) 取り合わせ : 조합   (주4) 窺い見る : 일부를 보고 전체 모습을 생각하는 것
(주2) ツール : 도구   (주5) 度外視 : 전혀 생각하지 않은 것
(주3) 委ねる : 맡기다

어휘 陽気 밝고 쾌활한 모양 | ご存じ 알고 계심 | 無償 무상 | 利潤 이윤 | 追求する 추구하다 | 資本主義 자본주의 | 聖地 성지 | 市場経済 시장경제 | 合理主義 합리주의 | どっぷり 물을 듬뿍 머금은 모양 | 漬かる 잠기다, 담그다 | 交換する 교환하다 | きれいさっぱり 깔끔히, 깨끗이 | 切断する 단절하다 | 贈る (선물을) 보내다 | 贈与交換 증여 교환 | 登場 등장 | ~とともに ~와 함께 | 伝統的 전통적 | 共同体 공동체 | 徐々に 서서히 | 解体する 해체하다 | ふれあう 스치다, 서로 통하다 | 温かみ 따스함 | 遠ざかる 멀어지다 | 感謝する 감사하다 | 希薄 희박함 | 生み出す 낳다, 새로 만들어내다 | お金儲け 돈벌이 | 匹敵する 필적하다 | 富豪 부호 | 飢え 굶주림 | 罪 죄 | 不用意 부주의 | 寄付 기부 | 自立 자립 | 援助 원조 | 連鎖 연쇄 | 凍てつく 얼어붙다 | 耐え切れない 견디지 못하다 | 確かめ合う 서로 확인하다

---

59 ①산타클로스는 시장경제와 합리주의에 푹 빠져있는 어른들에게야 말로, 필요하게 되었다라고 했는데, 무슨 의미인가?

1 사람들에게 있어서 감사의 마음을 나타내는 선물의 상징적인 존재로서의 산타클로스가 필요했다.
2 사람들에게 있어서 물건을 보내면 반드시 돌아오는 전통적인 사회를 떠올리게 하는 산타클로스가 필요했다.
3 사람들에게 있어서 소비를 늘리고, 시장에 대한 커다란 경제효과를 기대할 수 있는 크리스마스가 필요했다.
4 사람들에게 있어서 물건을 교환할 때에 사람과 통하는 따뜻함을 느낄 수 있는 크리스마스가 필요했다.

정답 4

해설 밑줄에 관련된 내용을 파악하는 문제로, 다음에 나오는 단락의 내용 이해가 문제풀이 포인트이다. 세 번째 단락에서 '무슨 말일까?'라고 밑줄의 내용을 묻고, 네 번째 단락에서 '시장경제의 등장과 함께, 전통적인 공동체가 서서히 해체되어 사람들은 선물을 통해 서로 느끼는 따뜻함에서 멀어져 버렸다'라고 답했으므로 정답은 4번이 된다.

---

60 ②시장경제의 등장과 함께, 전통적인 공동체가 서서히 해체된 것은 왜인가?

1 돈을 사용함으로써 타인과의 관계를 맺지 않아도 됐기 때문에
2 다른 사람에게서 받는 것이 당연해 감사하는 마음이 사라졌기 때문에
3 크리스마스에만 서로 간에 선물을 주고받게 됐기 때문에
4 전쟁으로 많은 사람이 죽어도 전혀 관심이 없는 사람이 늘었기 때문에

정답 1

해설 밑줄에 관련된 이유를 묻는 문제로, 전통적인 공동체가 해체되기 시작한 이유는 '돈은 물건을 교환한 그 자리에서 서로의

관계를 깔끔히 단절시키고, 그 후엔 모든 것이 시장에 맡겨진다'라는 문장에서 알 수 있다. 따라서 정답은 1번이다.

61 ③기다림이라는 마음속에 있던 즐거움이나 기쁨도 잃어버린 것은 왜인가?

　　1 어른에게는 산타클로스가 오지 않게 됐기 때문에
　　2 물건을 주고받는 대신에 돈으로 해결할 수 있게 됐기 때문에
　　3 선물을 받아도 감사의 표시를 하지 않는 사람이 적어졌기 때문에
　　4 부자와 가난한 사람과의 격차가 커졌기 때문에

정답 2

해설 밑줄 친 부분의 이유를 묻는 문제로, '기다림이라는 마음속의 즐거움이나 기쁨도 잃어버린 것'을 달리 말하면 '선물을 통해서 서로 느끼는 따뜻함에서 멀어져 버렸다'라는 의미로, 그렇게 된 이유는 결국 돈이 모든 것을 해결하는 자본주의 세계에 푹 빠져있기 때문이다. 따라서 정답은 2번이다.

62 ④애퍼시에 해당하는 심리는 어느 것인가?

　　1 거액의 기부를 받아도, 타인에 대해 감사를 느끼지 않는 심리
　　2 거액의 기부를 받지 않으면, 사회에 대해 감사를 느끼지 않는 심리
　　3 타인에 대해 감사를 느끼지 않고 있어도, 거액의 기부를 하는 심리
　　4 사회에 대해 감사를 느끼고 있는데, 전혀 기부를 하지 않는 심리

정답 1

해설 '애퍼시(무기력, 무감동)'라는 단어의 의미를 묻는 문제로, 바로 다음 단락에서 '몇 십만 명의 사람이 굶주림에 괴로워하거나 전쟁으로 아무 죄도 없는 사람들이 살해당해도, 아무런 감정도 보이지 않는 일이 발생한다'고 하고 있고, 그 다음 단락에서도 '타인이나 사회에 대해 감사를 느끼지 않는 새로운 애퍼시를 낳고, 연쇄되어가는 것입니다'라고 애퍼시에 대해 설명하고 있다. 따라서 정답은 1번이다.

문제 11 다음 A와 B의 글을 읽고, 다음 물음에 대한 답으로서 가장 적당한 것을 1·2·3·4에서 하나 고르시오.

A
지휘자의 존재는 나에게 있어서 불가사의한 것이었다.
오케스트라에서의 모든 소리를 컨트롤하는 것은 불가능하다. 동시에 완성된 하모니의 어디까지가 지휘자가 다한 역할인가를 증명하는 것도 어렵다.
그러나 같은 오케스트라 혹은 곡이라도 지휘자에 의해서 연주가 드라마틱 해지기도 하지만 미숙해지기도 한다. 소리도 색도 변한다. 명 연주라고 불리는 것이 지휘자에 의해서 성립되고 있는 것은 확실하다. (중략)
최고의 지휘자는 지휘봉을 흔들지 않는다. 단지 거기에 있는 것만으로 감화 작용이 있는 것이다. 하모니의 한 분자로서 연주하고 있는 음악가들의 중심에 서서 그들을 감화시키면서 음악가 자신에 의한 자발적인 표현을 촉구하는 존재. 그것이 지휘자라고 한다.

B
결국 지휘자가 있는 민족 음악 등은 존재하지 않는다. 아프리카와 아시아 혹은 중남미의 음악도 마찬가지이다. 거기에는 지휘자가 없는 풍경이 지금도 오래도록 널리 이어지고 있다. 지휘자가 있는 록 음악이 존재하지 않는 것도 일부러 지적할 필요도 없을 것이다. 이 사실은 즉 이러한 음악의 연주 형태가 클래식 음악에서와 같은 계급 제도를 가지지 않은 것을 무엇보다도 잘 이야기해주고 있다. (중략) 지휘자와 같이 전혀 소리를 내지 않고 연주에 참여하지 않고, 그러면서도 비트와 리듬을 결정하고 또한 음악의 구석구석에 걸쳐 그(녀)의 음악적인 해석을 연주가에게 지시하는 이런 특이한 존재는 없다. 그리고 혹시 오케스트라의 지휘자가 되고 싶다고 생각하는 동기는 회사 사장님이 되고 싶다는 동기와 아무런 차이가 없는 것일지도 모른다. 그것은 즉 제국주의적인 의미에서 권력 장악에 대한 야심이라고나 할까?

(모리모토 유키마사 『서양음악론　클래식에서 광기를 들어라』)

어휘 指揮者 지휘자 | 存在 존재 | 謎 수수께끼 | オーケストラ 오케스트라 | における ~에서의 | すべて 모두 | コントロールする 조절하다 | 不可能 불가능 | 完成 완성 | ハーモニー 하모니(조화) | 果たす 달성하다 | 役割 역할 | 証明 증명 | 同じ 같음 | あるいは 혹은 | 曲 곡 | 演奏 연주 | ドラマティック 드라마틱(극적) | 初々しい 앳되다 | 名演奏 명 연주 | 呼ぶ 부르다 | 成立 성립 | 確か 확실함 | 究極 궁극(적) | 棒を振る 막대를 흔들다 | 感化作用 감화 작용 | 一分子 한 분자 | 中心に立つ 중심에 서다 | 自発的 자발적 | 表現 표현 | 促す 촉구하다 | 詰まる 막히다, 꽉 차다 | 民族音楽 민족음악 | 或いは 혹은 | 中南米 중남미 | 同様 같은 모양 | 風景 풍경 | 未だ 아직도 | 延々と 끝없이 | 広々と 널찍함 | 続く 계속되다 | ロック 락 | わざわざ 일부러 | 指摘 지적 | 事実 사실 | 即ち 다시 말하면 | 形態 형태 | クラシック 클래식 | 階級制 계급제 | 雄弁 웅변 | 物語る 이야기하다 | 全く 전혀, 완전히 | 加わる 더해지다 | ビート 비트(박자) | リズム 리듬(율동) | 決定 결정 | かつ 또한 | 隅々 구석구석 | 解釈 해석 | 指示 지시 | 特異 특이함 | 動機 동기 | つまり 즉 | 帝国主義的 제국주의적 | 意味合い 연유, 내용 | 権力掌握 권력 장악 | 野心 야심

---

63 A와 B의 인식에서 공통되고 있는 것은 무엇인가?

1 지휘자는 다른 멤버보다도 훌륭하다.
2 지휘자의 존재가 연주를 좌우한다.
3 음악에는 지휘자는 필요하다.
4 음악에 지휘자는 필요 없다.

정답 **2**

해설 A지문에서는 두 번째 단락 「しかし、同じオーケストラあるいは曲でも、指揮者によって演奏がドラマティックにもなれば、初々しくもなる (그러나 같은 오케스트라 혹은 곡이라도 지휘자에 의해서 연주가 드라마틱해지기도 하지만 미숙해지기도 한다)」 B지문에서는 위에서 네 번째 문장「指揮者の様に、全く音を出さず、演奏に加わらず、それでいてビートとリズムを決定し、かつ音楽の隅々にわたって、彼(女)の音楽的解釈を演奏家に指示する、こんな特異な存在は他にない (지휘자와 같이 전혀 소리를 내지 않고 연주에 참여하지 않고 그러면서도 비트와 리듬을 결정하고 또한 음악의 구석구석에 걸쳐 그(녀)의 음악적인 해석을 연주가에게 지시하는 이런 특이한 존재는 없다)」에서 공통적으로 지휘자의 존재가 연주를 좌우한다고 이야기하고 있는 것을 알 수 있다.

---

64 A와 B의 두 개의 문장을 아래와 같이 정리할 경우 ①과 ②에 들어갈 조합으로써 적절한 것은 어느 것인가?

'A의 필자는 ( )라고 생각하고 B의 필자는 ( )라고 생각하고 있다.'

1 ① 지휘자는 연주의 중심에 서 있는 것만으로 좋다.
　② 지휘자는 연주자에게 지시하지 않으면 안 된다.

2 ① 지휘자는 연주자의 일부이다.
　② 지휘자는 실제로 연주를 하고 있다.

3 ① 지휘자는 연주에 큰 영향을 준다.
　② 지휘자는 결코 특이한 존재라고는 말할 수 없다.

4 ① 지휘자는 연주자의 자발적 표현을 촉구한다.
　② 지휘자는 연주자에게 자신의 해석을 부여한다.

정답 **4**

해설 A지문의 경우는 마지막 단락 「彼らを感化しながらも音楽家自身による自発的な表現を促す存在 (그들을 감화시키면서 음악가 자신에 의한 자발적인 표현을 촉구하는 존재)」에서 필자의 생각을 이야기 하고 있고 B지문에서는 위에서 다섯 번째 문장 「音楽の隅々にわたって、彼(女)の音楽的解釈を演奏家に指示する、こんな特異な存在 (음악의 구석구석에 걸쳐 그(녀)의 음악적인 해석을 연주가에게 지시하는 이런 특이한 존재)」에서 지휘자는 연주자에게 자신의 해석을 부여하고 있는 것을 알 수 있다.

문제 12 다음 글을 읽고, 질문에 대한 답으로서 가장 적당한 것을 1·2·3·4에서 하나 고르시오.

치바 현의 현립 고등학교가 입학식 당일에 납부해야하는 입학금 등을 지참하지 않은 남녀학생 2명을 입학식에 참가시키지 않았다. 2명의 보호자는 늦게 전액 혹은 일부를 납부하여 2명은 입학을 인정받았지만, 입학식에는 참석할 수 없었다.

문제의 측면은 두 가지다. 하나는 가장 근본적으로 보호자 책임인 문제를 가지고 학교 측이 아이를 입학식이나 다른 신입생들로부터 격리시키는 듯한 조치를 취한 것. 다른 하나는 이번뿐만 아니라, 예를 들어 의무교육 단계에서도 전국적으로 볼 수 있는 급식비 미납과 일맥상통하는 문제이다. 즉, 규칙을 무시하는 풍조이다.

학교는 3월 설명회에서 입학 예정자의 보호자들에게 전액 납부가 어려운 경우는 분납이 가능하고, 사전에 상담하도록 알렸다.

한편, 입학식 참가를 거부당한 남학생의 부모는 '나중에 지불하겠다'고 전화로 답했지만, 학교 측은 '체납의 가능성이 있다'며 입학식 참가를 인정하지 않고, 납부금 전액이 전해졌을 때는 식은 끝나 있었다. 여학생의 경우는 보호자 상담에서 사전에 분납을 인정받았지만, 그 납부금이 없었기 때문에 입학식 참가를 인정하지 않았다. 돈은 저녁에 전해졌다고 한다.

이번 판단에 대해 학교장은 '수업료 체납이 눈에 띄게 늘어, 미납은 나중에 돌아올 부담이라고 생각했다. 괴로운 결단이었지만, 당연한 판단이었다고 생각한다'라고 설명했다.

이미 학교에 수업료 체납이 있는 상황에서 신입생 보호자가 '나중에'라고 말을 해도 '이것도 역시 미납인가'라고 의심해서, 단호한 태도로 규칙 엄수를 요구하는 것은 일리가 있다. 단지, 그것은 우선 보호자에게 요청해야 하는 것이고, 설명회에서 통보했다 하더라도 한 번밖에 없는 입학식 전에 아이에게 '족쇄'를 채우는 듯한 조치는 잘못이다. 이 일에 관해서 아이에게는 아무 죄도 없다.

하지만, 그 잘못을 비판하는 것만으로는 이번 문제를 교훈으로써 살릴 수는 없을 것이다.

최근 전국의 급식비 미납문제 등, 납부하지 못할 정당한 이유가 없는데도 '빛 떼먹기'와 다름없이 지불을 거부하거나, 학교에 함부로 하는 보호자의 문제가 널리 지적되고 있다. 나아가서는 '몬스터 페어런트(문제 학부형)'도 교원을 힘들게 한다. 한편으로 소득이나 지역격차로 경제적으로 저해된 가정이 늘어, 교육비를 끝까지 짊어지지 못한다는 예도 자주 지적받게 되었다.

각 학교가 모두 개별적으로 문제를 떠안고 해결을 도모하는 데는 한계가 있다. 예를 들면, 일정 범위의 지역, 교육위원회 등의 관내 등에서 각 공적 기관이 연계해 사태의 파악이나 이용하기 쉬운 상담창구 설치, 부당한 미지급에 대한 신속 적절한 조치 등을 할 수 있도록 하면 어떨까?

학교도, 보호자와 아이도 고립되면 자칫 극단적인 방법을 선택할 지도 모른다.

아이를 일시적이지만, 갈라놓은 이번 경우는 그것을 시사하고 있다.

(주1) モンスターペアレント : 학교에 대해 자기중심적인 요구를 반복하는 보호자. 최근 사회문제화 되고 있다.
(주2) えてして : 그렇게 될 경향이 강한 것

어휘 県立高校(けんりつこうこう) 현립 고등학교 | 納付(のうふ) 납부 | 定(さだ)める 정하다 | 持参(じさん)する 지참하다 | 保護者(ほごしゃ) 보호자 | 全額(ぜんがく) 전액 | あるいは 혹은 | 納(おさ)める 납부하다 | 側面(そくめん) 측면 | 第一義的(だいいちぎてき) 제일의, 가장 근본적인 | 責任(せきにん) 책임 | 隔離(かくり)する 격리하다 | 措置(そち)をとる 조치를 취하다 | ~に限(かぎ)らず ~뿐만 아니라 | 義務教育(ぎむきょういく) 의무교육 | 給食費(きゅうしょくひ) 급식비 | 未納(みのう) 미납 | 相通(あいつう)ずる 상통하다 | すなわち 즉 | 風潮(ふうちょう) 풍조 | 納入(のうにゅう) 납입 | 分納(ぶんのう) 분납 | 事前(じぜん)に 사전에 | 拒(こば)む 거부하다 | 滞納(たいのう) 체납 | あらかじめ 미리, 사전에 | 先送(さきおく)り 나중으로 미룸 | 苦渋(くじゅう)の決断(けつだん) 괴로운(힘든) 결단 | 既(すで)に 이미 | 毅然(きぜん)とした 의연한 | 厳守(げんしゅ) 엄수 | 一理(いちり)ある 일리 있다 | 働(はたら)きかける 요청하다. 손을 쓰다 | 通告(つうこく)する 통보하다 | 足止(あしど)め 못 가게 붙잡음 | 誤(あやま)り 잘못 | 非(ひ)がない 잘못이 없다 | 批判(ひはん)する 비판하다 | 教訓(きょうくん) 교훈 | 生(い)かす 살리다 | 踏(ふ)み倒(たお)す (대금, 빚을) 떼먹다 | 拒否(きょひ)する 거부하다 | 食(く)ってかかる 사납게 대들다 | 指摘(してき)する 지적하다 | 所得(しょとく) 소득 | 格差(かくさ) 격차 | 阻害(そがい) 저해 | 負(お)う 책임을 지다. 짊어지다 | 問題(もんだい)を抱(かか)える 문제를 떠안다 | 解決(かいけつ)を図(はか)る 해결을 도모하다 | 限界(げんかい) 한계 | 範囲(はんい) 범위 | 管内(かんない) 관내 | 公的機関(こうてききかん) 공적기관 | 連携(れんけい)する 연계하다 | 把握(はあく) 파악 | 不当(ふとう) 부당 | 不払(ふばら)い 미지급 | 迅速(じんそく) 신속 | 適正(てきせい) 적정 | 孤立(こりつ)する 고립되다 | 極端(きょくたん) 극단 | 選択(せんたく) 선택 | ~かねない ~일지도 모른다 | 引(ひ)き離(はな)す 떨어뜨리다, 갈라놓다 | 示唆(しさ)する 시사하다

65 2명은 입학을 인정받았지만, 입학식에는 참석할 수 없었던 것은 왜인가?
　1 이 학생들의 보호자에게 입학식 전에 수업료 미지급이 눈에 띄었기 때문에
　2 이 학생들의 보호자가 입학식까지 입학금 등을 전혀 지급하지 않았기 때문에

3 이 학생들의 보호자가 입학식까지 입학금 등을 일부밖에 지급하지 않았기 때문에
4 이 학생들의 보호자가 입학식 후에 입학금 등을 전액 지급한다고 했기 때문에

정답 2

해설 밑줄 친 부분의 이유를 묻는 문제로 앞부분에 '입학식 당일에 납부를 결정한 입학금 등을 지참하지 않았던 남녀학생 2명을 입학식에 참가시키지 않았다'라고 했으므로 정답은 2번이다.

66 이번 문제가 불거진 후 학교의 입장은 어느 것인가?
1 이 학생들의 보호자에게 잘못이 있고, 학교 측의 조치는 어쩔 수 없었다.
2 이 학생들의 보호자에게는 잘못이 없고, 학교 측의 조치는 지나쳤다.
3 이 학생들의 보호자에게도 잘못은 있으나, 학교 측의 조치는 지나쳤다.
4 이 학생들의 보호자에게는 잘못이 없으나, 학교 측의 조치도 어쩔 수 없었다.

정답 1

해설 학교의 입장을 서술한 부분을 찾으면 된다. 세 번째 단락에 '학교는 3월 설명회에서 입학 예정자의 보호자들에게 전액 납부가 어려운 경우는 분납이 가능하고, 사전에 상담하도록 알렸다'고 했는데도 학부모의 잘못으로 납부가 미루어진 점. 다섯 번째 단락에 '수업료 체납이 눈에 띄게 늘어, 미납은 나중에 돌아올 부담이라고 생각했다. 괴로운 결단이었지만, 당연한 판단이었다고 생각한다'라고 학교장이 말한 부분이 학교의 입장이므로 정답은 1번이다.

67 이번 문제에 대한 필자의 입장은 어느 것인가?
1 이 학생들의 보호자에게 잘못이 있고, 학교 측의 조치는 어쩔 수 없다.
2 이 학생들의 보호자에게는 잘못이 없고, 학교 측의 조치는 지나쳤다.
3 이 학생들의 보호자에게도 잘못은 있으나, 학교 측의 조치는 지나쳤다.
4 이 학생들의 보호자에게는 잘못이 없으나, 학교 측의 조치도 어쩔 수 없다.

정답 3

해설 이번 사태에 대한 필자의 생각은 두 번째 단락에 이번 문제의 2가지 측면에 대해 기술한 부분과 일곱 번째 단락의 '단지, 한번밖에 없는 입학식 전에 아이에게 '족쇄'를 채우는 듯한 조치는 잘못이다. 이 일에 관해서는 아이에게는 아무 죄도 없다'라는 부분을 종합해 보면 정답은 3번이다.

68 앞으로 이 문제를 교훈으로 삼기 위한 제안으로서, 글의 내용과 맞는 것은 어느 것인가?
1 가정의 경제적인 사정을 파악하기 위해 각 학교가 조사를 진행시켜야 한다.
2 보호자의 부당한 요구를 저지하기 위해 각 학교가 대책을 강구해야 한다.
3 학생에 대한 학교의 극단적인 조치를 막기 위해 각 기관이 감독해야 한다.
4 학교와 보호자 쌍방이 고립되지 않도록 각 기관이 협력해야 한다.

정답 4

해설 제안하는 문장은 마지막에서 두 번째 단락에 '일정범위의 지역, 교육위원회 등의 관내 등에서 각 공적 기관이 연계해 사태의 파악이나 이용하기 쉬운 상담창구 설치, 부당한 미지급에 대한 신속 적절한 조치 등을 할 수 있도록 하면 어떨까?'라고 말하며, 이어서 '학교도 보호자와 아이도 고립되면 자칫 극단적인 방법을 선택할 지도 모른다'라고 했으므로 정답은 4번이다.

문제 13 오른쪽 페이지는 「고가 구민 센터」의 단체 이용안내이다. 아래 질문에 대한 답으로서 가장 적당한 것을 1·2·3·4에서 하나 고르시오.

69 이용 안내에 의하면 이하의 그룹 중 고가 구민 센터에서 단체 등록이 가능한 것은 어느 것인가?

그룹	회원구성	대표
1	미나토 구 거주 학생 7명, 고가 구 거주 학생 4명, 또는 신주쿠 구에 거주하고 고가 구내 대학 재학 학생 3명	고가 구 거주 학생
2	신주쿠 구 출근 회사원 6명, 고가 구 출근 회사원 4명, 또는 미나토 구에 거주하고 고가 구내의 대학 재학 학생 4명	고가 구 출근 회사원
3	고가 구 거주 학생 3명, 고가 구 거주 신주쿠 구 출근 회사원 3명, 또는 미나토 구 거주 회사원 4명	미나토 구 출근 회사원
4	미나토 구 거주 고가 구 대학 재학 학생 2명, 고가 구 출근 회사원 5명, 또는 고가 구 거주이고 신주쿠 구 대학 재학 학생 6명	고가 구에 거주하고 신주쿠 구 대학 재학 학생

정답 4

해설 고가 구 구민 센터에서 단체 등록이 가능한 것을 묻는 문제로 조건이 단순해서 정답을 비교적 쉽게 찾을 수 있는 문제이다. 단체 등록 요건 부분을 읽으면 단체 등록 할 수 있는 것은 선택지 4번인 것을 알 수 있다. 이처럼 이 문제 유형은 질문의 내용을 잘 파악하고 조건에 맞는 정보 부분을 찾아내는 것이 정답을 빨리 찾을 수 있는 방법이다.

70 고가 구내 거주 회사원 6명(그 중 대표 1명)과 신주쿠 구민 5명(그 중 2명은 고가 구에 근무, 1명은 고가 구에 재학)의 단체가 단체 등록을 할 경우 반드시 준비해야 하는 서류는 어느 것인가?

1 대표자의 신분증명서, 회원 명부, 이용단체 등록 신청서, 단체회칙
2 대표자 재근 증명서, 회원 명부, 회원의 신분증명서, 단체 회칙, 이용 단체 등록 신청서
3 대표자의 운전 면허증과 건강보험증, 회원의 신분증명서, 단체규약, 이용 단체 등록 신청서
4 대표자의 재근 증명서와 건강보험증, 회원 명부, 이용 단체 등록 신청서

정답 1

해설 문제의 조건이 단체 등록 시 필요한 서류에 대한 문제이므로, 필요 서류의 정보란을 읽으면 정답이 1번인 것을 비교적 쉽게 찾을 수 있겠다.

어휘 港区 미나토 구(지명) | 新宿区 신주쿠 구(지명) | 古河区 고가 구(지명) | 団体 단체 | 利用 이용 | 区分 구분 | 一般 일반 | 生涯学習活動 생애학습활동 | 行う 행하다 | 全て 모두 | 個人 개인 | 対象 대상 | 登録 등록 | 区内 구내 | 在住 거주 | 在勤 재직 | ～から成る ～로 이루어진 | 登録済み 등록 완료 | 割引 할인 | 料金 요금 | 適用 적용 | 要件 요건 | 目的 목적 | 備える 준비하다 | 会員数 회원 수 | かつ 또한 | 半数 반 수 | 在学地 재학 지역 | 認める 인정하다 | 代表者 대표자 | 区民 구민 | 規約 규약 | 会則 회칙 | 自主的 자주적 | 会 모임 | 継続的 계속적 | 定期的 정기적 | 会費運営 회비 운영 | 入退会 입·탈회 | 自由 자유 | 必要書類 필요서류 | 事前に 사전에 | 準備 준비 | 申請書 신청서 | 施設 시설 | 窓口 창구 | 配布 배포 | 名簿 명부 | 住所 주소 | 氏名 성명, 이름 | 電話番号 전화번호 | 勤務先 근무지 | 所在地 소재지 | 自宅 자택 | 確認 확인 | 健康保険証 건강보험증 | 運転免許証 운전면허증 | 公的機関 공적 기관 | 発行 발행 | 身分証明書 신분증명서 | 資格 자격 | 場合 경우 | 受付 접수(처) | 上記 상기 | 書類を揃える 서류를 갖추다 | 主に 주로 | 申し込む 신청하다 | 事項 사항 | 審査 심사 | 了承 양해 | 承認 승인 | 交付 교부 | 得る 얻다 | 期限 기한

고가 구민센터 '생애학습관' 이용 안내

◆ 단체 이용에 대해서

두 개의 이용 구분이 있습니다.

1. 일반 단체 이용 : 생애 학습활동을 행하는 모든 개인·단체를 대상으로 한 이용 구분입니다.
2. 등록 단체 이용 : 구내 거주, 출근 자로 이루어진 단체를 대상으로 한 이용 구분입니다.

※등록을 완료한 단체에게는 이용 시 할인요금이 적용됩니다.

◆ 단체 등록에 대해서

요건 : 생애 학습 활동을 목적으로 한 단체로 이하의 요건을 갖추고 있는 단체.

　　　회원수가 10명 이상이고 또한 반수 이상이 구내 거주자 또는 구내 출근자일 것

　　　* 재학 지는 출근 지로써 인정하지 않습니다.

　　　• 대표자는 구민 또는 구내 출근 자일 것
　　　• 규약 또는 회칙에 의거한 자주적인 모임일 것
　　　• 학습 활동을 계속 또는 정기적으로 행하고 있을 것
　　　• 모임은 회비로 운영되고 있을 것
　　　• 입회 탈퇴가 자유일 것

필요서류 : 등록할 때에는 이하의 서류를 사전에 준비하십시오.

1. 이용 단체 등록 신청서(각 생애학습관 시설 창구에서 배포)
2. 단체의 규약 또는 회칙
3. 회원 명부
　　　• 구내 거주자(주소, 이름, 전화번호)
　　　• 구내 출근자(주소, 이름, 근무처 명, 근무처 소재지, 근무처 또는 자택 전화번호)
　　　• 기타 회원(주소, 이름, 전화번호)
4. 대표자의 주소를 확인할 수 있는 건강보험증, 운전면허증 등 공적 기관 발행의 신분증명서.
　　　출근 자격으로 등록한 경우는 출근 증명서 등

등록접수 :

[접수 장소] 상기의 1~4까지 서류를 갖추고 주로 이용하는 생애학습관에 신청해 주십시오.

[주의사항]

　　　• 서류심사에 2주일 정도 걸립니다. 양해해 주십시오.
　　　• 승인 후 등록된 생애학습관 창구에서 등록증을 교부합니다.
　　　• 승인일부터 등록단체로서의 자격을 얻을 수 있습니다.

등록기한 :

　　　• 등록일로부터 3년 후 같은 달 말일

JLPT

N1

실전모의테스트 1회

독해

問題8 次の（1）から（4）の文章を読んで、後の問いに対する答えとして最よいものを、1・2・3・4から一つ選びなさい。

（1）

　運と努力の関係とは面白いものです。自分でちゃんと努力をして、野心と努力がうまく回ってくると、運という大きな輪がガラガラと周り始めるのです。一度、野心と努力のコツをつかむと、生き方も人生もガラッと変わってくる。

　とはいえ、運とは、本人の気持ちや努力次第という単純なものだとは私は思っていません。これは本当に不思議なんですが、もっと大きなところ、人間の力が及ばないところにある力が働いているんだと考えています。

（林真理子『野心のすすめ』講談社）

46　この文章で筆者が述べていることは何か。

1　優れたものに憧れ、理想を求めて努力すれば、必ず運がひらけてくる。

2　苦しくても耐えぬいてあきらめずに努力を続ければ、いつか運がひらけてくる。

3　常に現状よりも上に行くことを目指す気持ちと努力がなければ運はひらけない。

4　一生懸命まじめにがんばって努力を続けても宗教心がなければ運はひらけない。

(2)

株式会社キムラコーポレーション

営業部　山口　聡　様

毎度、お引立ていただきありがとうございます。

さて、先日お電話にてご依頼頂きました弊社製品RM-1の見本を本日発送いたしました。

この製品は従来のものと比べ品質の格段な向上に成功したと、自負いたしているものでございます。

よろしくご検討のうえ、是非ご用命賜りますようお願い申し上げます。

なお、ご不明の点がございましたら、ご遠慮なくご一報ください。

今後ともよろしくご愛顧のほどお願いいたします。

株式会社スズキ工業

営業部　田中　太

47　このメールで最も伝えたいことは何か。

1　以前の製品よりも品質の高いものが製品化されたため、ぜひ注文をしてほしいということ

2　購入依頼のあった商品を今日送ったので、不明な点があったら連絡してほしいということ

3　新しい製品見本を送ったので、従来の製品と比較検討してほしいということ

4　依頼があった製品の見本を送ったので、ぜひ購入を考えてほしいということ

（3）

　"あいまい"はいけないというのは、からだを着物でかくしてはいけない、といっているようなものである。（略）

　あからさまに、むき出しの言葉ではいかにも、失礼である。しかるべき、装いをさせる。アプリケの一つも添えよう、というのが洗練されたことばの感覚である。この点、日本はおそらく、どこの国にもまけない伝統をもっている。（略）あいまいはことばの花である。婉曲は文化のマナーである。

　われわれは、誇りをもって、ぼかしたことばを使い、胸をはってわかりにくいことばを使ってよい。「ずばり本音をいった」りするのははしたない、心なきことである。

（外山滋比古『大人の言葉づかい』中経出版）

（注）アプリケ：別布で飾りを服に縫い付ける服飾の技法

48　この文章で筆者が言いたいことは何か。

1　あいまいな言い方は、要点がわかりにくく相手に対して失礼なので使うべきではない。

2　あいまいな言い方は、日本の優れた礼儀ともいえる言い方だから迷わずに使えばよい。

3　本音をずばりと言わないのは、自分の本当の心を隠していて親しみが感じられない。

4　本音をずばりと言わないのは、まだ答えが決められないことを飾っているにすぎない。

(4)

日本人の転職による移動性が少ないことは、よく「集団主義」とか、会社に対する「忠誠心」などによって説明されたりするが、それはむしろ（略）日本人個々人をとりまく社会的条件に対して、個々人の選択の結果生まれた現象と見るべきで、日本人が他の国の人々より、生来そのような傾向を顕著にもっている特殊民族だなどと考えるのは当をえていない。

すなわち、個人が同一の会社にとどまるのは、会社に対する忠誠心などというものよりも、社会的損失が、転職した場合、個人にとっていかに大きなものであるかを察知することができるからである。

（中根千枝『タテ社会の人間関係』講談社）

49 筆者はこの文で、日本人の転職が少ないのはどうしてだと述べているか。

1 日本人は会社に対して家庭のような集団の意識があるから

2 日本人は会社に対して従属的な強い忠誠心があるから

3 日本人は転職すると身分、立場などにマイナスが生じると思っているから

4 日本人は生まれつき、移転など環境を変えるのを好まないから

問題9 次の（1）から（3）の文章を読んで、後の問いに対する答えとして最よいものを、1・2・3・4から一つ選びなさい。

（1）

　日本国内では「安全神話は崩壊した」「日本は犯罪の多い危険な国になった」と言われることが多いのですが、諸外国と比べれば日本は世界で最も安全な国に属しています。犯罪発生率は、OECD34か国中の下から2番目です。(略)

　日本の犯罪発生率が最下位でないのは窃盗（せっとう）が多いためですが、日本の窃盗の大部分は自転車泥棒なのです。

　盗まれた自転車の大半は元の持ち主のところへ返っているそうです。自転車泥棒とは言っても大部分は無断寸借程度のことなのですが、警察に届ければ立派な窃盗事件となりますので、発生率としてはかなり高いものとなります。こうした軽微な犯罪についても、日本は世界一取り締まりが厳しいことを示しているとも言えるでしょう。

　日本では近年凶悪犯罪が多発していると言われることもよくありますが、事実はそうではありません。『犯罪白書』などの年次統計を見ても、明らかに年々減少傾向にあるというのが事実です。現在に特徴的なことは、「これまで考えられなかった事件」(いわゆる「家庭内殺人」など)が少数ながら起きるようになった、ということです。それは凶悪犯罪に限らず、「オレオレ詐欺」（注）など新手口の犯罪についても言えることです。

　マスコミでそうしたショッキングな犯罪事件が繰り返し報道されると、日本はいつ何が起きるかわからない危険な国になってしまった、という気分に陥（おちい）りがちです。

（注）オレオレ詐欺：息子のふりをして電話をかけて、お金を詐取する犯罪

50 自転車泥棒について筆者はどう述べているか。

1　泥棒した人は盗むというより、ちょっと借りる程度に考えていることが多い。

2　日本人は高価な自転車を持っている人が多いので、狙われやすく件数が多い。

3　軽い犯罪なので警察は盗難事件として扱わず、返却を待つように勧めている。

4　盗まれたというより警察が違反駐輪を厳しく取り締まって撤去しているのだ。

51 日本はいつ何が起きるかわからないと思われているのはなぜか。

1　犯罪予防を目的として過去にあった事件の報道が今も繰り返されているから

2　報道機関は前例のない事件が発生すると、連日、何回も報道し続けるから

3　報道機関は小さな事件も全て取り上げて、様々な注意を呼びかけているから

4　多数のテレビ局が一つの事件を異なる解釈で別の事件のように報道するから

52 筆者は日本の犯罪をどうとらえているか。

1　ほとんどは小さい事件で、世界一安全だと言っても過言ではない。

2　過去にはなかった新しい形の犯罪が次々と起きていて危険だ。

3　過去にはなかったような凶悪な事件が多発するようになり危険だ。

4　窃盗事件の件数が多く、以前より犯罪発生率が上がっている。

（2）

　国際宇宙ステーション（ISS）に物資を運ぶ無人補給船「こうのとり」がH2Bロケットで打ち上げられた。

　25日にISSにドッキングする予定だ。成功すれば、2009年の初号機から5機連続となる。日本の宇宙技術に対する国際的な信頼性は一層高まろう。

　無人補給船は、こうのとり以外に、米国の2社とロシア宇宙庁が運用する計3機種がある。いずれも昨秋以降、打ち上げなどの失敗が相次ぎ、予定した実験や観測が実施できなくなっている。

　こうのとりの積載能力は、他の補給船の2〜3倍に上る。初号機以降、収納方法の見直しなどの改良を進めてきた。今回は、6月に失敗した米補給船に代わり、米航空宇宙局の要請で水処理装置などを緊急搭載している。

　ISSの運用に欠かせない存在になっていると言えよう。

　ドッキングの際には、日本人飛行士が中心的役割を担う。ISSに滞在中の油井亀美也さんがロボットアームを操作し、こうのとりをつかまえる。地上からは若田光一さんが支援する。

　ISS計画への関与を通じ、人材と技術は着実に育っている。

　（略）

　政府は20年までに、こうのとりを、さらに4回打ち上げる。こうのとりで使用している電池やエンジンなどの技術を、宇宙分野に限らず、産業界で幅広く活用していくことが求められる。

（読売新聞　2015年8月23日 社説）

53 今回「こうのとり」が打ち上げられた目的の一つは何か。

1 昨秋以降延期されていた実験や観測の補助をする。

2 昨秋以降打ち上げに失敗した補給船の改良を行う。

3 ISSに積載された補給物資の収納方法の見直しを行う。

4 ISSに緊急補給物資や機材などを米国の依頼で運ぶ。

54 ISSの運用に欠かせない存在になっていると言えるのはなぜか。

1 ISSには日本人宇宙飛行士が滞在していて、「こうのとり」の操縦に精通しているから。

2 「こうのとり」は5機種もあり、他機の打ち上げ失敗にもすぐ対応できるから。

3 「こうのとり」は打ち上げの連続成功や、多くの物資を運べるといった高い性能を有しているから。

4 「こうのとり」は過去何度も米国機、ロシア機に代わって物資を供給し、国際的な信頼を得ているから。

55 筆者は日本の宇宙技術についてどのように考えているか。

1 日本人宇宙飛行士の人材と技術は育っているが、政府はさらに支援すべきだ。

2 「こうのとり」の技術は宇宙技術以外の分野にも広く応用させていくべきだ。

3 日本の宇宙技術に対する国際的な信頼を高めるためにも打ち上げ失敗は許されない。

4 今回ドッキングに成功したため、日本の技術はISS計画に一層不可欠なものとなった。

（3）

　行列という形式そのものは、カラハリ砂漠の狩猟採集民サン人が狩りで遠出するとき
にも組まれ、西洋では戦争の捕虜を行列させたことが古代の歴史書にもみえる。しかし、
モノを手に入れたりサービスを受けたりする順番を待つ行列は、①近代の工業化社会に特
有のものだろう。小さな個人商店では、並ぼうとする買物客はいないが、スーパーマーケッ
トでは工場のアセンブリィ・ラインのように、客がレジで行列をつくることが前提にさ
れていることは行列の工業化社会的性格を端的にしめしている。

　（略）

　今日の大都会がそうであるように、一般にモノやサービスの需要―供給関係に一定程
度以上の不均衡があるところでは、どこでも行列ができる可能性がある。難民キャンプの
行列ではモノの供給の不足が強調され、モノやサービスの供給に不足がないはずの②現代
日本のアイスクリーム店やコロッケ屋の前の行列では需要が浮き彫りにされる。

　しかしながら、たとえば需要―供給に顕著な不均衡があっても、身分や地位にかかわ
らず先客(着)優先の原則がなければ、だれも行列をつくって順番を待とうとはしないだろ
う。行列が頻繁にみられる現代の公共場面では、年齢や社会的地位や性差や人種差などは
体系的に無視されるが、そうした先客(着)優先の平等主義がないところでは行列は生まれ
ない。行列をつくって順番を待つという習慣は、たとえば士農工商の身分制度社会ではか
んがえられないように、元来が西欧の近代社会に特有な行動様式なのである。

（野村雅一「身ぶりとしぐさの人類学」中央公論社による）

　（注1）アセンブリィ・ライン：大量生産工場の流れ作業ライン

　（注2）コロッケ：揚げ物料理

　（注3）士農工商：日本の江戸時代の身分制度

56 次の形式のなかで①近代の工業化社会に特有のものはどれか。

1 個人商店には、複数の買い物客に一人の店員が同時に応対する店もある。

2 スーパーマーケットでは、客がレジ台の前を通過する順路になっている。

3 軍隊や狩猟隊が、目的に応じて秩序正しく列を組んで行動する。

4 囚人や捕虜を管理、統制するために番号をつけて並ばせる。

57 ②現代日本のアイスクリーム店で行列ができるのはなぜか。

1 その季節だけの販売なので、すぐ売り切れてしまうから。

2 他の店でも買えるが、特別に人気があるために客が多いから。

3 年齢や性差にかかわりなく、誰でも食べるものだから。

4 レジの台数が少なく、一人ずつしか買えないようになっているから。

58 順番を待つための行列ができる要因の中で、最も重要なものはなにか。

1 モノやサービスの供給量と、手に入れようとする人々の数が一致しないこと

2 身分や階級などで、人々の順位がきちんと管制されている社会制度

3 弱者や高齢者を思いやり優先する、優しい公共心のある社会生活

4 人々の身分や人種などの条件を考慮せず、誰もが同等とみなす考え方

問題10 次の文章を読んで、後の問いに対する答えとして最もよいものを、1・2・3・4から一つ選びなさい。

どの世でも、笑いは常に権力者を脅かしてきた。（略）

権力構造というのは、じつは①底が抜けている。権力には本来、確たる根拠など、なに一つもないからだ。支配者であるという自らつくりあげた伝説をひとびとに信じさせるという、脆弱な足場に立っているに過ぎない。つまり、権力は独立自尊の構造ではありえないのだ。

構造が自足していない点では、貨幣も同じだ。地球上を覆い尽くした観がある資本主義経済も、モニター上の数字だけで決済される利便性の高い電子マネーも、「それには価値がある」とする「集団思考」に支えられている。権力も貨幣も、人々が信じることを止めてしまえば、たちまち威厳が綻び、王様も丸裸にされてしまうわけだ。

（略）

②権力が笑いを恐れ、封じ込め、抑制すると、結果として新たな笑いが生じる。権力が必死になればなるだけ、裏を突かれて権力者は無様な滑稽さを曝すことにならざるを得ない。権力と笑いの攻防、じつはそれ自体がこの上ない喜劇になってしまうのである。

権力が笑いを抑え込もうとしても、それが笑いの方にしてみれば塞翁之馬となることもある。それでは権力者も、もう打つ手はない。笑いは無敵なのだ。しかし無敵であったとしても、笑いが権力に取って代わるようなことはない。あくまでも笑いは、社会に生命力をとり戻し、生き生きと稼働させるエンジンなのだ。停滞していた社会に笑いを投入すれば、ダイナミックな躍動感が生じ、構造が流動化していく。

だから笑いの力学とは、権力者に上り詰めることではなく、権力を無効化することにある。しかもその権力を頂に置いたヒエラルキーや構造までも解体し、脱構築してしまうところに笑いの破壊力がある。

アンデルセンの童話『裸の王様』にしても、笑われたのは権力者の王様だけではなかったはずだ。王様のまわりの従者たちも、パレードに参列した国民たちもみな同じことだった。つまり、権力を支えていた構造それ自体も笑われ、解体されたのだ。

（略）

布おり職人だという詐欺師の「能力に相応しくない仕事についている人と馬鹿な人には透明にしか見えない」という言葉に惑わされ、虚栄心や欺瞞、そして「自分だけが見えていないかもしれない」という懐疑心から、「自分には見えない」と言い出せずにいた。

みなが揃いも揃って「裸の王様」だったのだ。

そして虚栄心や欺瞞に囚われることなく、「本当のこと」を口にできたのは、唯一、幼い子どもである。(略)

笑いを操ることができるのは、つまり、ヒエラルキーから自由な存在なのである。

（茂木健一郎『笑う脳』アスキー新書）

（注1）脆弱：弱くて壊れやすい
（注2）塞翁之馬：一つの原因から幸、不幸が繰り返されることの例え
（注3）脱構築：構造を破壊すること
（注4）欺瞞：だますこと
（注5）ヒエラルキー：階層制度や身分制度

59 権力構造は①底が抜けているというのはどのような意味か。

1 権力は常に理想を目指し続けていくので上限がない。
2 権力はいつ倒されるかわからない不安定さがある。
3 権力は底辺のすみずみまで治める難しさがある。
4 権力は認めてくれる相手があってはじめて成立する。

60 ②権力が笑いを恐れるのはなぜか。

1 権力者以上に人気が上がれば、権力の座を奪われかねないから
2 笑いは金額に換算できないので、貨幣経済体制を崩壊しかねないから
3 弾圧するとかえって新たな笑いを誘い、体制を破壊しかねないから
4 人々がそれぞれ個人的な笑いの価値観を持ち、社会を統制できなくなるから

61 ここでいう笑いとは次のどのケースにあたるか。

1 家族や友達と楽しく触れあって笑う。

2 人気者になるために人を笑わせる。

3 気分を変えるために面白いことで笑う。

4 真実に気づき、社会通念の愚かさを笑う。

62 筆者によれば、笑いを自由に支配できるのは誰か。

1 体制や身分階級にかかわりを持たない人々

2 体制や身分階級を破壊して革命を目指そうとする人々

3 弾圧による強い統制力で国を発展に導く統治者

4 国民と心を通わせて国を発展させようとする統治者

問題11 次のＡとＢの文章を読んで、後の問いに対する答えとして最もよいものを、１・２・３・４から一つ選びなさい。

Ａ

　どんなに優秀な人でも、失敗をゼロにはできないものである。だから、失敗してもクヨクヨして落ち込む必要はない。この失敗は次にミスをしないようにするためのステップだと考えてしまった方がずっといい。（略）

　失敗がよくないというのは、いつまでもクヨクヨと悩んでいるためである。悩み続けていると心が傷つき、それによって脳にも機能低下が見られるのだ。（略）

　そんなときは、親しい友達などに悩みを打ち明け、聞いてもらうといい。こうして、いったん頭の外に悩みなどを吐き出すと、それ以後はクヨクヨと悩むことが少なくなる。

(保坂隆『平常心』中央公論新社)

Ｂ

　失敗はいくら何重に防止策を講じたところで必ず起こります。人の活動に失敗はつきものだからで、人が活動をやめないかぎり、人は失敗とつき合い続けていかなければなりません。とくに新しい技術を開発したり、未知の世界へ突入したときなど、失敗は当たり前のように私たちの目の前に姿をあらわします。むしろ、うまくいくことの方がまれだというのが、現実です。

　失敗は、一時的に私たちを苦しめますが、じつは発展のための大きな示唆(注)をつねに与えてくれます。そして、真の創造は、起こって当たり前の失敗からスタートするということを私たちは決して忘れないようにしたいものです。

(畑村洋太郎『失敗学のすすめ』講談社)

(注) 示唆：それとなく知らせること。暗示

63 AとBで共通して述べられているのはどれか。

1 人間は新しい技術を開発したり、難問に直面した時、脳にダメージを受けやすい。

2 人間は失敗した時に落ち込むが、それは一時的なことに過ぎず貴重な経験になる。

3 失敗した時は、周りの人に相談することで創造的な考え方ができるようになる。

4 失敗は避けられないものであるが、次への一歩としてとらえていくべきだ。

64 失敗についてAとBはどのように述べているか。

1 Aは失敗とは決して前には進まない良くないものだと述べ、Bは失敗は大きな成功に必ずつながるものだと述べている。

2 Aは失敗は人に話して忘れる方が良いと述べ、Bは失敗は人を苦しめ続けるものだが忘れてはいけないと述べている。

3 Aは失敗は心身に様々な悪影響を与えると述べ、Bは人は生きている限り失敗と向き合わなければならないと述べている。

4 Aは失敗の痛手は自分でコントロールできないと述べ、Bは自力で失敗を克服するのは簡単なことではないと述べている。

問題12 次の文章を読んで、後の問いに対する答えとして最もよいものを、1・2・3・4から一つ選びなさい。

　いま、大学院に社会人の入学者が増えています。私はそれをひじょうにいいことだと思っていますが、大学院教育の目的がプロの研究者養成だとすると、いま、研究者の就職先はハッキリ言って冬の時代を迎えています。たとえ博士号をとっても、大学業界に就職先はない。どこの大学にもオーバードクター[注1]があふれています。（略）

　大学院重点化[注2]の過程で就職保証の見通しがないまま，雨後のタケノコのごとく全国各地で、国公立・私学[注3]を問わず大学院の定員が増えましたが、私学などで就職の可能性がはじめからないところでは、学部からの学生よりも女性と社会人を優先的に入学させるというところさえ出ています。女性と社会人なら、大学が就職を保証できなくても言い訳がきくから、というのです。

　私はそれを「学位インフレ時代」[注4]と名づけて、大学院重点化の結果として無責任な入学者受け入れが横行している、と批判したところ、社会人の大学院生からご批判の手紙をいただいたことがあります。自分たちが長い職業生活のあと、やっと自分のために勉強を始めようとするときに、その出鼻をくじくようなことを教壇に立つものの口から言ってほしくない、と。私は一読して、まったくもっともだと思いました。[注5]

　そこで考えたのが、「生産財としての学位」と「消費財としての学位」という概念です。これは生産財としての教育と消費財としての教育ということに、そっくりそのまま置き換えてもいいのですが、大学院教育の到達点は学位とされていますから、とりあえず学位を例にお話ししましょう。

　学位をとることがそのあとの職業の手段になるとしたら、学位は生産財だということになります。しかし、手段にならないとしたら、学位を得ることじたいが自己目的になります。それが消費財としての学位です。

　もし、大学院生を教育の消費者、ユーザーだと考えたとき、生産財としての学位と消費財としての学位のどちらのユーザーのほうが、大学院教育にたいする要求水準が高いでしょうか。大学院で学ぶことが将来にたいする投資であれば、たとえ現在がつまらなくてもそれを耐えしのぶことはできるでしょう。しかし、大学院に行くことが現在にたいする投資であれば、「いま・ここ」で報酬がなければ耐えられないことでしょう。

　社会人の入学者が増え、彼らがはじめからそれで大学に就職しようなどと考えているのではなく、私が言うところの消費財としての学位や教育を求めているのだとしたら、そ

ういう人間が増えれば増えるほど、大学にたいする教育消費者の要求水準は高くなるはずです。（略）

　私は社会人のそのような高いニーズにこたえるだけのものを、いまの大学の制度とカリキュラムとスタッフが提供可能だろうか、それだけのクォリティを持っているだろうか、とうそ寒い思いでした。

（上野千鶴子『サヨナラ、学校化社会』筑摩書房）

（注1）オーバードクター：博士課程修了後も就職先がなく、大学院に在籍している人

（注2）大学院重点化：政府主導で行われている大学院の増設や定員増加政策

（注3）雨後のタケノコ：同じようなものが次々と現れる様子

（注4）学位インフレ：学位の取得者が増えて学位の市場価値が下がってしまう状態

（注5）出鼻をくじく：勢いよく出立しようとしているところを妨害する

65 全国で大学院の定員が増えたのはなぜか。

1　大学院は博士号の学位取得者を増やして、自校の教育水準を高めたいから

2　大学院はプロをめざす真の研究者の養成、就職を重点化方針としたから

3　大学院は冬の時代といわれるような就職難におちいり、経営が苦しいから

4　大学院は政府の大学院教育の普及方針のもとに、増員を制度化したから

66 筆者は、大学院の入学者に社会人が増えている理由をどう述べているか。

1　社会人は学部生よりも熱意や余裕があり、高い合格点を得ることが多いから

2　社会人は就職問題の責任が少ないので、入学しやすい制度にした大学院もあるから

3　長い職業生活の後、長年の夢であった勉強をしたいと思う社会人が増えたから

4　博士号の学位をとれば、転職に有利だと考える社会人が多いから

67 筆者の言う「生産財としての学位」とは何か。

1 大学に就職するために必要とされる学歴

2 博士号取得など、研究者や学者になるための学歴

3 学習者自身の研究心を満たすことができる大学院教育

4 支払った学費に見合った技術が習得できる大学院教育

68 筆者がこの文で最も言いたいことは何か。

1 大学院は本来の目的であるプロの研究者育成に重点を置き、就職問題などの責任を果たすべきだ。

2 真に学びたい社会人が大学院に増えているが、大学院教育の内容は今のままで十分と言えるか疑問だ。

3 大学院側は就職問題などの解決が難しいため、研究者育成を放棄して無責任な定員増加をしている。

4 真に学びたい社会人が大学院で学ぶようになったことは、大学院教育の普及につながる良い現象だ。

問題13 右のページは、みどり市の音楽祭の参加者募集案内である。下の問いに対する答えとして最もよいものを、1・2・3・4から一つ選びなさい。

[69] オーディションに参加できるのはどの人か。

1 市外に住んでいて市内のピアノ教室に通っている高校生

2 市内に住んでいて市外の音楽大学に通う20歳の大学生

3 市内に住んでいる音楽学校を卒業した25歳の主婦

4 市外に住んでいる市内の中学校の28歳の音楽教師

[70] 市内在住の山内さん（26歳）は声楽部門での参加を希望している。音楽祭に参加できる可能性を含めると、今後予定をあけておく必要のある日程は次のどれか。

1 8月8日、11月23日

2 8月9日、11月23日

3 8月9日、11月21日、11月23日

4 8月8日、8月9日、11月21日、11月23日

青少年音楽祭参加者の募集

部門・・・1. ピアノ　　　2. ピアノ連弾　3. 弦管打楽器・重奏
　　　　　4. 声楽・重唱　5. 合唱・合奏　6. 電子オルガン・重奏

目的
音楽を通じてふれあうことで、友情と連帯を深めるとともに創造性を養い、心豊かな青少年を育成することを、目的とします。

対象
・市内在住、在学、在勤で音楽を学んでいる29歳までの青少年
・上記のほか、市内の音楽教室に通っている高校生以下の青少年
※ グループの場合は全員一律の条件とは限らないのでお問い合わせください。
　　ただし、いずれも音楽専門の大学生・専門学校生・及び卒業生を除きます。

音楽祭開催までのスケジュール
1. 参加募集期間および申込方法
・期間：平成××年5月1日（金）から同年6月10日（水）まで
・申込方法：次の3点をみどりこども館の窓口へ提出（午前9時～午後5時まで）
　　　　　　① 申込書
　　　　　　② 楽譜のコピー（左上部に氏名、参加部門、年齢を明記）
　　　　　　③ 参加負担金：一組につき1000円
※ 申込書は、みどりこども館及び、文化会館、公民館、児童館に備えています。

2. オーディション（合格された方のみ音楽祭に参加できます。）
・期日：演奏部門…平成××年8月8日（土）午前10時から
　　　　上記以外…平成××年8月9日（日）午前10時から
・場所：みどり市文化会館

3. 音楽祭
・平成××年11月23日（月・祝）午前10時開演予定
・開催場所：みどり市文化会館
　※ 11月21日（土）午前10時からリハーサルを行います。

お問い合わせ
　所属課室：こども健康部こども育成課こども育成担当
　〒123-456 みどり市本町3－12　みどりこども館
　電話番号：043-00-7××××

N1

실전모의테스트
2회

독해

問題8　次の（1）から（4）の文章を読んで、後の問いに対する答えとして最よいものを、
　　　　1・2・3・4から一つ選びなさい。

（1）

　デザインという言葉をあちこちで見つけるようになった。もちろん「デザイン」とい
う言葉には昔からなじみがあった。しかし、それは服や車といった目に見える物について
のみ使われる言葉だとばかり思っていたのである。しかし最近「学習環境のデザイン」と
いう言葉に出会い、そのあとすぐに「息をデザインするガム」という広告に出会い、デザ
インについての認識を改めた。

46　デザインについての認識を改めたとはどういうことか。

　　1　形のないものにもデザインがあることがわかった。
　　2　デザインという言葉は服や車には使われないことがわかった。
　　3　形のあるものにはすべてデザインがあるということがわかった。
　　4　デザインという言葉は目に見えるものにしか使われないことがわかった。

(2)

　「啐啄の機」という言葉がある。詳しい説明を省略して、わたしなりに理解した意味を述べると「自分が必要としているものにタイムリーに出会えること」とでもなるだろうか。

　10年ほど前に「日本語作文」の本の中で「トピックセンテンス」という言葉に出会ってその言葉の意味を知った。そのことを忘れることはなかったが、深く心に残ったわけではなかった。5年後の夏にその言葉に再会した。文を書くことの困難をひしひしと感じていた時期だったこともあり「トピックセンテンス」という言葉が深く私の心に刻まれた。

---

47 筆者にとって「トピックセンテンス」という言葉はどんな言葉か。

1　10年前に初めて会ったが忘れていた言葉

2　意味がわからないまま文字だけが記憶され続けていた言葉

3　最初に出会った時から大切な言葉として記憶されていた言葉

4　2度目に出会ったときに初めて重要性に気づいた言葉

（3）

「生兵法は大怪我のもと」ということわざがある。「中途半端な知識や経験があること
が逆にその人を窮地に陥れる」というような意味である。その言葉を思い出させるよう
な経験を先日した。友人と話しているとき彼が「コモディティ化」という言葉を使った。
初耳だったが、わたしは「コモディティ＝商品」だと考え、「商品化」すなわち「企画を
商品にすること」だと判断して話を続けた。しかし話をしているうちに、わたしは自分の
間違いに気づいた。

48 自分の間違いとは具体的にはどんなことか。

1 コモディティ化という語の理解が違っていたこと
2 友人がコモディティ化の意味を知らなかったこと
3 コモディティ化という言葉は実際には存在しなかったこと
4 友人がコモディティ化の意味を知らないと思っていたこと

(4)

　知り合いの編集者が、先輩編集者が常々「読む前と後で、読む人の内面に変化をもたらさないような本は意味がない」と言っていた、というのを聞いて「いいな」と思った。もちろん、それまでに知っていたことを再確認したり、それに新しい知見を付け加えたりするための読書もあることは否定しない。しかしそれだけであれば「読書」の楽しみはずいぶんさみしいものになるだろう。

49 著者は本を読むことの意味は何だと述べていますか。

1　自分が知っているものについての新たな情報を付け加えること
2　自分が知っていたことがすべて否定されるような事実に出会うこと
3　読書を通じて人生の喜びと悲しみの両方を経験できること
4　読者の心の中にそれまではなかったような考えが生まれること

問題9 次の（1）から（3）の文章を読んで、後の問いに対する答えとして最よいものを、1・2・3・4から一つ選びなさい。

（1）

　日本では子供が物心つきはじめた頃から群れの中に入れられる。保育園や幼稚園、小、中、高、さらに大学を卒業すると、たいていの人は会社という組織の中に入る。大小こそあれ、そんな群れ生活は定年まで続く。一生群れの中だ。

　欧米では、読み書きそろばんがある程度わかるようになると、家業を継がせて靴屋の息子は靴屋に、あるいは料理屋の子どもは他店へ修業に出されて勉強させ、やがて家業を継がせたりする。①こんなケースは日本では珍しいほうだろう。

　日本で定年退職まで群れの中にばかりいると、さながら飼いならされた羊のように従順にならざるをえない。個性を発揮しようにも群れの中ではできなくなる。したがって、群れからできるだけ離れる努力をしろ！というのが本書の主旨だ。

　群れないライフスタイルを築きたいと思いつつ、なかなかできない人におすすめしたいのが仲間外れ作戦だ。意図的に仲間から外されるように仕向けるのである。といって、仲間との関係は気まずくならない。②そんな方法である。これは別に難しくない。いくつかのことを心に決めて実行すれば可能だ。

　第一は、飲み食いのつきあいを悪くすること。職場でも学校でもそうだが、群れ行動の最たるものは、勉強と仕事以外は飲み食いである。ランチというと、少人数の決まったグループで食べに行くことが多い。まず、これをやめる。一人飯にする。誘われたら、「これ、片づけてしまわないと……」などと、やんわり断る。あらかじめ弁当を用意しておいてもいい。仕事がらみでなければ、向こうもそれ以上は誘わないだろう。飲み会も極力行かない。ゼロは難しいだろうが、それに近い形にする。

（川北義則『その他大勢から抜け出す方法』Kei）

50 ①こんなケースとはどのようなケースか

1 人生の多くの時間を集団の中で過ごすケース

2 自分の親の職業を継ぐための修行を全くしないというケース

3 基礎的な学問を身につけずに社会に放り出すというケース

4 家業を継がせる前に、親または同業の別の店で修行をするというケース

51 ②そんな方法とはどんな方法か。

1 お金をかけずの友達とのつきあいを楽しむ方法

2 仲間には入らずに仲間の情報を入手する方法

3 仲間と争いながらよい人間関係を築く方法

4 わざと仲間外れになる方法

52 この文で筆者が最も言いたいことは何か。

1 つきあいが悪い奴と呼ばれないように仲間を大切にせよ。

2 愛想の悪い奴だと呼ばれても気にするな。

3 仲間はずれにされるのは辛いことだから気をつけて行動せよ。

4 人間関係を大切にしながら群れない生き方を目指せ。

(2)

　書評の仕事を表看板に掲げていると、よく、どんな本を読んだらいいか、お薦めの本はありますか、と訊かれることがある。相手は、いわばあいさつのつもりで、「明日の天気はどうでしようかね？」ぐらいの気持ちでぶつけてくるのかもしれないが、いつも返事に窮してしまう。相手がどんな趣味を持ち、どんな読書歴を経ているのか、小説が好きなのか、ノンフィクションが好きなのか、好きな作家は誰か、など十分に訊き出してからでないと、安易には答えられない。いや、それだけ訊き出しても、相手の希望に沿った答えが出せる自信はない。書評家は、お薦め本の自動販売機ではないのだ。

　だいたい私など、一冊を読めばいもづる式に次から次へと読みたい本が出てきて、それがネズミ算式に増えていくので、とても人の意見など参考にしていられない。自分の読みたい本だけで手一杯なのである。だから、よほどのことがないかぎり、人に薦められた本を読むことなどない。ときにおせっかいにも、「○○という本はすごくおもしろいですよ。絶対おすすめです」と言われることがあるが、顔ではにこやかにふるまい、心のうちでは「余計なお世話だよ」と舌を出していることが多い。

　これは経験上言えることだが、読書の習慣が身体になじんでくると、いくらでもどこからでも読みたい本が向こうのほうから飛び込んでくる。

（岡崎武士『読書の腕前』光文社による）

53 <u>書評家は、お薦め本の自動販売機ではないのだ。</u>とはここではどういうことか。

1　書評家は、すべての本に目を通しているわけではないということ。

2　書評家は、おせっかいに自分の読んだ本を押し売りしてはいけないということ。

3　書評家の仕事は、お薦めの本を気軽に紹介することではないということ。

4　書評家の仕事は、お薦めの本を無料で紹介することであるということ。

54 <u>よほどのことがないかぎり、人に薦められた本を読むことなどない。</u>のはなぜか。

1　他人の本の評価をまったく信用していないから。

2　他人と本の内容について語るのが好きではないから。

3　他人から薦められなくても読みたい本はいくらでもあるから。

4　他人の書いた書評を読むための時間がないから。

55 お薦め本について、筆者が最も言いたいことは何か。

1　人にお薦めの本を教えてもらいたければ、まず自分の読書歴を伝えるべきである。

2　人に本を薦められた時には、笑顔で相手のいうことを聞かなければならない。

3　人にお薦めの本を教えてもらうのでなく、自らの読書経験を鍛えるべきである。

4　人にお薦めの本を紹介するときには、相手の本の好みを知っていなければならない。

（3）

　ワープロを大事に使っている。これが壊れても、新しく購入することはもうできないのだ、と思うとなおさら慎重になる。ワープロが登場してきた頃は、皆あんなに興奮し、歓迎していたのに、パソコンが現われた途端、製造を中止してしまうとは、あまりに冷淡すぎないだろうか。パソコンの放つ、ざわざわした感じが好きになれない。ちょっと油断していると、見知らぬ誰かから、断りもなくメッセージが送られてくる。二十四時間いつでも、世界中どこからでも。やはりそれは、ぎょっとする事態だ。招かれざる客が土足で踏み込んできたようなものである。そして困惑している間に、なぜか画面がぴくりとも動かなくなってしまったりする。私はただ、心穏やかに小説が書きたいだけなのだ。物語と自分、一対一の静かな時間さえ確保できれば、他には何の望みもない。その点、ワープロはいい。画面の向こうに何ら①ややこしいものを隠していない。寡黙で正直だ。ただ謙虚にそこにあって、新しい物語が刻まれるのを待っている。

　一人仕事部屋でワープロに向かっていると、親密な空気が流れるのを感じる。自分の書いている物語に、自分自身が抱き留められているかのような錯覚に陥る。世界とつながっているパソコンよりも、ただ文字を変換しているだけのワープロの方が、ずっと優しい視線を向けてくれている。

　飼っている犬が死ぬ時を想像するだけで泣いてしまうのと同じように、②ワープロが壊れる瞬間に思いを巡らせるたび、淋しくなる。

（小川洋子『私の大事なワープロ』）

56 筆者がワープロを好んで使っているのはなぜか。

1 24時間いつでも文章を書けるから

2 製造が中止されたことを知って感動したから

3 音をたてずに静かに文章を書くのが好きだから

4 メールなどに煩わされることなく書くことに集中できるから

57 ①ややこしいものではないものは次のうちどれか。

1 未知の人間からの新しいメール

2 世界中から届くニュース

3 物語と自分との関係

4 友人からの招待状

58 ②ワープロが壊れる瞬間に思いを巡らせるたび、淋しくなるのはどんな
気持ちだと述べているか。

1 飼っていた犬が死んだときのことを思い出すから

2 飼っている犬がいま目の前で死にそうになっているから

3 失ってしまったら二度と出会うことができないことがわかっているから

4 共に生活してきたものと一緒に自分もここからいなくなってしまうから

問題10 次の文章を読んで、後の問いに対する答えとして最もよいものを、1・2・3・4から一つ選びなさい。

　私は東京に生まれて東京に育ち、父親も母親も東京に生まれ育った。これは方言研究者として、どうも①不利な条件のように思われる。

　まず、東北でも九州でも、そういうところに生まれて育ったならば、自分のことばを反省したり、あるいは親のことばなどを観察してさえいれば、それでいちおうの研究ができてしまう。それに引きかえて、東京生まれだと、方言を研究するためには、どこかよその土地へ出かけていって他人のことばを観察することからはじめなければならない。つまり、自分に方言生活の経験がないということである。

(略)

　もちろん、私についても、少しあらたまって話をするときと、たとえば飲み屋かなにかで少し酔っぱらって話をするときとを較べると、ことばを使い分けているということは、確かにある。それは、方言と標準語を使い分けている人たちが、場合によってことばを使い分けているのと、ある面で通じているかもしれない。ことばというものは単純なものではなくて、場面とか環境とかいったものによって、いろいろな形で現われてくる。外国語とか古典語とかを習いはじめたときには、ある内容を表現するために、きまった一種類の正しい言い方しかないと思いがちだが、実際は、②そんなものではない。一口に日本語といっても、いろいろな種類があり、さまざまな形が現われてくる。私だって東京生まれ東京育ちであるとはいうものの、やはりいくつかのことばを使い分けているが、しかし、方言と標準語の使い分けに限定すれば、やはりその経験は持っていないといわなければならない。これはやはり方言研究者としての悲劇ではなかろうか。

　しかし、ちょっと負け惜しみのようになるが、東京生まれの者にも、③いくらかの存在意義といったものがあるかもしれない。たとえば、方言使用者の心といったものは、たしかに、東北の人も関西・九州の人も、みんな持っているはずであるが、それぞれの地方によってその内容は実は多少違っているかもしれない。ある個人をとりあげると、たいてい特定の地域を背景に持っているものである。その点は共通しているが、具体的なことになると、たとえば東北の人が九州の人を見て、あの人も多分自分と同じようなことを味わっているだろうと考えると、それは、多少違っているかもしれない。すくなくとも、まったく同じだと初めから思いこんでしまうのは、危険なことではなかろうか。こういった場合に、むしろなまなましい方言の心といったものを持っていない、たとえば私のような人

間のほうが、かえって公平に、方言というものを分析できるといったことがあるかもしれない、と思う。東京出身の方言研究者も現にある。私の先生は東条操という方だが、この方も東京の出身であった。こういう方のおられることが、私の心の支えになっている。

(徳川宗賢『日本人の方言』筑摩書房)

59 ①不利な条件とはどのような条件か。

1　東京で暮らしていないということ
2　両親のことばを観察できないこと
3　方言と呼べるものを持っていないこと
4　常に自分の言葉遣いを反省しなければならないこと

60 ②そんなものとはなにを指すか。

1　外国語を学ぶための最良の方法があるということ
2　場面と環境によって正しい表現が変わるということ
3　古典語を習い始めるときには正しい方法で学ぶべきだということ
4　一つのことを表すために、必ず一つの正しい表現があるということ

61 ③いくらかの存在意義とはここではどういう意味か。

1 方言使用者の心を持っていないからこそ冷静に方言の研究ができるということ
2 二つの地域の方言使用者の気持ちを平等に評価して方言の研究ができるということ
3 様々な地域の方言使用者の心を公平に理解して方言の研究ができるということ
4 方言使用者の心を理解できないことによって、深く方言の研究ができるということ

62 筆者と方言の関係で合っているものはどれか。

1 筆者は酔っ払ったとときに方言を使うことができる。
2 筆者は地方で方言生活の経験をしたのちに方言研究者となった。
3 筆者は方言の心とでも呼ぶべきもの持っていないことを認めている。
4 著者は方言話者が標準語を習得する苦労をよく理解している。

問題11 次のAとBの文章を読んで、後の問いに対する答えとして最もよいものを、1・2・3・4から一つ選びなさい。

A

　この用語集は日本語教育に関心を持ち始めた人からベテランの方まで役に立つと思います。日本語教育でよく用いられるカタカナ語も丁寧に、原語を添えて示されているのもありがたいです。最近の日本語教育には、さまざまなカタカナ語が登場するので、横文字が苦手な私は苦労していました。ネット上の「立ち読み機能」で、そういった意味がよくわからない用語をいくつか調べてみたところ、かゆいところに手がとどく説明がされており、すぐに購入を決めました。購入後に気づいた残念な点としては、用語の配列が50音順であることです。用語を探すときには便利かもしれませんが、やはり分野別、領域別に編集していただきたかったです。

B

　類書の中では最も収録語数が多いのが気に入ったので、いつもならばリアル書店で現物を見てから決めるのだが今回はそうはせず、すぐに購入を決めた。複数の執筆者によって書かれているため、それぞれの用語の定義のスタイルが気になる点を除けば、おおむね満足のいく内容である。私の苦手なカタカナ語にすべて原語が添えられているので、さらに詳しく調べようという気持ちになる。また巻末の参考文献が充実しているのも初学者にはありがたい限りだ。たいへん良質な用語集であり、多くの人に手に取ってもらいたい。

63 AとB が共通して述べていることは何か。

1 日本語教育に携わる広い層の人々に役立つであろうこと

2 カタカナ語が原語でも書かれているのがよいということ

3 昔からある用語から新しい用語までが収録されていること

4 用語の解説がとても丁寧にわかりやすく書かれていること

64 この本について改善して欲しい点として、AとBはどのように述べているか。

1 Aは収録語数が少ないと述べ、Bは初心者には不向きだと述べている。

2 Aはカタカナ語の収録語数が少ないと述べ、Bは収録されている用語が古いと述べている。

3 Aは分野別の編集が望ましいと述べ、Bは用語の定義の文体の違いが気になると述べている。

4 Aは他の人には勧められないと述べ、Bは参考文献をもっと充実させて欲しいと述べている。

問題12 次の文章を読んで、後の問いに対する答えとして最もよいものを、1・2・3・4から一つ選びなさい。

あなたは「歌人」ではない、と云われることがある。歌人から云われることが多いが、それ以外の人に云われることもある。確かに私の歌は控えめにいってもオーソドックス な作風ではないし、相手も必ずしもネガティヴな意味でそう云っているとも限らない。 その時々のニュアンスによって、こちらは嫌な顔をしたり、よろこんだりするのだが、何かの機会に、本物(?)の他ジャンルの人が作った短歌をみたり、歌に対する彼らの〈読み〉をみたりすると、「うーん、やっぱり俺は歌人だよな」と思えてくる。そんな風に感じる理由はなんだろう。

いつだったか、永田和宏が、歌人以外の人の歌の〈読み〉に心から納得できたことがない、という意味のことを書いているのを見た記憶があるのだが、<u>基本的に私も同感である。</u>

歌人の〈読み〉の場合、それが自分の〈読み〉と異なっていても〈読み〉の軸のようなものを少しずらしてみれば理解はできることが多い。大きくいえばそれは個々の読み手の定型観の違いということになると思う。

それに対して、他ジャンルの人の短歌の〈読み〉については、定型観がどうとか〈読み〉の軸がどうとかいう以前に、「何かがわかっていない」「前提となる感覚が欠けている」という印象を持つことが多い。これはあまりにも一方的な云い方で、ちょっと口に出しにくいのだが、そんな感じは確かにあると思う。

「前提となる感覚が欠けている」とはどういうことか これをうまく表現するのはなかなか難しいのだが、例えば、「歌というのは基本的にひとつのものがかたちを変えているだけ」という感覚の欠如、という捉え方はどうだろう。実作経験のない読み手には、この感覚もしくは認識が欠けているように思われてならない。

多くの歌人は、少なくとも近代以降の歌の〈読み〉に際して、その作者がどんな体感に基づいて何をやろうとしていたのか、ということを或る程度自分の中で復元できるはずである。作品がどの程度成功しているか、という判断は、その復元感覚の上に成立しているのだ。作品の成立年代や作り手としてのタイプの違いにかかわらず、そのような把握は可能だと思う。そして、それが可能となる根本的な理由が「歌というのは基本的にひとつのものがかたちを変えているだけ」だからと云えないだろうか。歌人はみな無意識にそのことを知っているように思われる。

それに対して実作の経験のない人は「短歌にも色々なものがある」と漠然と思っているのではないだろうか。これは一般の人が和歌に対して風流とか雅といった均一なイメージを持っていることと一見矛盾するようだが、少なくとも現在、短歌の鑑賞文や歌集のしおり文[注3]を書くような他ジャンルの表現者たちは、「短歌にも色々なものがある」という認識を漠然と持っているように思う。

（穂村弘『短歌の友人』「〈読み〉の違いのことなど」）

(注1) オーソドックス：正統的な

(注2) 永田和宏：日本の現代歌人。

(注3) しおり文：ここでは短歌の本に添えられた解説書

65 基本的に私も同感である。 とはどういうことか。

1 歌人の歌の〈読み〉に対して、いつも他の歌人と同じような感想を抱く。

2 歌人の歌の〈読み〉は、誰のものも同じようなのでつまらない。

3 歌人以外の人の歌の〈読み〉の中に優れたものが多くある。

4 歌人以外の人の歌の〈読み〉の中には的外れなものが多い。

66 筆者によれば、歌人でない人が短歌について理解していないものはどれか。

1 短歌というものは突き詰めれば一つのことを表現しているということ

2 短歌には定型観があり、それを大切にするべきだということ

3 短歌にとっての風流や雅は現代においても必要であるということ

4 短歌には色々なものがあってよいという約束事があること

67 著者が、歌人にはできているが、歌人でない人にはできていないと考えているものはどれか。

1 近代以降の歌を、記憶し、暗唱すること

2 近代以降の歌を、作られた時期によって分類すること

3 近代以降の歌の作者がその歌で何をしようとしていたかを再構築すること

4 近代以降の歌の作者の作歌の意図を無意識に理解できるということ

68 この文章中で筆者が最もいいたいことは何か。

1 短歌の実作経験のない人は短歌について語るべきではない。

2 短歌の〈読み〉のためには、その前提となる感覚が必要である。

3 短歌の実作者に対して「あなたは歌人ではない」というようなことを言うべきではない。

4 他ジャンルの人も今後どんどん短歌の世界の仲間入りをして欲しい。

問題13 右のページは、ある地方の中小企業支援課が企画した「アジア留学生インターンシップ事業プログラム」のウエブ上の「アジア留学生インターンシップ事業受入企業募集要項」である。下の問いに対する答えとして最もよいものを、1・2・3・4から一つ選びなさい。

69 インターンシップ事業プログラムに参加する企業がインターン（職場実務研修生）に必ず提供しなければならないものはどれか。

1 一ヶ月以上の受け入れ機関
2 資格外活動許可証
3 通勤にかかる交通費
4 インターンシップ終了後の採用の機会

70 インターンシップ事業プログラムに参加を希望する企業が、実際の受け入れまでにしなければならないことはどれか。

1 インターンへのエントリーシートの送付
2 インターンとの面接日の調整
3 インターンを受け入れられない場合の「受け入れ不可理由書」の提出
4 インターンへの「インターンシップ活動評価表」の送付

アジア留学生インターンシップ事業　受入企業募集要項

公益財団法人　　黒川市産業振興財団

1　アジア留学生インターンシップの理念

国際化が進む今日、留学生は、日本そして学生たちの出身国、両国にとって「宝」と言っても過言ではありません。その留学生をインターン（職場実務研修生）として受け入れる当事業に賛同いただける企業を募集します。本プログラムへの参加により、海外から優秀な人材が活用できるとともに、社内の活性化にも繋がると信じております。そのお手伝いを当財団がお引き受けいたします。

2　プログラムの概要

（1）プログラムの内容について

　　参加企業に、自社の事業内容にあったインターンシップ（職場実務研修）プログラムを企画および実施していただきます。

（2）実施時期、期間について

　　平成28年8月3日(月)から9月30日(水)の約2か月間の中で、期間を自由に設定でしてください。

　　※ ただし最低３週間とし、期間内でできるだけ長いインターンシップ期間を設けることが望ましい。

（3）費用について

　　留学生に対しての報酬義務はありません。通勤費のみをご支給ください。

　　ただし各企業の判断で報酬およびそれに準じるものを支給することは妨げません。その場合は、留学生の「資格外活動許可」について確認や対応については責任を持って行ってください。

3．参加申し込み方法

　　本プログラムに参加を希望される企業は、別紙「企業エントリーシート」に必要事項をご記入の上、期日までに当財団までご提出ください。

4．スケジュール(別紙をご覧ください)

5．マッチング(面接)について

　　企業エントリーシートに記載された内容に基づいて、当財団がインターン（職場実務研修生）を選定、紹介いたします。 その後インターンに連絡をおとりいただき面接日を調整、実施してください。その後、面接されたインターンの受け入れの可否をご報告ください。承諾の場合は「受入確認書」のをご記入、ご提出をお願いいたします。

6．インターンシップ実施後について

　　インターンシップ実施後「インターンシップ終了報告書」を当財団に提出してください。

실전모의테스트 1회

독해

문제 8	46 ③	47 ④	48 ②	49 ③		
문제 9	50 ①	51 ②	52 ①	53 ④	54 ③	55 ② 56 ②
	57 ②	58 ④				
문제 10	59 ④	60 ③	61 ④	62 ①		
문제 11	63 ④	64 ③				
문제 12	65 ④	66 ②	67 ①	68 ②		
문제 13	69 ①	70 ③				

독해

문제 8 다음 (1)에서 (4)의 문장을 읽고, 다음 물음에 대한 답으로 가장 적당한 것을 1 · 2 · 3 · 4에서 하나 고르세요.

(1)

운과 노력의 관계란 재미있는 것입니다. 스스로가 제대로 노력해서 야심과 노력이 잘 돌아가면, 운이라는 커다란 바퀴가 드르륵하고 돌아가기 시작하는 겁니다. 한번 야심과 노력의 요령을 터득하면 생활방식도 인생도 싹 바뀝니다.

그러나 운이란, 본인의 기분이나 노력하기 나름이라는 단순한 것이라고는 나는 생각하지 않습니다. 이것은 정말 신기하게도, 좀 더 큰 부분, 인간의 힘이 미치지 않는 부분에 있는 힘이 작용하고 있는 것이라고 생각하고 있습니다.

> **어휘** 運 운 | 努力 노력 | 野心 야심 | 輪 바퀴 | ガラガラ 드르륵 | コツをつかむ 요령을 파악하다 | ガラリ 싹(어떤 상태가 변화는 모양) | 次第 나름 | 単純 단순 | 不思議 이상함

46 이 문장에서 필자가 말하고 있는 것은 무엇인가?

1 훌륭한 것을 동경하고, 이상을 구하며 노력하면 반드시 운이 트인다.
2 괴로워도 끝까지 참고 포기 하지 않고 노력을 계속하면 언젠가 운이 트인다.
3 항상 현재 상황보다 위로 가는 것을 목표로 하는 기분과 노력이 없으면 운이 트이지 않는다.
4 열심히 성실히 분발해서 노력을 계속해도 종교심이 없으면 운이 트이지 않는다.

> **정답** 3

> **해설** '운과 노력의 관계에서 야심이 더해지면 운이 잘 돌아가며, 또한 운이란 인간이 미치지 못하는 힘이 작용하고 있다' 라는 본문의 내용과 가장 가까운 것은 '야심'을 '현재 상황보다 위로 가는 것을 목표로 하는 기분'으로 바꿔 표현하여 '야심+노력이 없으면 운은 열리지 않는다'고 한 3번 문장이다.

---

(2)

주식회사 기무라 코포레이션
영업부 야마구치 사토시 님
매번, 후원해 주셔서 감사합니다.
다름이 아니라 일전에 전화로 의뢰해 주신 폐사(저의 회사) 제품 RM-1의 견본을 금일 발송해 드렸습니다.
이 제품은 종래의 것에 비해 품질의 현격한 향상에 성공했다고 자부하고 있습니다.
잘 검토하신 후에 부디 주문해 주시길 부탁드리겠습니다.
또한, 불분명한 점이 있으시면, 기탄없이 알려 주십시오.
앞으로도 모쪼록 잘 부탁드리겠습니다.

> **어휘** 株式会社 주식회사 | 引き立て 특별히 돌봐줌, 후원 | 依頼 의뢰 | 弊社 폐사(자기회사를 낮춘 말) | 製品 제품 | 見本 견본 | 発送 발송 | 従来 종래 | 品質 품질 | 格段 현격함 | 自負 자부 | 検討 검토 | 是非 아무쪼록 | 用命 분부(하명), 주문(함) | 賜る 윗사람에게서 받다(내려주시다) | 不明 불명(확실 하지 않음) | 遠慮 사양함, 꺼림 | 一報 일보(알림) | 愛顧 애고, 사랑하여 돌봐 줌

47 이 메일에서 가장 전하고 싶은 것은 무엇인가?

1 이전의 제품보다도 품질 높은 것이 제품화되었기 때문에 꼭 주문 바란다는 것

2 구입의뢰가 있었던 상품을 오늘 보내므로, 불분명한 점이 있으면, 연락 바란다는 것

3 새로운 제품 견본을 보내므로, 종래 제품과 비교 검토 바란다는 것

4 의뢰가 있었던 제품 견본을 보내므로, 꼭 구입을 생각해 볼 바란다는 것

정답 4

해설 메일의 가장 큰 목적을 묻는 문제로, 이 글의 주된 내용은 '의뢰 받은 회사에 제품의 견본을 보냈으니 확인하고 주문 (구매) 하기를 바란다'것이므로 4번이 가장 적합하다.

---

(3)

'애매'해서는 안 된다는 것은, 몸을 옷으로 감춰서는 안 된다고 하는 것과 같은 것이다. (생략)

노골적으로 드러내는 말은 너무나 실례가 된다. 그에 적합한 옷차림을 하게 한다. 아플리케 하나라도 덧붙이는 것은 세련된 언어의 감각이다. 이 점, 일본은 아마 어느 나라에도 지지 않을 전통을 가지고 있다. (생략) 애매함은 말의 꽃이다. 완곡함은 문화의 매너이다.

우리들은 긍지를 가지고, 애매한 말을 사용하며 가슴펴고 당당하게 알기 어려운 말을 사용해도 된다.

'거침없이 본심을 말하거나' 하는 것은 경박하다. 분별없는 짓이다.

| **어휘** | 曖昧 애매 | 着物 기모노(일본 옷) | あからさまに 노골적으로 | むき出し 드러냄 | いかにも 정말이지, 매우 | しかるべき 그에 적합한(합당한, 걸맞은) | 装い 옷차림, 치장 | アプリケ 아플리케(수예의 한 종류, 바탕원단에 레이스 등을 덧붙이는 기법) | 添える 첨부하다, 곁들이다 | 洗練 세련 | 感覚 감각 | おそらく 아마도 | 伝統 전통 | 婉曲 완곡 | 文化 문화 | マナー 매너 | 誇り 자랑, 긍지 | ぼかす 애매하게 말하다, 얼버무리다 | ずばり 바로, 정확히 | はしたない 상스럽다, 버릇없다, 경박하다 |

48 이 문장에서 필자가 말하고 싶은 것은 무엇인가?

1 애매한 말투는 요점을 이해하기 어렵고 상대에 대해 실례되므로 사용해서는 안 된다.

2 애매한 말투는 일본의 훌륭한 예의라고도 할 수 있는 표현법이므로 망설이지 말고 사용하면 된다.

3 진심을 정확히 말하지 않는 것은 자신의 진정한 마음을 감추고 있어 친밀함을 느낄 수가 없다.

4 진심을 정확히 말하지 않는 것은 아직 대답을 정할 수 없는 것을 꾸미고 있는 것에 지나지 않는다.

정답 2

해설 주제를 묻는 문제로 '애매함이 안 된다는 것은 옷을 입어서는 안 된다는 것과 마찬가지이며, 애매함은 일본문화의 매너이기 때문에 당당히 사용해도 되고 그대로 드러내는 말은 천박하다'라는 내용이 주이며, 본문에서의 '문화의 매너'를 '훌륭한 예의'로 '가슴을 펴고(당당히)'를 '망설이지 말고'로 바꿔 표현한 2번이 정답으로 적당하다.

---

(4)

일본인의 전직에 의한 이동성이 적은 것은 곧잘 '집단주의'라든가, 회사에 대한 '충성심' 등으로 설명되거나 하지만, 그것은 오히려 (생략) 일본인 개개인을 둘러싼 사회적 조건에 대해 개개인의 선택의 결과 생겨나는 현상으로 봐야 하고, 일본인이 다른 나라 사람들보다 천성적으로 그러한 경향을 현저하게 가지고 있는 특수민족이다 등으로 생각하는 것은 합당하지 않다.

즉, 개인이 동일한 회사에 머무는 것은 회사에 대한 충성심 따위라기보다도 사회적 손실이 전직했을 경우 개인에게 있어서 얼마나 큰지를 알 수 있기 때문이다.

49 필자는 이 문장에서 일본인의 전직이 적은 이유는 무엇이라고 말하고 있는가?

1 일본인은 회사에 대해서 가정 같은 집단 의식이 있기 때문에

2 일본인은 회사에 대해서 종속적인 강한 충성심이 있기 때문에

3 일본인은 전직하면 신분, 입장 등에 마이너스가 생길 거라고 생각하고 있기 때문에

4 일본인은 선천적으로 이직 등 환경을 바꾸는 것을 좋아하지 않기 때문에

정답 3

해설 일본인의 전직이 적은 이유를 묻는 문제이며, 본문 내용의 마지막 부분에 '전직을 하면 개인에게 있어서 사회적인 손실이 얼마나 큰지를 알고 있다'라고 그 이유가 나와 있으며, '사회적 손실'을 '신분, 입장 등의 마이너스'로 표현하고 있는 3번이 정답으로 적당하다.

문제 9 다음 글을 읽고 물음에 대한 답으로서 가장 적당한 것을 1·2·3·4에서 하나 고르세요.

(1)

일본 국내에서는 '안전신화는 붕괴되었다' '일본은 범죄가 많은 위험한 나라가 되었다' 라고 일컬어질 때가 많습니다만, 여러 외국과 비교하면 일본은 세계에서 가장 안전한 나라에 속하고 있습니다. 범죄 발생률은 OECD 34개국 중 아래에서 두 번째입니다. (생략) 일본의 범죄 발생률이 최하위가 아닌 것은 절도가 많기 때문이지만, 일본의 절도의 대부분은 자전거 도둑입니다.

도난 당한 자전거의 대부분은 원래의 주인에게 되돌아온다고 합니다. 자전거 도둑이라고 해도 대부분은 무단으로 잠깐 빌리는 정도인데 경찰에 신고하면 엄연한 절도사건이 되므로 발생률로서는 꽤 높은 것이 되었습니다. 이러한 범죄에 관해서도 일본은 세계 제일로 단속이 엄격하다는 것을 나타내고 있다고도 말 할 수 있겠지요.

일본에서는 근래 흉악범죄가 다발하고 있다고 일컬어지는 일도 자주 있지만, 사실은 그렇지 않습니다. '범죄백서' 등의 연차 통계를 봐도 분명히 해마다 감소 추세에 있는 것이 사실입니다. 현재의 특징적인 것은 '이제까지 생각할 수 없었던 사건' (이른바 '가정 내 살인' 등)이 소수이지만 일어나게 되었다는 것입니다. 그것은 흉악범죄에 국한되지 않고 '오레오레 사기' 등 새로운 수법의 범죄에 대해서도 말할 수 있는 것입니다.

매스컴에서 그러한 쇼킹한 범죄사건이 반복하여 보도되면 일본은 언제 무엇이 일어날지 모르는 위험한 나라가 되어버렸다는 기분에 빠지기 십상입니다.

50 자전거 도둑에 관해서 필자는 어떻게 말하고 있습니까?

1 도둑질 한 사람은 훔친다기보다는 잠시 빌리는 정도로 생각하고 있을 때가 많다.

2 일본인은 고가의 자전거를 가지고 있는 사람이 많기 때문에 표적이 되기 쉽고 건수가 많다.

3 가벼운 범죄이므로 경찰은 도난 사건으로 취급하지 않고 반환을 기다리도록 권고하고 있다.

4 도난당했다기보다 경찰이 위반으로 자전거를 세워 두는 것을 엄격하게 단속해서 철거하고 있는 것이다.

정답 1

해설 두 번째 단락에서 '자전거 도둑은 잠깐 빌리는 정도이고 대부분 원래의 주인에게 되돌아가는 경미한 범죄'라고 나와 있으며, 1번이 정답으로 가장 적당하다.

51 일본은 언제 무엇이 일어날지 모른다고 여겨지는 것은 왜인가?

　1　범죄 예방을 목적으로 과거에 있었던 사건의 보도가 지금도 반복되고 있기 때문에

　2　보도 기관은 전례 없는 사건이 발생하면 연일 몇 번이나 보도를 계속하기 때문에

　3　보도 기관은 작은 사건도 모두 거론해서 여러 가지 주의를 당부하고 있기 때문에

　4　다수의 방송국이 하나의 사건을 다른 해석으로 다른 사건처럼 보도하기 때문에

정답 2

해설 제시 문장의 이유를 찾는 문제며, '일본에서의 흉악 범죄가 다발하고 있다고 하지만 통계로는 범죄는 매년 줄고 있고, 그 특징이 지금까지 생각지 못했던 사건이나 새로운 수법의 사건이 적지만 일어나고 있어 매스컴에서 이러한 사건을 반복 보도하기 때문'이라고 했다. '지금까지 생각지 못한 사건'을 '전례가 없는 사건'으로 유사하게 표현한 2번이 정답으로 적당하다.

52 필자는 일본의 범죄를 어떻게 파악하고 있는가?

　1　대부분은 작은 사건이고, 세계에서 제일 안전하다고 해도 과언이 아니다.

　2　과거에는 없었던 새로운 형태의 범죄가 잇달아 일어나고 있어 위험하다.

　3　과거에는 없었을 것 같은 흉악한 사건이 다발하게 되어 위험하다.

　4　절도사건의 건수가 많고 이전보다 범죄 발생률이 올라가고 있다.

정답 1

해설 전체적인 내용으로 볼 때 필자는 '일본이 안전하다'라고 보고 있으므로 1번이 정답으로 적당하다.

(2)

국제 우주 정거장(ISS)에 물자를 운반하는 무인 보급선 '고우노토리'가 H2B 로켓으로 쏘아 올려졌다.

25일에 ISS에 도킹할 예정이다. 성공하면 2009년의 1호기로부터 5기 연속이 된다. 일본의 우주 기술에 대한 국제적인 신뢰성은 한층 더 높아질 것이다.

무인 보급선은 고우노토리 이외에 미국의 2개 회사와 러시아 우주청이 운용하는 총 3기종이 있다. 모두 작년 가을 발사 등의 실패가 잇달아 예정했던 실험이나 관측을 할 수 없게 되었다.

황새의 적재 능력은 다른 보급선의 2~3배에 달한다. 첫 호기 이후 수납 방법의 재검토 등의 보안을 추진해 왔다. 이번은 6월에 실패한 미국 보급선 대신에 미국 항공 우주국의 요청으로 물 처리 장치 등을 긴급 탑재하고 있다.

ISS의 운용에 빼놓을 수 없는 존재가 되고 있다고 말 할 수 있을 것이다.

도킹할 때에 일본인 비행사가 중심적 역할을 맡는다. ISS에 체류 중인 유이 키미야 씨가 로봇 팔을 조작해서 고우노토리를 붙잡는다. 지상으로부터는 와카다 고이치 씨가 지원한다.

ISS 계획에 대한 참여를 통해 인재와 기술은 착실히 양성되고 있다.

(생략)

정부는 20년까지 고우노토리를 4회 더 쏘아 올린다. 고우노토리에서 사용하고 있는 전지나 엔진 등의 기술을 우주 분야뿐만 아니라 산업계에서 폭넓게 활용해 나가는 것이 요구된다.

어휘 宇宙ステーション 우주 정거장 | 物資 물자 | 無人 무인 | 補給船 보급선 | こうのとり 고우노토리(일본의 우주 수송선) | 打ち上げる 쏘아 올리다 | 連続 연속 | 信頼性 신뢰성 | 一層 한층 더 | 機種 기종 | 昨秋 작년 가을 | 実験 실험 | 観測 관측 | 実施 실시 | 積載 적재 | 能力 능력 | 収納 수납 | 見直し 재검토 | 改良 개량 | 航空 항공 | 処理 처리 | 措置 조치 | 緊急 긴급 | 搭載 탑재 | 担う 짊어지다, 떠맡다 | アーム 팔 | 操作 조작 | 支援 지원 | 計画 계획 | 関与 관여, 참여 | 着実 착실 | 電池 전지 | 産業界 산업계 | 幅広い 폭넓다 | 活用 활용

53 이번에 '고우노토리'가 발사된 목적의 하나는 무엇인가?

　1　작년 가을 이후 연기되었던 실험이나 관측을 보조한다.

　2　작년 가을 이후 발사에 실패한 보급선의 개량을 행한다.

　3　ISS에 탑재된 보급 물자의 수납 방법의 재검토를 행한다.

　4　ISS에 긴급 보급 물자나 기재 등을 미국의 의뢰로 운반한다.

정답 4

해설 무인 보급선인 고우노토리가 쏘아 올려진 목적은 '미 항공 요청으로 보급 물자와 물 처리 장치 등을 운반하는 것'이므로 4번이 정답이다.

54 ISS의 운용에 빼놓을 수 없는 존재가 되고 있다고 말할 수 있는 것은 왜인가?

　1　ISS에는 일본인 우주비행사가 체재하고 있고 「고우노토리」의 조종에 정통해 있기 때문에

　2　고우노토리는 5기종이나 있으며, 타 기종의 발사 실패에도 바로 대응할 수 있기 때문에

　3　고우노토리는 발사의 연속 성공이나 많은 물자를 운반할 수 있는 높은 성능을 가지고 있기 때문에

　4　고우노토리는 과거 몇 번이나 미국기, 러시아기를 대신해서 물자를 공급하고 국제적인 신뢰를 얻고 있기 때문에

정답 3

해설 ISS의 운용에 빼놓을 수 없는 존재가 된 이유는 '2009년 이래 연속 성공을 했으며, 적재 능력도 다른 보급선의 2~3배에 이르기 때문'이라고 본문에 나와 있으므로 그와 같은 내용을 담고 있는 것은 3번이다.

55 필자는 일본의 우주 기술에 대해서 어떻게 생각하고 있는가?

　1　일본인 우주 비행사의 인재와 기술은 육성하고 있지만, 정부는 더 지원해야 한다.

　2　'고우노토리'의 기술은 우주 기술 이외의 분야에도 넓게 응용시켜 나가야 한다.

　3　일본의 우주 기술에 대한 국제적인 신뢰를 높이기 위해서라도 발사 실패는 허용될 수 없다.

　4　이번에 도킹에 성공했기 때문에 일본 기술은 ISS 계획에 한층 불가결한 것이 되었다.

정답 2

해설 일본 우주 기술에 관한 필자의 생각은 '우주 분야에 한하지 않고 산업계에서 폭넓게 활용해 갈 것이 요구된다'고 마지막 단락에 나와 있으며, 그 내용과 가장 가까운 문장은 2번이다

---

(3)

행렬(줄)이라는 형식 그 자체는 칼라하리 사막의 수렵 채집민인 산인이 사냥을 위해 멀리 나갈 때도 (행렬이) 형성되고, 서양에서는 전쟁의 포로를 줄 서게 하는 것이 고대 역사서에도 보인다. 그러나 물건을 손에 넣거나 서비스를 받거나 하는 순서를 기다리는 줄은 근대의 공업화 사회에 있는 특유의 것일 것이다. 작은 개인 상점에서는 줄 서려는 쇼핑객은 없지만, 슈퍼마켓에서는 (대량생산을 위한) 조립라인처럼 손님이 계산대에서 줄 서는 것이 전제되는 것은 행렬의 공업화 사회적 성격을 단적으로 나타내고 있다. (생략)

오늘날의 대도시가 그러하듯이 일반적으로 물건이나 서비스의 수요-공급 관계에 일정 정도 이상의 불균형이 있는 곳에서는 어디든 줄이 생길 가능성이 있다. 난민 캠프의 줄에서는 물건 공급의 부족이 강조되고, 물건이나 서비스의 공급에 부족이 없을 법한 현대일본의 아이스크림 가게나 크로켓 가게 앞의 줄에서는 수요가 도드라진다.

그렇지만 예를 들면, 수요-공급에 현저한 불균형이 있어도 신분이나 지위에 관계없는 선객(착) 우선의 원칙이 없다면, 아무도 줄을 지어 순서를 기다리려고 하지 않을 것이다. 줄이 자주 보이는 현대의 공공장면에서는 연령이나 사회적 지위나 성별·인종별 차이 등은 체계적으로 무시되지만, 그러한 선객(착) 우선의 평등주의가 없는 곳에서는 줄은 생기지 않는다. 줄을 서서 순서를 기다리는 습관은 예를 들면, 사농공상의 신분제도에서는 생각할 수 없듯이 원래가 서구의 근대사회 특유의 행동 양식인 것이다.

어휘 狩猟採集民 수렵 채집민족 | サン人 남부 아프리카 칼라하리 사막에 사는 수렵 채집민족 | 狩り 사냥 | 遠出する 멀리 나가다 | 戦争 전쟁 | 捕虜 포로 | 順番 순서 | 買物客 쇼핑객 | レジ 계산대, 카운터 | 前提 전제 | 端的 단적 | 需要 수요 | 不均衡 불균형 | 身分 신분 | 地位 지위 | 優先 우선(先客優先 선객 우선, 먼저 온 고객을 먼저 응대한다) | 原則 원칙 | 供給 공급 | 浮き彫り 부조, 부각시킴, 도드라짐 | 顕著 현저함 | 頻繁 빈번함 | 平等主義 평등주의

---

56 다음의 형식 중에서 근대 공업화 사회의 특유한 것은 어느 것인가?

1 개인 상점에는 복수의 쇼핑객에게 한 사람의 점원이 동시에 대응하는 가게도 있다.

2 슈퍼마켓에서는 손님이 계산대 앞을 통과하는 경로가 있다.

3 군대나 수렵대가 목적에 따라서 질서 바르게 줄을 만들어 행동한다.

4 죄수나 포로를 관리 통제하기 위해서 번호를 붙여서 늘어서게 한다.

정답 2

해설 밑줄 그어진 '근대 공업화 사회의 특유한 것'의 주어는 본문에서 '물건을 입수하거나 서비스를 받거나 하는 순서를 기다리는 줄'이므로 그 형식에 맞는 것은 2번이다

---

57 ②현대 일본의 아이스크림 가게에서 행렬이 생기는 것은 왜인가?

1 그 계절만의 판매이기 때문에 바로 다 팔려버리기 때문에

2 다른 상점에서도 살 수 있지만, 특별히 인기가 있어서 손님이 많기 때문에

3 연령이나 성별에 관계없이 누구든 먹는 것이기 때문에

4 계산대 수가 적어서 한 사람씩밖에 살 수 없게 되어 있기 때문에

정답 2

해설 줄은 수요와 공급관계에 불균형이 있을 때 생기는데, 공급 부족이 없을 법한 아이스크림 가게에 줄이 생기는 것은 '장점' 즉, '특별함'이 있기 때문이라는 것을 유추할 수 있으므로 2번이 정답으로 적당하다.

---

58 순서를 기다리기 위한 줄이 생기는 원인 중에서 가장 중요한 것은 무엇인가?

1 물건이나 서비스의 공급량과 손에 넣으려고 하는 사람들의 수가 일치하지 않는 것

2 신분이나 계급 등으로 사람들의 순위가 제대로 관리통제 되고 있는 사회제도

3 약자나 고령자를 배려해서 우선하는 친절한 공공심이 있는 사회생활

4 사람들의 신분이나 인종 등의 조건을 고려하지 않고 누구든 동등하게 보는 사고방식

정답 4

문제 10 다음 글을 읽고 물음에 대한 답으로서 가장 적당한 것을 1·2·3·4에서 하나 고르세요.

어느 세상에나 웃음은 늘 권력자를 위협해 왔다(생략)

권력 구조라는 것은 실은 ①바닥이 빠져 있다. 권력에는 본래 확고한 근거 등, 아무것도 없기 때문이다. 지배자라는 스스로 만들어 낸 전통을 사람들에게 믿게 하는 취약한 발판에 서 있는 것에 불과하다. 즉, 권력은 독립자존의 구조로는 있을 수 없는 것이다. 구조가 자족하고 있지 않은 점에서는 화폐도 마찬가지다. 지구상을 뒤덮은 것 같은 자본주의 경제도 모니터 상의 숫자만으로 결제되는 편리성이 높은 전자화폐 '거기에는 가치가 있다'로 생각하는 '집단사고'에 지탱되고 있다. 권력도 화폐도 사람들이 믿기를 멈춰 버리면 순식간에 위엄이 풀어지고 임금도 알몸이 되어 버리는 것이다. (생략)

②권력이 웃음을 두려워해서 봉쇄하고, 억제하면 결과로서 새로운 웃음이 생긴다. 권력이 필사적이면 필사적일수록 허점이 찔려 권력자는 우스꽝스러운 추태를 노출시키게 되지 않을 수 없다. 권력과 웃음의 공방, 실은 그 자체가 더할 나위 없는 희극이 되어 버리는 것이다.

권력이 웃음을 억압하려고 해도, 그것이 웃음의 편에서 보면 새옹지마가 될 때도 있다. 그러면 권력자도 이제 손쓸 방법은 없다. 웃음은 무적인 것이다. 그러나 무적이라고 하더라도 웃음이 권력을 대신하는 일은 없다. 어디까지나 웃음은 사회에 생명력을 되찾아 주고, 생생하게 가동시키는 엔진인 것이다. 정체되어 있는 사회에 웃음을 투입하면, 다이내믹한 약동감이 생겨, 구조가 유동화 되어 간다.

때문에 웃음의 역학이란, 권력자에 오르는 것이 아닌 권력을 무효화 하는 것에 있다. 게다가 그런 권력을 꼭대기에 둔 계급제도나 구조까지도 해체하고 탈 구축해 버리는 부분에 웃음의 파괴력이 있다.

안데르센 동화 '벌거벗은 임금님'을 봐도 웃음거리가 된 것은 권력자인 왕뿐만이 아니었다. 왕의 주변의 시종들도 퍼레이드에 참가한 국민들도 모두 마찬가지였다. 즉, 권력을 지탱하고 있는 구조 그 자체도 웃음거리가 되고, 해체된 것이다. (생략)

옷 짓는 장인이라는 사기꾼의 '능력에 어울리지 않는 직업에 종사하는 사람과 어리석은 사람에게는 투명하게만 보인다'라는 말에 현혹되어 허영심이나 기만 그리고 '자신만 보이지 않을지도 모른다'는 회의심에서 '자신만 보이지 않는다'고 말하지 않고 있었다. 모두가 다 같이 '벌거벗은 임금님'이었던 것이다.

그리고 허영심이나 기만에 사로잡히지 않고 '진실'을 말할 수 있었던 것은 유일하게 어린아이이다. (생략)

웃음을 다룰 수 있는 것은 즉, 계급제도로부터 자유로운 존재인 것이다.

어휘 権力者 권력자 | 脅かす 위협하다 | 構造 구조 | 底が抜ける 밑이 빠지다 | 確たる 확고한, 틀림없는 | 根拠 근거 | 支配者 지배자 | 伝説 전설 | 脆弱 취약 | 足場 발판, 토대, 기반 | 独立 독립 | 自尊 자존 | 自足 자족 | 貨幣 화폐 | 覆う (뒤)덮다, 가리다 | 資本主義 자본주의 | 経済 경제 | 数字 숫자 | 決済 결제 | 利便性 편리성(편의성) | 電子マネー 전자 화폐 | 価値 가치 | 集団思考 집단 사고 | 威厳 위엄 | 綻ぶ 풀리다, 터지다, 벌어지다 | 丸裸 알몸 | 封じ込める 봉쇄하다, 가두다 | 抑制 억제 | 必死 필사 | 裏を突く 허를 찌르다 | 無様 꼴사나움, 추태 | 滑稽 우스꽝스러움, 해학, 익살 | 曝す 드러내다, 노출시키다 | 塞翁之馬 새옹지마 | 打つ手 수단, 방법 | 無敵 무적 | 取って代わる 대신하다 | 稼動 가동 | 停滞 정체 | 投入 투입 | ダイナミック 활동적, 동적 | 躍動感 약동감 | 破壊力 파괴력 | 童話 동화 | 役者 배우 | 解体 해체 | 布おり職人 천 짜는 장인 | 詐欺師 사기꾼 | 透明 투명 | 惑わす 어지럽히다, 유혹하다 | 虚栄心 허영심 | 欺瞞 기만 | 懐疑心 회의심 | 囚われる 사로 잡히다 | 唯一 유일 | 操る 조종하다, 다루다

59 권력구조는 ①바닥이 빠져 있다 라는 것은 어떤 의미인가?

1 권력은 늘 이상을 계속 지향하기 때문에 상한이 없다.

2 권력은 언제 쓰러질지 모르는 불안함이 있다.

3 권력은 저변의 구석구석까지 지배하는 어려움이 있다.

4 권력은 인정해 주는 상대가 있어야 비로소 성립된다.

정답 4

해설 '권력은 근거가 없고 독립자존의 구조로 존재할 수 없으며, 화폐와 마찬가지로 그것에 가치가 있다고 믿는 집단사고에 의해 유지되는 것'이라고 하는 1, 2 단락의 내용에서 '인정해 주는 상대가 있어야 비로서 성립한다'고 하는 4번이 답으로 가장 적당하다.

---

60 ②권력이 웃음을 두려워하는 것은 왜인가?

1 권력자 이상으로 인기가 오르면 권력의 자리를 뺏길지도 모르기 때문에
2 웃음은 금액으로 환산할 수 없으므로 화폐경제 체제를 붕괴할지도 모르기 때문에
3 탄압하면 오히려 새로운 웃음을 유발하고 체제를 파괴할 지도 모르기 때문에
4 사람들이 각각 개인적 웃음의 가치관을 가져 사회를 통제 할 수 없게 되기 때문에

정답 3

해설 '웃음을 봉쇄하고 억압하면 결과로서 새로운 웃음이 생기며, 권력이 필사적일수록 허를 찔려 우스꽝스러워지고, 웃음은 무적이며, 사회에 생명력을 주며, 권력을 무효화 시키고, 권력이 최고로 삼는 계급사회도 해체하고 탈 구축하는 파괴력이 웃음에는 있다'라는 3, 4, 5단락의 내용에서 권력이 웃음을 두려워하는 이유가 나와 있고, 그와 가장 가까운 내용의 문장은 3번이다.

---

61 여기서 말하는 웃음이란 다음의 어떤 경우에 해당되는가?

1 가족이나 친구와 즐겁게 서로 접하며 웃는다.
2 인기인이 되기 위해서 남을 웃긴다.
3 기분을 바꾸기 위해서 재미있는 일로 웃는다.
4 진실을 깨닫고 사회통념의 어리석음을 비웃는다

정답 4

해설 '웃음은 허영심이나 기만에 사로잡히지 않고 진실을 말할 수 있는 것'이므로 4번이 그 경우의 예로써 가장 적절하다.

---

62 필자에 의하면 웃음을 자유롭게 지배 할 수 있는 것은 누구인가?

1 체제나 신분계급에 관련이 없는 사람들
2 체제나 신분계급을 파괴하고 혁명을 지향하고자 하는 사람들
3 탄압에 의한 강한 통제력으로 국가를 발전으로 이끄는 통치자
4 국민과 마음을 통하게 해서 국가를 발전시키고자 하는 통치자

정답 1

해설 본문에서 '벌거벗은 임금님'을 예로 들었는데, 거기서 '사실을 그대로 말할 수 있었던 사람(즉, 웃을 수 있었던 사람)은 유일하게 어린아이였으며, 체제나 계급과는 관련 없는 어린아이(사람)만이 허영심과 기만에 사로잡히지 않고 말할 수 있다'라는 내용에서 1번이 웃음을 자유롭게 지배할 수 있는 사람에 가깝다.

A

아무리 우수한 사람이라도 실패를 제로로 만들 수는 없는 법이다. 따라서 실패해도 끙끙거리며 침울해할 필요는 없다. 이 실패는 다음에 실수를 하지 않도록 하기 위한 걸음(단계)이라고 생각하는 편이 훨씬 좋다. (생략)

실패가 좋지 않다는 것은 언제까지나 끙끙거리며 고민하기 때문이다. 계속 고민하고 있으면 마음에 상처받고 그로 인해 뇌에도 기능 저하를 보이는 것이다. (생략)

그럴 때는 친한 친구 등에게 고민을 털어놓고 들어 달라고 하면 좋다. 이렇게 해서 일단 머리 밖으로 고민 등을 내뱉으면 그 이후는 끙끙거리며 고민할 일이 적어진다.

B

실패는 아무리 몇 중으로 방지책을 강구해 봤자 반드시 일어납니다. 인간의 활동에 실패는 으레 따라다니기 마련이므로, 인간이 활동을 그만두지 않는 한, 인간은 실패와 계속 함께해 가지 않으면 안 됩니다. 특히 새로운 기술을 개발하거나 미지의 세계로 돌입할 때 등, 실패는 당연한 듯이 우리들의 눈앞에 모습을 드러냅니다. 오히려, 잘 되어가는 쪽이 드문 것이 현실입니다.

실패는 일시적으로 우리들을 괴롭히지만, 실은 발전을 위한 커다란 시사를 항상 줍니다. 그리고 진정한 창조는, 일어나는 것이 당연한 실패로부터 시작한다는 것을 우리들은 결코 잊지 않도록 하고 싶습니다.

| 어휘 | 優秀 우수 | 失敗 실패 | クヨクヨ 끙끙 | 脳 뇌 | 機能 기능 | 低下 저하 | 打ち明ける 털어놓다 | 吐き出す 토해내다, 내뱉다 | 防止策 방지책 | 講ずる 강구하다 | 技術 기술 | 開発 개발 | 未知 미지 | まれ 드묾 | 苦しめる 괴롭히다 | 発展 발전 | 示唆 시사 | 創造 창조 |

63 A와 B에서 공통적으로 말하는 것은 어느 것인가?

1 인간은 새로운 기술을 개발하거나 어려운 문제에 직면했을 때 뇌에 피해를 입기 쉽다.

2 인간은 실패했을 때 침울해지지만 그것은 일시적인 것에 지나지 않고 귀중한 경험이 된다.

3 실패했을 때는 주위의 사람에게 상담함으로써 창조적인 사고를 할 수 있게 된다.

4 실패는 피할 수 없는 것이지만, 다음으로의 일보로서 받아들여 나가야 한다

정답 4

해설 A글의 '실패는 제로로 만들 수 없으며, 다음에 실패를 하지 않도록 하기 위한 걸음', B글의 '인간 활동에 늘 따라다니는 것이며, 발전을 위한 큰 시사를 항상 준다'라는 대목에서 공통점을 찾을 수 있으며, '실패는 피할 수 없는 것이지만, 다음 단계로의 일보로 받아들여야 한다'라고 한 4번이 정답으로 적당하다.

64 실패에 관해서 A와 B는 어떤 식으로 말하고 있는가?

1 A는 실패란 결코 앞으로는 나아갈 수 없는 좋지 않은 것이다라고 말하며, B는 실패는 큰 성공으로 반드시 이어지는 것이라고 말하고 있다.

2 A는 실패란 남에게 이야기해서 잊는 쪽이 좋다고 말하고, B는 실패는 남을 계속 괴롭히는 것이지만 잊어서는 안 된다고 말하고 있다.

3 A는 실패는 심신에 여러 가지 악영향을 미친다고 말하고, B는 인간은 살고 있는 한 실패와 마주하지 않으면 안 된다고 말하고 있다.

4 A는 실패의 타격은 스스로 컨트롤 할 수 없다고 말하고, B는 자력으로 실패를 극복하는 것은 간단한 것이 아니라고 말하고 있다.

정답 3

해설 실패에 대한 A, B 각각의 생각으로 맞는 문장보다, 틀리지 않는 문장(오류가 없는 문장)을 찾으면 오히려 답 찾기가 빠르다. 즉, 본문에서 언급되지 않은 내용이 한 부분이라도 있으면 읽어가며 소거해 나가면 되고, 여기서는 3번의 내용이 바르게 표현되었다.

문제 12 다음 글을 읽고 물음에 대한 답으로서 가장 적당한 것을 1 · 2 · 3 · 4에서 하나 고르세요.

지금, 대학원에 사회인 입학자가 늘고 있습니다. 저는 그것을 굉장히 좋은 일이라고 생각하고 있지만, 대학원 교육의 목적이 프로 연구자 양성이라고 한다면, 현재 연구자가 취직할 곳은 확실히 말해서 겨울 시절을 맞이하고 있습니다. 설령 박사학위를 취득해도 대학 업계에 취직할 곳은 없다. 어느 대학에도 취직처가 없어 대학원에 계속 재적하고 있는 박사가 넘쳐나고 있습니다. (생략)

대학원 중점화의 과정에서 취직 보장의 전망이 없는 채로 우후죽순처럼 전국 각지에서 국공립, 사립학교를 불문하고 대학원의 정원이 늘어났지만 사립 학교 등에서 취직 가능성이 처음부터 없는 곳에서는 학부로부터의 학생보다도 여성과 사회인을 우선적으로 입학시키는 곳조차 나오고 있습니다. 여성과 사회인이라면, 대학이 취직을 보장할 수 없더라도 변명이 먹히기 때문이라는 것입니다.

저는 그것을 '학위 인플레 시대'라 명명하고 대학원 중점화의 결과로써 무책임한 입학자 수용이 횡행하고 있다고 비판했더니, 사회인 대학원생으로부터 비판의 편지를 받은 적이 있습니다. 자신들이 오랜 직장생활 후 겨우 자신을 위해서 공부를 시작하려고 할 때에 그 기세를 꺾는 듯한 말을 교단에 선 자의 입에서 듣고 싶지 않다 라고. 저는 읽고, 너무나 지당하다고 생각했습니다. 그래서 생각한 것이 '생산재로서의 학위'와 '소비재로서의 학위'라는 개념입니다. 이것은 생산재로서의 교육과 소비재로서의 교육이라는 것으로 고스란히 바꿔놓아도 괜찮지만, 대학원 교육의 도달점은 학위라고 여겨지고 있기 때문에 우선 학위를 예로 말씀드리겠습니다.

학위를 따는 것이 그다음의 취업수단이 된다고 한다면 학위는 생산재라는 것이 됩니다. 그러나 수단이 되지 않는다면 학위를 따는 것 자체가 자기 목적이 됩니다. 그것이 소비재로서의 학위입니다.

혹시, 대학원생을 교육의 소비자, 사용자라고 생각했을 때, 생산재로서의 학위와 소비재로서의 학위 중 어느 사용자 쪽이 대학원 교육에 대한 요구 수준이 높을까요? 대학원에서 배우는 쪽이 미래에 대한 투자라면, 설령 현재가 시시해도 그것을 견딜 수 있겠지요.

그러나 대학원에 가는 것이 현재에 대한 투자라면, '지금 · 이곳'에서 보수가 없다면 견딜 수 없을 것입니다.

사회인 입학자가 늘고 그들이 처음부터 그걸로 대학에 취직하려고 생각하고 있는 것이 아닌 제가 말하는 부분의 소비재로서의 학위나 교육을 추구하고 있는 것이라면, 그러한 인간이 늘면 늘수록 대학에 대한 교육 소비자의 요구 수준은 높아지게 될 것입니다. (생략) 저는 사회인의 그러한 높은 요구에 부응할 만큼의 것을 지금의 대학 제도와 교육과정과 직원이 제공 가능할까? 그만큼의 퀄리티를 가지고 있을까? 라고 약간 스산한 기분이 들었습니다.

어휘 大学院 대학원 | 入学者 입학자 | 教育 교육 | 研究者 연구자 | 養成 양성 | 就職先 취직처 | 博士号 박사학위 | 重点化 중점화 | 過程 과정 | 保障 보장 | 見通し 전망 | 雨後のタケノコ 우후죽순 | 定員 정원 | 学位 학위 | 横行 횡행 | 批判 비판 | 出鼻をくじく 초장에 꺾다, 기선을 제압하다 | 教壇 교단 | 消費財 소비재 | 概念 개념 | 置き換える 옮겨 놓다, 바꿔 놓다 | 生産財 생산재 | 要求水準 요구수준 | 将来 장래 | 投資 투자 | 報酬 보수 | 制度 제도 | カリキュラム 커리큘럼, 교육과정 | スタッフ 스태프, 담당자 | 提供可能 제공가능 | クォリティ (품)질 | うそ寒い 좀 춥다, 으슬으슬하다

65 대학에서 대학원 정원이 늘어난 것은 왜인가?
1 대학원은 박사학위의 학위 취득자를 늘려서, 자교의 교육 수준을 높이고 싶기 때문에
2 대학원은 프로를 목표로 하는 진정한 연구자의 양성, 취직을 중점화 방침으로 삼았기 때문에
3 대학원은 겨울 시절이라 부르는 취직난에 빠져, 경영이 어렵기 때문에
4 대학원은 정부의 대학원 교육의 보급 방침 하에 증원을 제도화했기 때문에

정답 4

해설 전국에서 대학원 정원이 늘어난 이유는 대학원 중점화(주석 설명: 정부 주도로 행해진 대학원 증설이나 정원 증가 정책)로 인해 국공립 사립에서의 대학원생 정원을 늘렸기 때문이므로 4번이 정답으로 가장 적당하다

---

66 필자는 대학원 입학자에 사회인이 늘고 있는 이유를 어떻게 말하고 있는가?
1 사회인은 학부생보다 열의와 여유가 있어, 높은 합격점을 얻을 경우가 많기 때문에
2 사회인은 취직문제의 책임이 적기 때문에, 입학하기 쉬운 제도로 만든 대학원도 있기 때문에
3 오랜 직장생활 후 오랜 꿈이었던 공부를 하고 싶어 하는 사회인이 늘었기 때문에
4 박사 학위를 따면, 전직에 유리하다고 생각하는 사회인이 많기 때문에

정답 2

해설 2번째 단락에서 대학원 중점화 과정으로 대학원 정원이 늘어났고 특히 대학이 취업을 보장할 수 없어도 변명이 먹히는 여성과 사회인을 우선적으로 입학시키려는 대학조차 있다는 내용에 이어 3번째 단락을 보면 '저는 그것을 '학위 인플레 시대'라고 명명하고, 대학원 중점화의 결과로써 무책임한 입학자 수용이 횡행하고 있다고 비판했다'고 필자가 생각하는 이유가 나와 있으며, 이것에 가장 가까운 내용은 2번이다.

---

67 필자가 말하는 '생산재로서의 학위'란 무엇인가?
1 대학에 취직하기 위해서 필요한 학위
2 박사학위 취득 등, 연구자나 학자가 되기 위한 학위
3 학습자 자신의 연구심을 만족시킬 수 있는 대학원 교육
4 지불한 학비에 맞는 기술을 습득할 수 있는 대학원 교육

정답 1

해설 5번째 단락에서 생산자로서의 학위를 '학위를 따는 것이 취업의 수단이 된다면 학위는 생산재가 된다'라고 설명하고 있으며, 이와 같은 내용을 담고 있는 것은 1번이다.

---

68 필자가 이 문장에서 가장 말하고 싶은 것은 무엇인가?
1 대학원은 본래의 목적인 프로 연구자 교육에 중점을 두고 취직문제 등의 책임을 다해야만 한다.
2 진정으로 배우고 싶은 사회인이 대학원에 늘고 있지만, 대학원 교육의 내용은 지금 이대로 충분하다고 말할 수 있을지 의문이다.
3 대학원 측은 취직문제 등의 해결이 어렵기 때문에 연구자 육성을 포기하고 무책임한 정원 증가를 하고 있다.
4 진정으로 배우고 싶은 사회인이 대학원에서 배우게 된 것은 대학원 교육의 보급으로 이어지는 좋은 현상이다.

정답 2

해설 필자가 이 글에서 가장 말하고 싶은 것은 대학원 교육이 소비재로서의 학위 즉, 취업의 수단이 아닌 장래의 투자라면 대학원 교육에 대한 요구 수준이 높아지겠지만, '그러한 높은 요구에 부응 할 수 있을 만큼 대학의 제도, 교육내용, 스태프가 제공 가능할까? 그만큼의 질을 가지고 있을까? 하고 스산한 기분이 들었다'에서 의문의 뜻인「だろうか」를 사용해서 대학원 교육이 충분치 않다는 의구심을 드러내고 있으므로 2번이 답으로 적당하다.

문제 13 오른쪽 페이지는 미도리시의 음악제 참가자 모집 안내이다. 아래의 물음에 대한 답으로서 가장 적당한 것을 1 · 2 · 3 · 4에서 하나 고르세요.

69 오디션에 참가 할 수 있는 것은 어떤 사람인가?

1 시외에 살고 있고 시내의 피아노 교실에 다니고 있는 고교생

2 시내에 살고 있고 시외의 음악 대학에 다니는 20살의 대학생

3 시내에 살고 있는 음악 학교를 졸업한 25세의 주부

4 시외에 살고 있는 시내의 중학교의 28세의 음악 교사

정답 1

해설 오디션 참가할 수 있는 대상을 보면 1번이 정답이고, 2번은 음악 대학에 다녀서, 3번은 음악 학교를 졸업해서, 4번은 중학교 음악 교사여서 참가할 수 없다.

70 시내 거주하는 야마우치 씨 (26세)는 음악 부문에서의 참가를 희망하고 있다. 음악제에 참가할 수 있는 가능성을 포함하면, 앞으로 예정을 비워 둘 필요가 있는 일정은 다음 중 어느 것인가?

1 8월 8일, 11월 23일

2 8월 9일, 11월 23일

3 8월 9일, 11월 21일, 11월 23일

4 8월 8일, 8월 9일, 11월 21일, 11월 23일

정답 3

해설 음악제에 참가할 가능성이 있다면, 성악은 연주 이외로 들어가므로 오디션 기일은 8월 9일 이 되고 11월 21일의 리허설에 참가해야 하고, 음악제는 11월 23일이므로 이 3일이 예정을 비워 둘 필요가 있는 일정이 된다.

어휘 募集 모집 | 演奏 연주 | ピアノ連弾 피아노 연탄 | 弦管打楽器 관현 타악기 | 重奏 중주 | 声楽 성악 | 合唱 합창 | 合奏 합주 | 電子オルガン 전자 오르간 | ふれあう 접(촉)하다, (서로) 스치다 | 友情 우정 | 連帯 연대 | 創造性 창조성 | 養う 양성하다, 기르다 | 育成 육성 | 在住 재주(거주) | 在学 재학 | 在勤 재근(재직) | 一律 일률 | 条件 조건 | 問い合わせ 문의 | 除く 제외하다 | 開催 개최 | 窓口 창구 | 提出 제출 | 申込書 신청서 | 楽譜 악보 | 年齢 연령 | 明記 명기 | 負担金 부담금 | 備える 구비하다, 갖추다 | オーディション 오디션 | リハーサル 리허설

청소년 음악제 참가자 모집

부문
1. 피아노   2. 피아노 연탄   3. 관현 타악기 · 중주
4. 성악 · 중창   5. 합창 · 합주   6. 전자오르간 · 중주

목적

음악을 통해 서로 만남으로써 우정과 연대를 돈독히 함과 동시에 창조성을 기르고, 마음이 풍요로운 청소년을 양성하는 것을 목적으로 합니다.

대상

- 시내 거주, 재학 · 재직하며, 음악을 배우고 있는 29세까지의 청소년
- 상기 외에 시내의 음악 교실에 다니고 있는 고교생 이하의 청소년

※ 그룹인 경우는 전원 일률의 조건이라고는 할 수 없으므로 문의해 주세요.
　단, 어느 쪽이든 음악 전공인 대학생 · 전문학교생 · 및 졸업생을 제외합니다.

음악제 개최까지의 일정

1. **참가 모집 기간 및 신청 방법**
   기간: 20XX년 5월 1일(금)부터 같은 해 6월 10일(수)까지
   신청 방법: 다음의 세 가지를 미도리 어린이 회관 창구로 제출(오전 9시~오후 5시까지)
   ① 신청서
   ② 악보 사본 (왼쪽 상단에 성명, 참가 부문, 연령을 명기)
   ③ 참가 부담금: 한 조당 1000엔

※ 신청서는 미도리 어린이 회관 및 문화 회관, 공민마을회관, 아동회관에 구비되어 있습니다.

2. **오디션**(합격하신 분만 음악제에 참가할 수 있습니다)
   기일: 연주부문: 20XX년 8월 8일(토) 오전 10시부터
   　　　　상기 이외: 20XX년 8월 9일(일) 오전 10시부터
   장소: 미도리시 문화 회관

3. 음악제
- 평성 XX년 11월 23일(월 · 국경일) 오전 10시 개연 예정
- **개최 장소:** 미도리시 문화 회관

※ 11월 21일(토) 오전 10시부터 리허설을 실시합니다.

문의

소속과 부서: 어린이 건강부 어린이 육성과 어린이 육성 담당
〒123-456 미도리시 혼마치 3-12미도리 어린이 회관
전화번호: 043-00-7XXXX

실전모의테스트 2회

독해

문제 8	46 ①	47 ④	48 ①	49 ④						
문제 9	50 ④	51 ④	52 ④	53 ③	54 ③	55 ③	56 ④			
	57 ③	58 ③								
문제 10	59 ③	60 ④	61 ①	62 ③						
문제 11	63 ②	64 ③								
문제 12	65 ④	66 ①	67 ③	68 ②						
문제 13	69 ③	70 ②								

독해

문제 8 다음 문장의 ( ) 안에 들어갈 것으로 가장 적당한 것을 1·2·3·4에서 하나 고르세요.

(1)

디자인이라는 말을 여기저기서 볼 수 있게 되었다. 물론, '디자인'이라는 말에는 예전부터 익숙함이 있었다. 그러나, 그것은 옷이나 차같은 눈에 보이는 물건에 대해서만 사용되는 말이라고만 생각했었던 것이다. 하지만, 최근 '학습환경 디자인'이라는 말을 만나고, 그다음 바로 '숨을 디자인 하는 껌'이라는 광고를 만나고, 디자인에 대한 인식을 바꾸었다.

> **어휘** 見つけるようになる 보게(발견하게) 되다 | なじみ 낯익음, 익숙함 | 息をデザインする 숨을 디자인 하다, 입안의 향기나 상쾌함을 만든다는 의미 | 認識 인식 | 改める 바꾸다, 고치다

46 '디자인에 대한 인식을 바꾸었다'는 무슨 말인가?
   1 형태가 없는 것에도 디자인이 있다는 것을 알았다.
   2 디자인이라는 말은 옷이나 차에는 사용되지 않는 것을 알았다.
   3 형태가 있는 것에는 모두 디자인이 있다는 것을 알았다.
   4 디자인이라는 말은 눈에 보이는 것 외에는 사용되지 않는다는 것을 알았다.

> **정답** 1

> **해설** 「目に見える物についてのみ使われる言葉だとばかり思っていたのである。しかし〜」에서 알 수 있듯이 필자는 디자인이 형태에만 사용하는 줄 알았지만, 역접 접속사인 「しかし」로 이어지는 부분이 형태가 없는 것에도 사용되는 것을 알게 되었음을 나타내는 예가 이어지므로 1번이 답이 된다.

(2)

'줄탁동기'라는 말이 있다. 자세한 설명을 생략하고, 나 나름대로 이해한 의미를 말하자면, '자신이 필요로 하고 있는 것에 적시에 만나게 되는 것'이라는 것 정도 될 것 같다.

10년 정도 전에 '일본어 작문' 책 중에 '토픽 센텐스'라는 말을 만나고 그 말의 의미를 알았다. 그 일을 잊지는 않았지만, 마음에 깊이 남아있던 것은 아니다. 5년 후의 여름에 그 말을 재회했다. 문장을 쓰는 것의 곤란함을 절실히 느끼고 있던 시기이기도 했기에 '토픽 센텐스'라는 말이 깊이 내 마음에 새겨졌다.

> **어휘** 啐啄の機 줄탁동기(줄탁동시), 병아리가 알에서 나오기 위해서는 새끼와 어미 닭이 안팎에서 서로 쪼아야 한다는 뜻으로, 스승과 제자의 호흡이나 두 번 다시 없는 기회의 의미 | 省略 생략 | タイムリー (timely) 적시, 타이밍 좋음 | 再会する 재회하다 | トピックセンテンス (topic sentence) 주제 문장 | ひしひし 뼈저리게 | 心に刻まれる 마음에 새겨지다

47 필자에게 있어서 '토픽 센텐스'라는 말은 어떤 말인가?
   1 10년 전에 처음 만났으나 잊어버리고 있던 말
   2 의미를 모르는 채 문자만이 계속 기억되었던 말
   3 처음 만났을 때부터 소중한 말로 기억되었던 말
   4 두 번째 만났을 때야 비로소 중요성을 깨닫게 된 말

> **정답** 4

해설 줄탁동기라는 말을 필자는 '필요로 하는 것과 적절한 타이밍에 만나게 되는 것'으로 정의하고, 본인의 체험에서는 문장의 어려움을 뼈저리게 느낀 타이밍에 '토픽 센텐스'라는 단어와 다시 만나게 되었다는 내용이므로 답은 4번이 된다.

---

(3)

'어설픈 병법은 큰 부상의 화근'이라는 격언이 있다. '어중간한 지식이나 경험이 있는 것이 거꾸로 그 사람을 궁지에 빠뜨린다'는 의미이다. 그 말을 떠올리게 하는 경험을 일전에 했다. 친구와 이야기를 하고 있을 때, 그가 '커머디티(commodity)화'라는 말을 사용했다. 처음 듣는 말이었으나, 나는 '커머디티=상품'이라고 생각해서, '상품화' 즉 '기획을 상품으로 하는 일'이라고 판단해서 이야기를 계속했다. 그러나, 이야기를 하는 중에 나는 자신이 틀린 것을 알게 되었다.

어휘 生兵法は大怪我の元 어설픈 병법은 큰 부상의 화근 | ことわざ 격언, 속담 | 中途半端 어중간함, 엉거주춤함 | 窮地 궁지 | 陥れる 빠뜨리다 | 思い出す 떠올리다 | コモディティ化 (commoditization) 커머디티화, 상품의 일용품화. 상품이 메이커별로 차이를 상실하고 진부화되는 현상 | 初耳 처음 듣는 것, 금시초문 | コモディティ (commodity) 커머디티, 상품 | 企画 기획 | 判断する 판단하다 | 間違い 잘못, 오류

48 자신이 틀린 것이라는 것은 구체적으로 어떤 것인가?

1 커머디티화라는 말을 다르게 이해했었던 것
2 친구가 커머디티화의 의미를 몰랐었던 것
3 커머디티화라는 말은 실제로는 존재하지 않았던 것
4 친구가 커머디티화의 의미를 모른다고 생각했던 것

정답 1

해설 「コモディティ化」라는 「初耳(금시초문)」인 단어를 자기 추측으로 짐작하고 이야기를 해 나가다가 「しかし話をしているうちに、わたしは自分の間違いに気づいた」의 부분에서 필자는 자신의 잘못을 깨달았다고 하였으므로, 답은 1번이다. 즉 '상품화'와 '상품의 일용품화'는 전혀 다른 개념인데, 필자의 넘겨짚음으로 잘못된 이해를 하고 있었음을 이야기하면서 섣부른 지식의 위험성을 설명한 문장이다.

---

(4)

편집자인 지인이 선배 편집자가 언제나 "읽기 전과 후에, 읽는 사람의 내면에 변화를 주지 않는 책은 의미가 없다"고 말했었다고 하는 것을 듣고, '멋진데'라고 생각했다. 물론, 그때까지 알고 있었던 것을 재확인하거나, 그것에 새로운 식견을 더하기 위한 독서도 있는 것은 부정하지 않는다. 그러나, 그것뿐이라면 '독서'의 즐거움은 무척 허전한 것이 될 것이리라.

어휘 知り合い 지인 | 編集者 편집자 | 常々 평소, 언제나 | 再確認 재확인 | 知見 식견, 지식 | 付け加える 보태다 | 否定 부정 | 楽しみ 즐거움 | ずいぶん 무척 | さみしい 적적하다, 허전하다, 부족하다

49 저자는 책을 읽은 것의 의미를 무엇이라고 말합니까?

1 자기가 알고 있는 것에 대해 새로운 정보를 더하는 것
2 자기가 알고 있는 것이 모두 부정되는 사실을 만나는 것
3 독서를 통해 인생의 기쁨과 슬픔의 양면을 경험할 수 있는 것
4 독자 마음속에 그때까지는 없었던 생각이 생겨나는 것

정답 4

해설 마지막 줄 「しかし」 이후에 「さみしい (적적한, 부족한)」 기분을 표현하고 있기에, 앞 문장의 단순한 지식 습득만으로는 만족할 수 없음을 나타내고 있다. 「もちろん〜 (물론)」 「しかし〜 (하지만)」의 패턴으로 もちろん〜의 내용

은 필자의 주된 주장이 아닌 것을 파악할 수 있다면 1번이 아닌 것을 쉽게 알 수 있다. 2, 3번은 본문에 언급되지 않은 과도한 내용이다.

문제 9 다음 글을 읽고 물음에 대한 답으로서 가장 적당한 것을 1・2・3・4에서 하나 고르세요.

(1)

일본에서는 아이가 철이 들 무렵부터 무리(집단) 속으로 들여보내진다. 보육원이나 유치원, 초, 중, 고 나아가 대학을 졸업하면, 대부분이 사람은 회사라는 조직 안에 들어간다. 대소의 차이는 있을지언정 그런 집단 생활은 정년까지 계속된다. 일생 집단 속이다.

구미에서는 읽고 쓰기 계산을 어느 정도 알게 되면, 가업을 잇게 하여 신발가게 아들은 신발가게로, 혹은 음식점 아들은 다른 가게에 수련을 하려 보내져 공부를 시켜 곧 가업을 잇게 하거나 한다. ①이러한 케이스는 일본에서는 드물 것이다.

일본에서는 정년퇴직까지 무리 속에만 있으면, 마치 길들여진 양처럼 순종하게 되지 않을 수 없다. 개성을 발휘하려고 해도 무리 안에서는 할 수 없게 된다. 따라서 무리에서 가능한 한 떨어지는 노력을 하라! 고 하는 것이 이 책의 요지다.

무리에 속하지 않는 라이프스타일을 구축하려고 생각하면서도 좀처럼 안 되는 사람에게 권하고 싶은 것이 외톨이 작전이다. 의도적으로 무리에서 벗어나도록 만들어가는 것이다. 그렇다고 해서 동료와의 관계는 어색해지지 않는다. ②그런 방법이다. 이것은 딱히 어렵지 않다. 몇 개 정도의 일을 결심하고 실행하면 가능하다.

첫째로 먹고 마시는 자리에 잘 어울리지 말 것. 직장에서도 학교에서도 그렇지만, 무리 행동 중 가장 주된 것이 공부와 일 외에는 먹고 마시는 것이다. 점심이라면 소수 인원의 정해진 그룹으로 먹으러 가는 일이 많다. 먼저, 이것을 그만둔다. 혼자서 먹는 것이다. 권유해오면, "이거, 끝내야 해서……"등으로, 완곡히 거절한다. 미리 도시락을 준비해 두면 좋다. 업무 관계가 아니면 그쪽도 그 이상은 권하지 않을 것이다. 회식도 최대한 가지 않는다. 제로는 어렵겠지만, 그것에 가까운 형태로 한다.

어휘 物心がつく 철이 들다 | 群れ 무리,패거리 | 保育園 보육원 | 幼稚園 유치원 | 組織 조직 | ～こそあれ ~은 있을지 언정 | 定年 정년 | 欧米 구미(서양) | 読み書きそろばん 읽기 쓰기 및 계산(초등교육의 중심) | 家業を継がせる 가업을 잇게 하다 | 靴屋 신발가게, 신발공장 | あるいは 혹은 | 修業 수업, 수련 | 珍しい 드물다,희귀하다 | 定年退職 정년퇴직 | さながら 마치, 흡사 | 飼いならす 길들여 키우다 | 従順に 순종적으로, 고분고분히 | ～ざるをえない ~하지 않을 수 없다 | 個性 개성 | 発揮 발휘 | したがって 따라서 | 離れる 떨어지다 | 努力 노력 | 主旨 골자, 주지 | 築く 쌓다, 구축하다 | 思いつつ 생각하면서도(≒思いながら) | おすすめしたい 추천하고 싶다 | 仲間外れ 따돌림 받음, 외톨이 | 意図的に 의도적으로 | 仕向ける 만들다, 유도하다 | といって 그렇다고 해서 | 気まずくなる 어색하게 되다, (마음이) 불편하게 되다 | 実行する 실행하다 | 少人数 적은 인원 | 一人飯 혼자서 먹는 것 | 誘われる 권유 받다 | やんわり 완곡하게, 부드럽게 | 断る 거절하다 | あらかじめ 미리 | 仕事がらみ 업무에 관련된 것 | 極力 극력, 최대한, 있는 힘껏

---

50 ①이러한 케이스는 어떤 케이스인가?

1 인생의 많은 시간을 집단 안에서 보내는 케이스

2 자신의 부모 직업을 잇기 위해 수련을 전혀 하지 않는 케이스

3 기초적인 학문을 익히지 않고 사회에 내보내지는 케이스

4 가업을 잇게 하기 전에 부모 또는 동업자의 다른 가게에서 수련을 하는 케이스

정답 4

해설 일본에 드문 케이스로서 예를 든 것이, 신발가게과 음식점의 자식들이 부모에게 교육을 받거나 동종의 업체에서 훈련 받아「家業を継ぐ(가업을 잇는)」것 이기에 답은 4번이 된다

51 ②그런 방법이라는 것은 어떤 방법인가?

1 돈을 들이지 않고 친구와의 교제를 즐기는 방법

2 동료 속에 들어가지 않고 동료의 정보를 입수하는 방법

3 동료와 다투면서 좋은 인간관계를 구축하는 방법

4 일부로 외톨이가 되는 방법

정답 4

해설 지시어는 가까운 곳에서부터 대상물을 찾아간다. 바로 앞 문장에 「仲間との関係は気まずくならない」가 나와있고, 그 앞 문장에 외톨이가 되는 방향으로 만들어간다는 이야기가 나와 있으므로, 답은 4번이 된다. 3번은 바로 앞 문자의 내용이 포함되어 있지 않다.

52 이 문장에서 필자가 가장 말하고 싶은 것은 무엇인가?

1 대인관계가 나쁜 녀석이라고 불리지 않도록 동료를 소중히 하자

2 인상이 나쁜 녀석이라고 들어도 신경 쓰지 마라

3 외톨이가 되는 것은 괴로운 일이니까 조심해서 행동해라

4 인간관계를 소중히 하면서 무리 속에 들어가지 않는 생활을 추구해라

정답 4

해설 질문에 '가장' 말하고 싶은 것이라는 제한이 있으므로, 「～というのが本書の主旨だ」 부분에 주목해 보면, 무리에서 벗어나는 생활을 하라고 주장하고 있다. 핵심키워드인 '무리에 들어가지 않는' 생활이 포함되지 않으면 답이 될 수 없다. 2번이 답이 될 수 없는 근본적인 이유이다. 답은 4번이다.

(2)

도서 평론 업무를 바깥 간판으로 내걸고 있으면 자주 어떤 책을 읽으면 좋은지 추천하는 책은 있습니까? 하고 질문받는 일이 있다. 상대는 이를테면 인사하는 심산으로 "내일 날씨는 어떨까요?" 정도의 마음으로 말을 걸어오는지도 모르겠지만 언제나 대답이 막혀 버린다. 상대가 어떤 취미를 가지고, 어떤 독서 경력을 거쳐 왔는지, 소설을 좋아하는지 논픽션을 좋아하는지, 좋아하는 작가는 누구인지, 등 충분히 알아내기 전에는 안이하게 대답할 수 없다. 아니, 그 정도 알아내도 상대의 희망에 맞는 대답을 해낼 자신은 없다. 평론가는 추천 도서의 자동판매기가 아닌 것이다.

대개 나 같은 사람은, 한 권을 읽으면 고구마 덩굴처럼 꼬리에 꼬리를 물고 읽고 싶은 책이 나와, 그것이 기하급수처럼 늘어가므로, 도저히 사람의 의견 등 참고하고 있을 수 없다. 자기가 읽고 싶은 책만으로도 힘에 겨운 것이다. 그렇기 때문에 어지간한 일이 없는 한 남에게 추천받은 책을 읽는 일 같은 것은 없다. 때로 참견하며 "○○라는 책은 굉장히 재미있습니다. 꼭 추천합니다"라는 말을 듣는 적이 있는데, 얼굴로는 생글거리면서, 마음속으로는 "쓸데없는 참견이네"하고 혀를 내미는 일이 많다.

이것은 경험상 말할 수 있는 것인데, 독서 습관이 몸에 배면 얼마든지 어디서부터라도 읽고 싶은 책이 그쪽에서 날아오는 것이다.

어휘 書評 서평 | 表看板 바깥 간판, 표면상의 명목 | 掲げる 내걸다 | お薦め 추천 | 訊く 묻다 | いわば 말하자면, 이를테면 | ぶつける 던지다 | 返事 대답 | 窮する 궁해지다, 막히다 | 趣味 취미 | 読書歴 독서경력 | 経る 거치다 | 小説 소설 | ～からでないと ~하기 전에는 | 安易に 쉽게, 안이하게 | 訊きだす 캐내다, 알아내다 | 希望 희망 | ～に沿った ~에 따른, 적합한 | 自動販売機 자동판매기 | 一冊 한 권 | いもづる 고구마 덩굴 | いもづる式 고구마 덩굴처럼 관련된 것이 계속 이어지는 것 | ネズミ算式に 기하급수적으로 | とても 도저히 | 参考 참고 | 手一杯 힘에 겨움 | よほどのこと 어지간한 일 | おせっかい 참견 | にこやかに 부드럽게, 싱글벙글 | ふるまう 행동하다 | 余計なお世話 쓸데없는 참견 | 舌を出す 비웃다, 혀를 내밀다 | 身体になじむ 몸에 베다

53 도서 평론가는 추천 도서의 자동판매기가 아닌 것이다라고 하는 것은 여기에서는 무슨 말인가?

　　1　도서 평론가는 모든 책을 다 읽고 있는 것이 아니라는 것

　　2　도서 평론가는 참견하며 자기가 읽은 책을 강매해서는 안 된다는 것

　　3　도서 평론가의 일은, 추천하는 책을 부담 없이 소개하는 것이 아니라는 것

　　4　도서 평론가의 일은, 추천하는 책을 무료로 소개하는 것이라고 하는 것

정답 3

해설 바로 앞 문장에 도서 추천을 위해서는 고려할 점이 무척 많다는 이야기가 나왔다. 결국, 자동판매기처럼 동전만 넣으면 나오는 그런 쉬운 일이 아니라는 것을 비유로 설명하고 있다.

54 어지간한 일이 없는 한 남에게 추천받은 책을 읽는 일 같은 것은 없는 것은 왜인가?

　　1　타인의 책 평가를 전혀 신용하고 있지 않으니까.

　　2　타인의 책 내용에 대해서 이야기하는 것을 좋아하지 않으니까.

　　3　타인에게 추천 받지 않아도 읽고 싶은 책은 얼마든지 있으니까.

　　4　타인이 쓴 서평을 읽기 위한 시간이 없으니까.

정답 3

해설 「だから、よほどのことが～」와 같이 「だから」로 시작되는 문장이므로 앞부분 「～とても人の意見など参考にしていられない。自分の読みたい本だけで手一杯なのである」에서 답을 찾을 수 있다.

55 추천 도서에 대해 필자가 가장 하고자 하는 말은 무엇인가?

　　1　남에게 추천도서를 소개받고 싶으면 우선 자신의 독서 경력을 전해야만 한다.

　　2　남에게 책을 추천받을 때는 웃는 얼굴로 상대가 하는 말을 듣지 않으면 안 된다.

　　3　남에게 추천도서를 소개받는 것이 아니라, 자신의 독서 경험을 강화시켜야 한다.

　　4　남에게 추천도서를 소개할 때에는 상대의 책에 대한 취향을 알고 있지 않으면 안 된다.

정답 3

해설 첫 단락은 도서를 추천하는 사람의 입장, 두 번째 단락은 추천받는 입장에서 추천 도서에 대해서 이야기하고, 마지막 단락에서 독서가 몸에 배면 굳이 추천받지 않아도 읽고 싶은 책이 많을 것이라고 말하고 있다. 독서 습관을 강조한 3번이 답이 된다.

---

(3)

워드 프로세스를 소중히 사용하고 있다. 이것이 망가져도 새로 구입하는 것은 이제 불가능하다고 생각하니 더욱 신중하게 된다. 워드 프로세스가 등장하기 시작했던 무렵은 모두들 그렇게 흥분하고 환영했었는데 PC가 나타나자마자 제조를 중지해 버리다니 너무나도 냉담한 것은 아닌가. PC가 발하는 술렁술렁하는 느낌이 마음에 들지 않는다. 잠시 방심하면 모르는 누군가로부터 양해도 없이 메시지가 보내져 온다. 24시간 언제든지 전 세계 어느 곳에서도. 역시 그것은 섬뜩한 사태다. 불청객이 흙발로 들어온 듯한 것이다. 그리고 곤혹스러워하는 때에 왠지 화면이 꿈쩍도 하지 않게 돼 버리거나 한다. 나는 그저 온화한 기분으로 소설을 쓰고 싶을 뿐이다. 이야기와 나, 1대 1의 조용한 시간만 확보할 수 있다면 다른 것에는 아무 바람도 없다. 그런 점에서 워드 프로세스는 좋다. 화면 저쪽에 아무런 ①복잡한 것이 숨어있지 않다. 과묵하고 정직하다. 그저 겸허히 그곳에 있어, 새로운 이야기가 새겨지는 것을 기다리고 있다.

혼자 작업실에서 워드 프로세스 앞에 앉아 있으면 친밀한 공기가 흐르는 것을 느낀다. 자신이 쓰고 있는 이야기에 자기 자신이 꽉 안긴 듯한 착각에 빠진다. 세계와 이어져 있는 PC보다도 그저 문자를 변환시키는 것뿐인 워드 프로세스 쪽이 훨씬 자상한 시선을 보내 주고 있다.

기르고 있는 개가 죽을 때를 상상하는 것만으로 울어 버리는 것처럼, ②워드 프로세스가 고장 나는 순간을 떠 올려 볼 때마다 서글퍼 진다.

<table>
<tr><td>어휘</td><td>大事に 소중하게 | 購入する 구입하다 | なおさら 더욱 | 慎重に 신중하게 | 登場 등장 | 興奮 흥분 | 歓迎 환영 | ~た途端 ~하자 마자 | 冷淡すぎる 지나치게 냉담하다 | 放つ 발하다, 쏘다 | ざわざわした感じ 술렁술렁하는 (시끄러운) 느낌 | 油断する 방심하다 | 見知らぬ 알지 못하는 | 断りもなく 양해도 구하지 않고 | ぎょっとする 섬뜩한 | 招かれざる客 초대받지 못한 손님(불청객) | 土足 흙발로 | 困惑する 곤혹스럽다 | ぴくりとも 꿈쩍도 | 心穏やかに 온화한 마음으로 | 確保する 확보하다 | なんら 아무런 | ややこしい 복잡하다, 까다롭다 | 寡黙 과묵 | 謙虚に 겸허하게 | 刻まれる 새겨지다 | ワープロに向かっている 워드 프로세스를 하고 있다 | 親密な 친밀한 | 抱き留める 껴안다 | 錯覚に陥る 착각에 빠지다 | 変換する 변환하다 | 視線 시선 | 飼う 기르다 | 想像する 상상하다 | 思いを巡らせる 생각을 떠 올리다 | さみしい 적적하다</td></tr>
</table>

56 필자가 워드 프로세스를 선호하여 사용하는 것은 왜 인가?

1 24시간 언제라도 문장을 쓸 수 있기 때문에
2 제조가 중지되는 것을 알고 감동했기 때문에
3 소리를 내지 않고 조용히 문장을 쓰는 것을 좋아하기 때문에
4 메일 등이 성가시게 하지 않고 쓰는 것에 집중할 수 있으니까

정답 4

해설 '~온화한 기분으로 소설을 쓰고 싶을 뿐이다. 이야기와 나, 1대 1의 조용한 시간만 확보할 수 있다면 다른 것에는 아무 바람도 없다. 그런 점에서 워드 프로세스는 좋다.' 이 부분에서 워드 프로세스가 좋은 이유가 명시되어 있다. 지시어의 앞 문장에서 '조용한 시간을 확보할 수 있는 것'이라는 키워드를 포함하고 있는 것을 찾으면 된다. 뒷 문장의 부연설명으로도 명백하다.' 화면 저쪽에 아무런 복잡한 것이 숨어있지 않다.'를 통해 성가시고 복잡한 것이 없는 것을 좋아하기 때문이라는 것을 알 수 있고, 답은 4번이 된다.

57 복잡한 것이 아닌 것은 다음 중 어느 것인가?

1 알지 못하는 인간으로부터 온 새로운 메일
2 전 세계로부터 도착하는 뉴스
3 이야기와 자신과의 관계
4 친구로부터의 초대장

정답 3

해설 복잡하고 성가신 것은 모르는 사람으로부터 온 메일 등 PC로부터 전해지는 것들이다. 답은 3번이 된다.

58 워드 프로세스가 망가지는 순간을 떠 올려 볼 때마다 서글퍼지는 것은 어떤 심정이라고 말하고 있는가?

1 기르고 있던 개가 죽었을 때의 일을 떠올리게 되니까
2 기르고 있는 개가 지금 눈앞에서 죽을 것같이 되어 있으니까
3 잃어버리면 두 번 다시 만날 수 없다는 것을 알고 있으니까
4 함께 생활해 온 것과 같이 자신도 여기에서부터 사라지게 되니까

정답 3

해설 워드 프로세스를 개에 비유한 것은 현재는 개가 살아 있어도 죽을 것을 생각하면 적적해진다는 것으로, 지금은 고장 나지 않았어도 고장나 버리면 끝장이기에 벌써부터 서글퍼진다는 이야기인 것이다. 답은 3번이다. 1, 2, 4번은 시제에서 근본적인 오류가 보인다.

문제 10 다음 글을 읽고 물음에 대한 답으로서 가장 적당한 것을 1·2·3·4에서 하나 고르세요.

나는 도쿄에서 태어나 도쿄에서 자랐고, 아버지도 어머니도 도쿄에서 나고 자랐다. 이것은 방언 연구자로서 아무래도 ①불리한 조건처럼 여겨진다.

우선 도후쿠라든지 규슈라든지 그러한 곳에서 나고 자랐더라면 자신의 말을 돌아보거나 부모의 말을 관찰만 하더라도 그것으로 어느 정도의 연구가 되어 버린다. 그것과는 반대로 도쿄태생이라면, 방언을 연구하기 위해서는 어딘가 모르는 토지에 가서 타인의 말을 관찰하는 것부터 시작하지 않으면 안 된다. 즉, 자신에게 방언의 경험이 없다는 것이다. (중략)

물론, 나도 또한 조금 격식을 차리고 이야기를 할 때와, 예를 들면 술집 등에서 조금 취했을 때 말을 할 때를 비교하면, 말을 가려서 쓰고 있는 것은 분명히 있다. 그것은 방언과 표준어를 가려 쓰고 있는 사람들이 경우에 따라서 말을 나누어 쓰고 있는 것과 어떤 면에서는 통하고 있는 것일지도 모르겠다. 말이라는 것은 단순한 것이 아니고, 장면이라든가 환경이라고 하는 것에 의해 여러 가지 모습으로 나타난다. 외국어라든가 고전어 등을 배우기 시작할 때에는 어떤 내용을 표현하기 위해서 정해진 한 종류의 바른 표현 방식밖에 없다고 생각하기 십상이지만 실제로는 ②그런 것이 아니다. 한마디로 일본어라고 해도 여러 종류가 있고, 다양한 형태로 나타난다. 나도 도쿄에서 나고 자라긴 했지만, 역시 몇몇 말을 가려 쓰고 있는데, 그렇지만 방언과 표준어를 구별해서 쓰는 것에 한정한다면, 역시 그 경험을 가지고 있지 않다고 말할 수 밖에 없다. 이것은 역시 언어 연구자로서 비극이 아닐까?

그러나 좀 억지를 부리는 듯하지만, 도쿄 태생 사람에게도 ③얼마간의 존재 의의라는 것이 있을 지도 모르겠다. 예를 들어 방언 사용자의 마음이라는 것은 분명, 도후쿠 사람도 칸사이, 규슈사람도 모두 가지고 있겠지만, 각각의 지방에 따라 그 내용은 실은 조금 다를지도 모르겠다. 어떤 개인의 경우를 보면 대개 특정한 지역을 배경으로 가지고 있는 것이다. 그 점은 공통되어 있으나 구체적인 것을 보면 예를 들면, 도후쿠 사람이 규슈 사람을 보고, 저 사람도 아마도 나와 같은 것을 경험하고 있었을 것이다 라고 생각한다면 그것은 다소 다를지도 모르겠다. 적어도 완전히 같다고 처음부터 믿어 버리는 것은 위험한 것이 아닐까? 이런 경우에 오히려 생생한 방언의 감각이라는 것을 가지고 있지 않은, 예를 들면 나 같은 사람 쪽이 도리어 공평하게 방언이라는 것을 분석할 수 있는 일 등이 있을지도 모르겠다고 생각한다. 도쿄 출신 방언 연구자도 실제로 있다. 나의 선생님은 도조미사오라는 분인데 이분도 도쿄 출신이었다. 이런 분이 계신다는 것이 내 마음에 버팀목이 되고 있다.

어휘	生まれ育つ 나서 자라다 | 方言研究者 방언(사투리) 연구자 | 不利な条件 불리한 조건 | 反省する 반성하다 | 아루이는 혹은 | 観察する 관찰하다 | 이치오 일단 | ~にひきかえて ~과는 달리 | よその土地 다른 지방 | 아라타마って 격식을 차려 | 飲み屋 술집 | 酔っぱらう 술 취하다 | 較べる 비교하다 | ある面で 어떤 면에서는 | 通じる 통하다 | 単純 단순 | 場面 장면 | 古典語 고전어 | 思いがちだ 생각하기 십상이다 | 東京育ち 도쿄에서 자란 사람 | 限定する 한정하다 | 悲劇 비극 | 負け惜しみ 진 것을 인정하지 않으려 억지를 부림 | 存在意義 존재 의의 | 特定 특정 | 地域 지역 | 背景 배경 | 共通 공통 | 多分 아마 | 味わう 맛보다 | むしろ 오히려 | かえって 도리어 | 公平 공평 | 分析 분석 | 現に 실제로 | 東条操 도조 미사오 (일본 국어 학자) | 心の支え 마음의 버팀목, 마음의 지주

---

59 ①불리한 조건이라는 것은 어떤 조건인가?

1 도쿄에서 살고 있지 않다고 하는 것
2 양친의 말을 관찰할 수 없는 것
3 방언이라고 부를 수 있는 것을 가지지 않은 것
4 항상 자신의 말투를 반성하지 않으면 안 되는 것

정답 3

해설 이유를 뒤에서 설명하는 패턴이다. 맨 처음 시작한 문장이 「つまり、自分に方言生活の経験がないということである (즉, 자신에게 방언 경험이 없다는 것이다)」라는 문장으로 마무리된다. 그것으로 3번이 답이 되는 것을 알 수 있다.

60 ②그런 것이라는 은 무엇을 가리키는가?

1 외국어를 배우기 위한 가장 좋은 방법이 있다는
2 장면과 환경에 의해 바른 표현이 바뀐다고 하는 것
3 고전어를 배우기 시작할 때는 옳은 방법으로 배워야만 한다는 것
4 하나의 일을 표현하기 위해서 반드시 하나의 바른 표현이 있다는 것

정답 4

해설 「実際は、②そんなものではない」 앞에 있는, 「~きまった一種類の正しい言い方しかないと思いがちだ」(~ 정해진 한 종류의 바른 표현 방식밖에 없다)라고 나와있으므로, 답은 4번이 된다.

61 ③ 얼마간의 존재 의의라는 것은 여기에서는 어떤 의미인가?

1 방언 사용자의 마음을 가지고 있지 않기에 오히려 냉정히 방언의 연구가 가능하다는 것
2 두 지역의 방언 사용자의 마음을 평등하게 평가해서 방언의 연구가 가능하다는 것
3 다양한 지역의 방언 사용자의 마음을 공평하게 이해해서 방언의 연구가 가능하다는 것
4 방언 사용자의 마음을 이해할 수 없기 때문에 깊이 방언의 연구를 할 수 있다는 것

정답 1

해설 도쿄 태생이라는 것이 불리한 것은 인정하나, 오히려 방언을 가지고 있지 않으므로, 보다 객관적으로 비교 연구가 가능한 것이 장점으로도 작용할 수 있는 것을 표현한 것이므로 1번이 답이 된다. 선택지2, 3, 4번에서 제시한 마음의 이해 여부는 연구와 직접적인 관계가 없다.

62 필자와 방언의 관계에서 맞는 것은 어느 것인가?

1 필자는 술 취했을 때 방언을 사용할 수 있다.

2 필자는 지방에서 방언 생활을 경험을 한 뒤 방언 연구자가 되었다.

3 필자는 방언의 감각이라고 부를 만한 것을 가지고 있지 않다고 인정하고 있다.

4 필자는 방언 사용자가 표준어를 습득하는 고생을 잘 이해하고 있다.

정답 3

해설 필자는 첫 단락과 두 번째 단락에서 도쿄 태생으로 방언이라 불릴 만한 것을 가지고 있지 않다고 서술한 후, 세번째 단락에선 오히려 그것이 연구에 도움이 될 수도 있음을 말하고 있다. 그러므로 답은 3번이 된다.

문제 11 다음 글을 읽고 물음에 대한 답으로서 가장 적당한 것을 1·2·3·4에서 하나 고르세요.

A

이 용어집은 일본어 교육에 관심을 가지기 시작한 사람부터 베테랑인 사람까지 도움이 되리라고 생각합니다. 일본어 교육에서 자주 사용되는 가타카나어도 친절하게, 원어를 첨부하여 제시되어 있는 것도 유익합니다. 최근 일본어 교육에는, 다양한 가타카나어가 등장해, 외래어를 어려워하는 저는 (꽤) 힘들었습니다. 인터넷 상의 '일부 보기 기능'으로 그러한 의미를 잘 모르는 용어를 몇 개인가 조사해 본 바 가려운 곳을 시원하게 긁어주는 설명이 되어 있어 바로 구입을 결정했습니다. 구입 후에 알게 된 아쉬운 점으로서는, 용어의 배열이 50음순인 것입니다. 용어를 찾을 때에는 편리할 지도 모르겠지만, 역시 분야별, 영역별로 편집되었으면 좋았을 것입니다.

B

유사한 책 중에서는 수록된 어휘 수가 가장 많은 것이 마음에 들었기에 평소라면 실제 서점에서 실물을 보고 나서 결정하지만 이번에는 그렇게 하지 않고 바로 구입을 결정했다. 복수의 집필진에 의해 쓰여져 있기 때문에, 각각 용어의 정의 스타일이 신경 쓰이는 것을 제외하면 전체적으로 만족할 만한 내용이다. 내가 힘들어하는 가타카나어에 전부 원어가 첨부되어 있으므로, 좀더 조사해 보고 싶은 기분이 된다. 또 권말의 참고 문헌이 충실한 것도 초학자에게는 지극히 감사할 따름이다. 매우 양질의 용어집이어서 많은 사람이 구입했으면 좋겠다.

어휘 用語集 용어집 | ベテラン 베테랑, 숙련자 | 用いる 사용하다 | 丁寧に 정성껏, 꼼꼼하게 | ～を添えて ~을 첨부하여 | 示す 보이다, 나타내다 | 横文字 로마자처럼 가로로 쓰는 글자. 구문 | 苦手な 서툰 | 苦労する 고생하다 | 立ち読み機能 부분 보기 기능(서점에서 책을 구입하지 않고 서서 읽는 어원에서 유래) | ～たところ ~해 본 결과, ~해 본바 | かゆいところに手がとどく 가려운 곳에 손이 닿다(답답한 부분이 해결되다) | 購入 구입 | 配列 배열 | 領域別に 영역별로 | 編集 편집 | 類書 유사한 책 | 収録語数 수록 어휘 수 | 気に入る 마음에 들다 | リアル書店 오프라인 서점 | 現物 실물 | 複数 복수 | 執筆者 집필자 | 定義 정의 | 除く 제외하다 | おおむね 대체로 | 満足 만족 | 詳しい 상세하다 | 巻末 권말 | 参考文献 참고 문헌 | 充実する 충실하다 | 初学者 처음 배우는 사람 | ～限りだ 매우(몹시) ~하다 | 良質な 양질의

63 A와 B가 공통적으로 말하고 있는 것은 무엇인가?

1 일본어 교육에 종사하는 넓은 층의 사람에게 도움이 되리라는 것

2 가타카나어가 원어로도 쓰여져 있는 것이 좋다는 것

3 예전부터 있는 용어로부터 새로운 용어에 이르기까지 수록되어 있다는 것

4 용어 해설이 매우 꼼꼼하고 알기 쉽게 쓰여 있는 것

정답 2

해설 공통적으로 언급된 것만을 답으로 골라야 한다. 1번, 4번은 A, 3번은 B에만 언급된 내용이다. 답은 2번이 된다.

64 이 책에 대하여 개선하기를 바라는 점으로서 A와 B는 어떻게 말하고 있는가?

1 A는 수록되어 있는 어휘 수가 적다고 하고, B는 초보자에게는 적합하지 않다고 한다

2 A는 가타카나어의 수록 어휘 수가 적다고 하고, B는 수록되어 있는 용어가 오래됐다고 한다.

3 A는 분야별 편집이 바람직하다고 하고, B는 용어 정의의 문제의 차이가 신경 쓰인다고 한다.

4 A는 다른 사람에게는 권할 수 없다고 하고, B는 참고문헌을 더 충실히 해 주기를 바란다고 한다.

> **정답** 3

> **해설** A는 문장의 마지막 부분에, B는 2번째 문장에 불편한 사항 및 개선 희망 사항이 적혀있다.

문제 12 다음 글을 읽고 물음에 대한 답으로서 가장 적당한 것을 1·2·3·4에서 하나 고르세요.

당신은 '가인'이 아니라는 말을 듣는 때가 있다. 가인으로부터 듣는 경우가 많으나, 그 외의 사람에게 듣는 경우도 있다. 분명 나의 시는 온화하게 읊어도 정통적인 작품은 아니고, 상대도 꼭 부정적인 의미로 그렇게 말하고 있지 않을 수도 있다. 그때그때 뉘앙스에 따라 이쪽은 싫은 얼굴을 하거나 기뻐하거나 하는데, 어떤 기회에 타 장르의 전문가가 만든 단가를 보거나 시에 대해 그들이 읊은 것을 보거나 하면 음, 역시 나는 가인이구나 하는 생각이 든다. 그런 식으로 느끼는 이유는 무엇일까?

언제였던가, 나가타 카즈히로가 가인 이외의 사람의 '낭독(읊음)'에 마음으로 납득했던 적이 없다는 의미로 쓴 것을 본 기억이 있는데 <u>기본적으로 나도 동감한다.</u>

가인의 '낭독(읊음)'의 경우, 그것이 자신의 '낭독(읊음)'과 다르더라도 '낭독(읊음)'의 축을 조금 비켜보면 이해할 수 있는 것이 많다. 크게 말하면 그것은 개개의 읽는 사람의 정형관의 차이라는 것이 된다고 생각한다. 그것에 대하여 타 장르 사람의 단가 '낭독(읊음)'에 대해서는 정형관이 어떻다든가 '낭독(읊음)'의 축이 어떻다든가 하기에 앞서 '뭔가 모르고 있다', '전제가 되는 감각이 결여되어 있다'는 인상을 받는 경우가 많다. 이것은 너무나도 일방적인 말투로 좀 말하기 어렵지만, 그런 느낌은 분명히 있다고 생각한다.

'전제가 되는 감각이 결여되어 있다'는 것은 무엇인지, 이것을 잘 표현하는 것은 꽤 어렵지만, 예를 들면, '시라고 하는 것은 기본적으로 하나의 것이 모습을 바꾸고 있을 뿐'이라는 감각의 결여, 라고 이해하면 어떨까? 실제로 시를 읊어 본 경험이 없는 독자에게는 이 감각 혹은 인식이 결여되어 있는 것처럼 생각하지 않을 수 없다.

많은 가인은 적어도 근대 이후의 시의 해석에 있어서, 그 작가가 어떤 체감에 입각해서 무엇을 하려고 하고 있었는가 라는 것을 어느 정도 자신 안에서 복원할 수 있을 것이다. 작품이 어느 정도 성공하고 있는가? 라는 판단은 그 복원 감각 위에서 성립되고 있는 것이다. 작품 성립 연대나 작가로서의 타입의 차이에 관계없이 그러한 파악은 가능하다고 생각한다. 그리고, 그것이 가능해지는 근본적인 이유가 '시라는 것은 기본적으로 하나의 것이 형태를 바꾸고 있을 뿐'이기 때문이라고는 말할 수 없을 것인가? 가인은 모두 무의식적으로 그것을 알고 있을 것으로 생각된다.

그에 대하여, 실제로 읊어 본 경험이 없는 사람은 '단가에도 여러 가지가 있다'라고 막연히 생각하고 있는 것을 아닐런가? 이것은 일반 사람이 '와카(일본 전통시)'에 대해 풍류라든가 우아함이라는 균일적인 이미지를 가지고 있는 것과 언뜻 모순이 될 것 같지만, 적어도 현재 단가 감상문이나 가집의 서표를 쓰는 그러한 타 장르의 표현자 들은 '단가에도 여러 가지가 있다'는 인식을 막연히 가지고 있을 것이라고 생각한다.

> **어휘** 歌人 和歌,短歌 등을 쓰는 사람 | 云う 말하다 | 控えめにいっても 온화하게 말해도 | オーソドックス (orthodox) 정통적인 | 作風 작풍 | 相手 상대 | ネガティブな 부정적인 | ニュアンス 뉘앙스 | 機会 기회 | 他ジャンル 타 장르 | 短歌 단가, 일본 전통시 | 永田和宏 일본 단가 시인 | 納得 납득 | 記憶 기억 | 同感 동감 | 異なる 다르다 | 軸 축 | ずらす 어긋나게 하다, 빗기다 | 定型観 정형관 | 前提 전제 | 感覚 감각 | 欠ける 결여되다 | 印象 인상 | 欠如 결여 | 捉え方 수용방식, 이해 방식 | 実作 経験 (시를) 실제로 써 본 경험 | 認識 인식 | ～てならない 너무~하다 | 近代以降 근대 이후 | ～に際して ~할 때에 | 体感 체감 | ～に基づいて ~에 입각해서 | 或る程度 어느 정도 | 復元 복원 | 判断 판단 | 成立 성립 | 把握 파악 | 無意識に 무의식적으로 | 漠然と 막연히 | 風流 풍류 | 雅 우아함 | 均一な 균일한 | 一見 언뜻 | 矛盾する 모순되다 | 鑑賞文 감상문 | しおり文 서표에 들어가는 문장 | 表現者 표현자

기본적으로 나도 동감이다 라는 것은 무슨 말인가?

    1   가인의 시를 읊은 것에 대해, 언제나 다른 가인과 같은 듯한 감상을 갖는다.

    2   가인의 시를 읊은 것은 누구의 것도 동일한 것 같아 시시하다.

    3   가인 이외의 사람이 시를 읊은 것 중에는 뛰어난 것이 많이 있다.

    4   가인 이외의 사람이 시를 읊은 것 중에는 포인트가 벗어난 것이 많다.

정답 4

해설 「歌人以外の人の歌の〈読み〉に心から納得できたことがない、という意味のこと」로 동감한 부분이 앞쪽에 명시되어 있어, '가인 이외의 사람'이 대상인 것을 알 수 있다. 그러므로, 1번과 2번은 답이 될 수 없으며, '납득할 수 없었다'의 표현으로 보아 답이 4번이라는 것을 유추할 수 있다.

66 필자에 의하면 가인이 아닌 사람이 단가에 대해서 이해하지 못하고 있는 것은 무엇인가?

    1   단가라는 것은 파고 들어가면 하나의 것을 표현하고 있다고 하는 것

    2   단가에는 정형관이 있어서 그것을 소중히 해야 한다는 것

    3   단가에 있어서의 풍류나 우아함은 현대에 있어서도 필요하다는 것

    4   단가에는 여러 가지가 있어도 좋다는 규칙이 있는 것

정답 1

해설 「歌というのは基本的にひとつのものがかたちを変えているだけ」라는 것은 가인의 생각의 저변에 있고, 실제로 시를 읊은 경험이 없는 사람은 「短歌にも色々なものがある」라고 막연히 생각하고 있다고 필자는 본문에서 말하고 있다. 질문의 포인트가 '가인이 아닌 사람'이 이해하지 못하는 것이므로 답은 1번이 된다.

67 필자가 가인에는 가능하지만 가인이 아닌 사람에게는 불가능한 것이라고 생각하고 있는 것은 어느 것인가?

    1   근대 이후의 시를 기억하고 암송하는 것

    2   근대 이후의 시를 만들어진 시기에 의해 분류하는 것

    3   근대 이후의 시의 작가가 그 노래로 무엇을 하려고 하고 있었는가를 재구축하는 것

    4   근대 이후의 시의 작가가 시를 쓴 의도를 무의식적으로 이해할 수 있는 것

정답 3

해설 「その作者がどんな体感に基づいて何をやろうとしていたのか、ということを或る程度自分の中で復元できるはすである」의 부분에서 답은 3번인 것을 알 수 있다. 4번의 무의식적으로 이해할 수 있는 것은 앞에 기술되어 있는 「歌というのは基本的にひとつのものがかたちを変えているだけ」라는 부분이지 작가의 의도가 아니다.

68 이 문장 안에서 필자가 가장 말하고 싶은 것은 무엇인가?

    1   단가를 실제로 써 본적이 없는 사람은 단가에 대해 말해서는 안 된다.

    2   단가를 '읊기' 위해서는 그 전제가 되는 감각이 필요하다.

    3   단가를 실제 작가에 대해 '당신은 가인이 아니다'라는 등의 말은 해서는 안 된다.

    4   타 장르의 사람도 앞으로 많이 단가의 세계에 들어오기를 바란다.

정답 2

해설 첫 단락에서 「そんな風に感じる理由はなんだろう」이라는 문제 제기에 해답을 찾는 것이 이 문장의 구성이다. 가인의 '단가'와 가인이 아닌 사람의 '단가'에 대한 차이를 고찰해 본 문장으로, 그 차이는 「歌というのは基本的にひとつのものがかたちを変えているだけ」라는 감각의 유무이다. 답은 2번이 된다.

문제 13 다음 글을 읽고 물음에 대한 답으로서 가장 적당한 것을 1·2·3·4에서 하나 고르세요.

69 인턴십 사업 프로그램에 참가하는 기업이 인턴(직장 실무 연수생)에게 반드시 제공하지 않으면 안 되는 것은 무엇인가?

1 1개월 이상의 채용 기간
2 자격 외 활동 허가증
3 통근에 드는 교통비
4 인턴십 종료 후 채용 기회

정답 3

해설 기간은 최저 3주간이며, 자격 외 활동 허가증은 기업에서 부여하는 것이 아니다. 또한 종료 후 채용에 관한 의무는 없다. 그러므로, 명시되어 있는 사항은 통근 교통비 지급뿐이다.

70 인턴십 사업 프로그램에 참가를 희망하는 기업이, 실제로 채용하기까지 하지 않으면 안 되는 것은 어느 것인가?

1 인턴에게 입사 지원서 송부
2 인턴과의 면접일 조정
3 인턴을 채용할 수 없는 경우의 '채용 불가 이유서' 제출
4 인턴에게 '인턴 활동 평가서' 송부

정답 2

해설 '입사 지원서'와 그리고 '인턴 활동 평가서'는 모두 인턴이 아닌 재단에 송부하는 것이며, '채용 불가 이유서' 제출 의무는 없다. 재단에 제출해야 되는 것은 '채용 여부'에 대한 보고이다. 그러므로 답은 2번이 된다.

어휘 留学生 유학생 | 受け入れ企業 수용기업, 채용 기업 | 募集 모집 | 要項 요강, 요항 | 公益 공익 | 財団法人 재단법인 | 産業振興財団 산업 진흥 공단 | 理念 이념 | 国際化 국제화 | 進む 진행되다 | 今日 오늘날 | 出身国 출신국 | 両国 양국 | 宝 보물 | 過言ではない 과언이 아니다 | インターン(intern) 인턴 | 職場実務研修生 직장 실무 연수생 | 受け入れる 받아 들이다, 수용하다 | 賛同 찬동 | 優秀 우수 | 人材 인재 | 活用 활용 | ～とともに ~과 함께 | 活性化 활성화 | 繋がる 연결되다, 이어지다 | お手伝い 도움 | 引き受ける 맡다, 인수하다 | 概要 개요 | インターンシップ 인턴십 | および 및 | 実施する 실시하다 | 設定 설정 | ただし 단 | 最低 최저 | 設ける 마련하다 | 望ましい 바람직하다 | 費用 비용 | 報酬 보수 | 義務 의무 | 通勤費 통근비 | 支給 지급 | 判断 판단 | 準じる 준하다 | 妨げない 무방하다 | 資格外活動許可 자격 외 활동 허가(유학자격으로 온 외국인의 근로 활동을 허가하는 사증) | 参加申し込み 참가 신청 | 別紙 별지 | 必要事項 필요 사항 | 記入 기입 | 期日 기일 | 提出 제출 | マッチング(matching) 매칭, 면접 | 面接 면접 | 記載する 기재하다 | ～に基づいて ~에 입각해서 | 選定 선정 | 紹介する 소개하다 | 連絡 연락 | 実施 실시 | 可否 가부 | 報告 보고 | 承諾 승낙 | 確認書 확인서

아시아 유학생 인턴십 사업 참여 기업 모집 요강

공익 재단 법인 구로가와시 산업 진흥 재단

1. 아시아 유학생 인턴십 이념

국제화가 진행되는 오늘날, 유학생은 일본, 그리고 학생들의 출신국, 양국에 있어서 '보물'이라고 해도 과언이 아닙니다. 그 유학생을 인턴(직장 실무 연수생)으로 채용하는 당 사업에 찬동하시는 기업을 모집합니다. 본 프로그램에 참가함에 따라, 해외로부터 우수한 인재를 활용할 수 있음과 동시에 사내 활성화에도 이어질 것으로 확신합니다. 그 지원을 본 재단에서 실시합니다.

2. 프로그램 개요

(1) 프로그램의 내용에 대하여

참가 기업은 자사 사업내용에 있는 인턴십(직장 실무 연수) 프로그램을 기획 및 실시를 하게 됩니다.

(2) 실시시기, 기간에 대하여

2016년 8월 3일(월)부터 9월 30일(수) 약 2개월간 기간 중에 기간을 자유롭게 설정해 주십시오.

※단, 최저 3주간으로 하고, 기간 내에서 가능하면 인턴십 기간을 길게 설정하는 것이 바람직함.

(3) 비용에 대해서

유학생에 대한 보수 의무는 없습니다. 통근비만을 지급해 주세요.

단, 각 기업 판단으로 보수 및 그것에 준한 것을 지급하는 것은 무방합니다. 그 경우에는 유학생의 '자격 외 활동 허가'에 대해 확인이나 대응에 대해서는 책임을 가지고 실행해 주십시오.

3. 참가 신청 방법

본 프로그램에 참가를 희망하시는 기업은, 별지 '기업 입사 지원서'에 필요사항을 기입하신 후, 기일까지 당 재단에 제출해 주십시오.

4. 스케줄 (별지를 보십시오)

5. 매칭(면접)에 대해

기업 입사 지원서에 기재된 내용에 근거해서, 당 재단이 인턴(직장 실무 연수생)을 선정, 소개합니다. 그 후, 인턴에 연락을 취해 면접 일을 조정, 실시해 주세요. 그 후 면접을 한 인턴의 채용 여부를 보고해 주십시오. 승낙의 경우, '채용 확인서'를 기입, 제출 부탁드립니다.

6. 인턴십 실시 후에 대하여

인턴십 실시 후 '인턴십 종료 보고서'를 당 재단에 제출하여 주십시오.